W0373850

Die Alpen philosophie

Rahim Taghizadegan & Eugen Maria Schulak

Die Alpenphilosophie

Eine Spurensuche nach vergessenen Weisheiten und Werten

Servus

Vorwort 8

Servus, liebe Leser!

Ich bin gebürtiger Iraner. Meine Wurzeln liegen im Nordwestiran, dort, wo Wissenschaftler den realen Ursprung des Mythos vom Paradies vermuten (immerhin ist „Paradies" ein persisches Wort). Aufgewachsen bin ich in Österreich. Ich habe zu diesem Land eine distanziert freundliche Beziehung – freundlich, weil es zu meiner Heimstätte und Inspirationsquelle wurde, distanziert, weil die Komplexe der Österreicher hinsichtlich ihrer Heimat zwar das glatte Gegenteil der iranischen Komplexe sind, mir aber ähnlich überzogen erscheinen. Der Iran ist die älteste, bis heute überlebende Heimatvorstellung der Welt, Österreich hingegen eine sehr junge „Heimat".

Während es in Mode ist, dass Europäer im Orient auf die Suche nach alten Weisheiten gehen, sehen Orientalen den heutigen Westen nur als Inbegriff einer Moderne, die als gescheitert oder unerreichbar abgetan wird.

»Auf meiner Suche nach Wurzeln in Österreich wurde ich am ehesten im Alpenraum fündig. Dieser Raum berührt mich auf eigenartige Weise in meiner orientalischen Seele.«

Doch im Alpenraum liegt womöglich eine okzidentale Antwort auf orientalische Sehnsüchte, eine verborgene Urweisheit, die in den Mythen der Völker nachhallt. Dies wurde mir erst so richtig bewusst, als ich die Häufigkeit bildhafter Darstellungen der Alpenidylle im Iran bemerkte. Als ich verschiedene Iraner mit ein wenig Stolz darauf ansprach, dort zu Hause zu sein, wo diese Bilder aufgenommen wurden, stieß ich auf Unglauben. Ich wurde gar ausgelacht. Die Bilder hatte man für retuschierte Kunstwerke gehalten. Das seien doch nur schöne Illustrationen des Paradieses; wer wäre denn so naiv, sie als echt anzusehen?

Vorherige Seite: Die Bischofsmütze (links) und die Flanke zum Torstein (rechts) gehören zum imposanten Dachsteinmassiv.

Da wurde mir mit einem Mal bewusst, was mich so in der Seele berührt hatte. Der bewirtschaftete Alpenraum entspricht genau dem unbewussten Bild vom Paradies, wie es die Menschen im Iran sehnsüchtig in sich tragen. Ihr Mythos sieht die Perser als Bergvolk, die in unwirtlichen Höhen fruchtbare Gärten anlegen und inmitten unberührter Wälder jagen, die Vieh auf Almen treiben und nach dem Lauf der Sonne leben, die gar den mythologischen Auftrag haben, Licht und Wärme in finstere Winkel zu bringen.

Noch etwas anderes verstand ich nun: Die orientalische Volksmusik und der gesamte Heimatbegriff haben etwas Melancholisches, Beklagendes – wie das jammervolle Schwelgen in süßlichen Erinnerungen, die so fern und unerreichbar geworden sind. Die orientalische Seele schwingt zu den Klängen dieser Klagelieder um ein verlorenes Paradies. Nach außen ist sie düster und schwermütig. Innen lodert aber noch hell die Flamme einer Ur-Erinnerung, innen ist diese Seele kindlich und poetisch. Die österreichische Seele hingegen ist genau umgekehrt aufgebaut: außen heiter, innen düster und abgründig. Nur eines haben sie gemeinsam, und das erklärt die erstaunliche Nähe der zwei Seelen in meiner Brust: Beide sind sie besonders tief.

Für Rahim Taghizadegan gleicht der bewirtschaftete Alpenraum den Vorstellungen vom Paradies.

Ist die Volksmusik und Volkskultur im Alpenraum deshalb auf den ersten Blick so heiter und lebensfroh, weil es eine Kultur des unvermutet gefundenen Paradieses ist? Erscheinen die Abgründe erst auf den zweiten Blick, weil sich das vermeintliche Paradies als erstaunlich hart erwies? Wenn diese Mutmaßungen stimmen, dann verspricht der Alpenraum eine unbewusste Weisheit, nämlich eine Weisheit hinsichtlich urmenschlicher Motive des Paradiesstrebens und irdischen Ringens mit dem Dasein – eine Weisheit, die weit über den Alpenraum hinaus Bedeutung haben könnte. Wäre es nicht verblüffend, wenn der Orientale nach Westen zieht und dann ausnahmsweise als Weiser aus dem Abendland zurückkehrt?

Ich bin gebürtiger Wiener. Den Alpenraum kenne ich ursprünglich nur von den Schikursen her, die ich als Schulkind habe absolvieren müssen, aber auch von den schönen, langen Wanderungen, die ich einst mit meinen Eltern unternommen habe.

» Ein bleibendes Erlebnis war mir der erste große Gipfelsieg mit 12 Jahren: ganz oben auf dem Berg zu stehen, ins Tal hinabzusehen und mächtig stolz auf das zu sein, was ich geleistet habe – ein Hochgefühl in wirklich frischer Luft. «

Und auch der für Wiener mit Kindern damals übliche Urlaub am Bauernhof steht mir noch klar vor Augen: das Heuhupfen mit den Bauernbuben von den Balken des Stadldachs mitten in die Heuwolken hinein, die Angst, ob sich die scharfe Mistgabel nicht vielleicht doch zwischen den Halmen versteckt hat und vor allem der wunderbare Duft des knisternden Grases und von Millionen getrockneter Blüten. Und es gab Kühe mit mächtigen Hörnern und noch mächtigere Kuhfladen, niedliche Kälber,

Enten, Hühner, viel Gegackere im Sonnenschein, ein leichtes und unbeschwertes Leben. Das war schon – die Unwetter abgerechnet – eine Traumwelt, mit Butter, Brot und Speck, Obst- und Gemüsegarten, viel Lachen, Freundlichkeit und Du-Wort aufs Geradewohl, als Gastgeschenk und Vorschuss.

Die Alpen sind Teil von Eugen Maria Schulaks schönsten Kindheitserinnerungen.

Der Wiener sieht das alles gerne. Es freut ihn, wenn die Bauern fleißig und vergnügt sind. Aber der Kuhfladen bleibt ihm fremd; was zu natürlich ist, erschreckt. Was bleibt, ist die Sehnsucht nach dem freien Durchatmen im Grünen, die Erinnerung an eine nie gehörte, fast betäubende Stille, die einen wehmütig werden lässt, daheim in der Stadt. Was für ein anderes Leben! Und vielleicht – da bin ich mir insgeheim recht sicher – ist es in der Tat das bessere Leben. Zumindest gesünder ist es, nicht nur für

den Körper, sondern auch für die Seele und den Geist. Was heißt es für das Denken, wenn es im Einklang mit den Dingen steht, im Jahreskreis und verwoben in die regelmäßigen Kreisläufe des Lebens? Kann diese Abgeschiedenheit von den Nöten und Übeln der Zeit, die philosophisch ja enormen Mehrwert hat – nämlich ein Mehr-bei-sich-Sein ist –, helfen, das Wesentliche zu erkennen und in der Folge das Richtige zu tun?

Die Vorstellung vom Richtigen gewinnt erst in der Anschauung des Falschen ihre Kontur. Es ist mit ziemlicher Sicherheit falsch, wie ich heute lebe, mitten im Lärm, im Zentrum der Wienerstadt, in diesem prächtigen Museum mit seinen „sozialen Problemen", die ich nicht lösen kann, die aber trotzdem auch die meinen sind, weil ich sonst meine Augen ver-

schließen müsste. In den Wäldern, an den Flüssen, in den Bergen könnte ich es unter Umständen viel besser haben. Vielleicht könnte ich dort auch besser erkennen, was das gute Leben eigentlich ausmacht. Was man hier in der Stadt zum „Gemeinwesen" beitragen kann, ist eine anonyme Last, die einem alles andere als ans Herz geht. Hier gibt es keine gewachsene Gemeinschaft, die dann und wann auch Bäume fällt, Brücken errichtet und bei der Ernte zusammenhilft, bloß eine Wahlverwandtschaft, ein urbanes Konglomerat aus allen Schichten und aller Welt, und eine bedrohliche Masse, der man tunlichst aus dem Wege geht. Interessant, ja, auch anregend und lehrreich, mit Sicherheit, aber nichts, was man „Heimat" nennen könnte. Diese Anführungszeichen sind gerade für den geborenen Wiener noch

Können die Bilder aus dem Alpenraum tiefere Weisheiten vermitteln?

eine Übertreibung. Die Geschichte ist gebrochen, die Vergangenheit unsauber bis verbrecherisch, die Kultur, die diese Stadt groß, reich und berühmt gemacht hat, so gut wie vorbei. Alles nur Fassade.

Hat sich das alte Österreich im Alpenraum bewahrt? Haben die Leute im Alpenraum es besser gemacht? Haben sich dort Reste einer Kultur und Haltung bewahrt, von denen wir zehren können? Vieles spricht dafür, dass eine Spurensuche im Alpenraum Schätze ans Licht bringen kann, die zu heben uns Heutigen sehr gut tut. Und das war immer schon auch die Aufgabe der Philosophen: Das Wertvolle, falls es verloren gegangen ist, zu suchen, es festzuhalten und dazu beizutragen, es wieder in Erinnerung zu rufen, auf dass es wieder einen Platz in der Praxis des Lebens finden möge.

Den Anstoß zu diesem Buch gab das Magazin *Servus in Stadt und Land*. Eigentlich lesen wir keine Magazine, sind mehr den Büchern zugetan. Rahims libanesische Gattin entdeckte es, und die Bilderwelt zog sie sogleich in den Bann. Ein Zufall, dass auch ihre orientalische Seele gleich in Stimmung geriet? Sollten sich Orient und Okzident nicht in den dichten Großstädten der Ebene, von Zuwanderer zu Wurzellosem, treffen, sondern eigentlich zwischen Berggipfeln, wie schon einst im Libanon? Liegt hier ein ungenutztes Potenzial der Völkerverständigung?

An diesem Magazin fällt dem Philosophen einiges auf. Zunächst der erstaunliche und beeindruckende Erfolg, die große Leserzahl, die in kürzester Zeit dafür gewonnen werden konnte. Sodann die Ästhetik und Kraft der Bilder, die gewiss auch an der Professionalität der Fotografen liegt, vor allem aber an der Methode, jede Spur der Moderne zu vermeiden. Dabei – und das ist das eigentlich Spannende – fehlt es aber an jeder ideologischen Verbissenheit oder verstaubten Rückwärtsgewandtheit. Man hat schlicht den Eindruck, dass das Auge der Fotografen das Hässliche meidet – und deshalb alleine das Bewährte und Harmonische ins Bild nimmt.

Warum spricht der Alpenraum die Menschen auch weit entfernter Kulturen so an? Ist es eine wirkliche Idylle oder bloß eine Projektionsfläche für Sehnsüchte und eine Fassade für Touristen? Haben die Bilder aus dem Alpenraum deshalb so eine Kraft, weil sie tiefere Weisheiten vermitteln, die unserer schnelllebigen Zeit verloren gegangen sind? Diese Fragen ließen uns Stadtphilosophen nicht los, und so zogen wir durch das Land: Wir bereisten die Österreichischen, Schweizer, Liechtensteiner und Bayerischen Alpen und besuchten die Menschen, um die letzten Spuren schwindender Lebensentwürfe und Lebensphilosophien zu finden. Die Reisen hatten das Ziel, mit manuell entwerfenden und produzierenden Menschen ins philosophische Gespräch zu kommen. Der Sinn des Ganzen ist, zu erfahren, ob das Leben solcher Menschen Tugenden, Einsichten und Lebensweisheiten bietet, die im urbanen Raum nicht mehr zu finden sind. Wir sprachen mit unzähligen Landwirten, Handwerkern und Traditionshütern, besuchten Museen und Betriebe, Höfe und Almen, Feste und Gipfel. Natürlich war das keine umfassende empirische Untersuchung, keine quantitativ saubere Erfassung, sondern ein qualitatives Erleben, in dem wir Inspiration suchten. Den vielen Besuchten sind wir zu großem Dank verpflichtet, doch wir wollen sie nicht namentlich anführen (außer wir zitieren sie direkt), um ihre Stille nicht zu bedrohen und um nicht Eindruck irgendeiner Vollständigkeit zu erwecken, die – weil unmöglich – doch nur Eifersucht säen würde. Mancher begegnete uns mit kluger Skepsis. Nur langsam konnten wir davon überzeugen, nicht gekommen zu sein, um zu richten oder vorzuführen, zu kontrollieren oder zu schikanieren, zu profitieren oder zu belehren. Viele Städter vor uns hatten da gewiss Spuren des Misstrauens hinterlassen. Doch letztlich war jeder Abschied freundlich. Unsere Philosophie ist auch eine heitere: Wir meiden die Ideologie, aber auch die Relativierung, schrecken nicht vor Bewertungen zurück, wollen uns dabei aber nicht allzu ernst nehmen. Wir sind nicht angetreten, eine Alpenprogrammatik zu entwerfen, ein politisches Programm der Rückkehr in eine Vergangenheit, der Verteidigung einer Gegenwart, der Konstruktion einer Zukunftsutopie. Das Resultat unserer philosophischen Spurensuche soll ein moderner philosophischer Almanach sein – ein Buch für jeden Haushalt, welches das Wertvolle festhält, um es in Erinnerung zu rufen. Dabei halten wir uns an die Tradition der alten Bauernalmanache und folgen dem Jahreslauf.

Drei wichtige Zyklen haben wir in dieser Symbolik des Jahreslaufs erkannt. Immer schon wurden die Jahreszeiten auch als Hinweis auf den Lauf des Lebens mit seinen unterschiedlichen Lebensabschnitten gesehen. Vom Frühling der Kindheit über den Sommer der Jugend, die im Lebensherbst reift und letztlich im Winter des Alters von den gesammelten Früchten zehrt. Dieser Lebenslauf ähnelt auch dem Lauf des Wirtschaftens: von Aufbau und Saat, nach Arbeit im sommerlichen Schweiße des Angesichts zur herbstlichen Ernte, auf deren Grundlage wir Vorsorge für den Winter treffen können. Letztlich folgt auch das soziale Leben einem ähnlichen Zyklus, der von den Jahreszeiten abhängt und bestimmte soziale Ausrichtungen symbolisch beschreibt: Der Frühling ist die Phase des Hinausgehens, im Sommer ist man draußen und mehr unter den Leuten, im Herbst geht man langsam hinein und im Winter macht man es sich in der guten, eher ruhigeren Stube gemütlich. All diese Aspekte sind im Leben von Bedeutung, und es kommt auf den rechten Zeitpunkt und das rechte Maß an. Diese soll die Alpenphilosophie vermitteln, aber nicht allzu akademisch und theoretisch, sondern über freie Assoziationen, Beobachtungen und Erfahrungen.

Dieses zyklische Zeitverständnis fand in der Philosophie durch Friedrich Nietzsche Eingang, der den Gedanken der *„ewigen Wiederkunft des Gleichen“* im Alpenraum entwickelte, am Silvaplanersee im Schweizer Engadin, *„6000 Fuß jenseits von Mensch und Zeit“*, wie er notierte. Diese Erkenntnis schrieb Nietzsche dann seinem *Zarathustra* zu – und verband damit iranische Mythologie mit alpiner Erfahrung:

Alles geht, Alles kommt zurück; ewig rollt das Rad des Seins.
Alles stirbt, Alles blüht wieder auf, ewig läuft das Jahr des Seins.

Alles bricht, Alles wird neu gefügt; ewig baut sich das gleiche
Haus des Seins. Alles scheidet, Alles grüßt sich wieder; ewig bleibt
sich treu der Ring des Seins.

In jedem Nu beginnt das Sein; um jedes Hier rollt sich die Kugel
Dort. Die Mitte ist überall. Krumm ist der Pfad der Ewigkeit.

Dieser philosophische Almanach ist keine wissenschaftliche Arbeit im engeren Sinne. Daher haben wir auch jeden Anschein vermieden und alle Fußnoten weggelassen. Der vorgeschobene Eindruck von Wissenschaftlichkeit hat nämlich eine Folge, die für unsere Zwecke verheerend wäre: dass den Text ein autoritärer Wahrheitsanspruch durchziehen würde, der den Menschen, um die es hier eigentlich geht, den Mut nimmt, diesem Almanach auf Augenhöhe zu begegnen. Wir sind ganz zwanglos und ungeniert an die Sache herangegangen und wünschen uns das auch von unseren Lesern. Wenn ihnen etwas nicht behagt, ihre Erfahrungen unseren Eindrücken widersprechen, sie Dinge anders gewichten würden, manche Schlussfolgerung zu weit scheint und manch Gedanke zu radikal, so sollen die Leser die Freiheit haben, unser Buch für ein Geschichtenbuch zu halten, eine Sammlung von Sagen und Mythen, die inspirieren können, aber kein wortwörtlich einzuhaltendes Gesetzbuch. Eine Ideologisierung wäre uns zuwider. Gewiss missfällt vieles aus der alten Zeit modernen Befindlichkeiten. Es steht der konkreten Leserin ganz frei, wie sie sich dazu verhält. Wir schreiben ihr nichts vor. Wir wünschen uns, dass sie in ruhigen Stunden zu diesem Büchlein greift, um mal über dies, mal über jenes zu reflektieren. Manche Gedanken sind schwierig, andere Eindrücke ganz unmittelbar und banal. Das ist Alpenphilosophie im besten Sinne: so mühsam und ärgerlich, heiter und leicht, respektlos und ernsthaft, unvollständig und bruchstückhaft, unsystematisch und ganzheitlich, widersprüchlich und klar – kurz: so vielfältig wie das echte Leben. Es ist eine „Servus-Philosophie" im wahrsten Wortsinne, nach *servus* – dem Diener –, eine, die sich nicht zum Herren aufschwingt, es immer besser weiß und politisch durchzusetzende Gebote ausspricht, sondern eine, die dem Menschen dienen soll.

Frühling

Lebenszyklus: **Kindheit**

Die Kindheit ist die schönste Zeit im Leben, meinen die Erwachsenen, besonders, wenn sie in die Jahre gekommen sind, und oft klingt es wie ein Stoßseufzer, wie wenn sie endgültig aus dem Paradies vertrieben worden wären und den Eingang nicht mehr finden könnten. Kinder können dies freilich nicht beurteilen, weil sie keinen Vergleich haben, das Leben ihrer Eltern kaum fassen und ihre Zeit erst beginnt. Später, wenn die Erinnerungen verblassen und uns der sogenannte Ernst des Lebens umfängt, befällt uns dann Wehmut. Warum eigentlich?

Von Kindern können wir das bewusste Leben im Augenblick lernen.

„*Unschuld ist das Kind und Vergessen, ein Neubeginn, ein Spiel, ein aus sich rollendes Rad, eine erste Bewegung, ein heiliges Ja-Sagen*", so beschreibt es ein philosophischer Schnauzbart aus dem 19. Jahrhundert und trifft damit ins Schwarze: Was uns an Kindern so berührt, ist nicht bloß deren Anmut und Niedlichkeit, sondern vor allem der tiefe Ernst, die hohe Konzentration. Wenn Kinder spielen, so geht es stets ums Ganze. Das beeindruckt uns. Vielleicht deshalb, weil wir diese Fähigkeit weitgehend verloren haben. Unser Geist ist befangen, hat sich in alle Winde zerstreut. Wir sind die Sklaven unserer Erinnerungen und unserer Pläne, oft so sehr, dass wir es verlernt haben, im Augenblick, im Hier und Jetzt zu leben. Wir machen uns immerzu Gedanken und drehen uns leider oft im Kreis dabei. Die meisten dieser Gedanken sind entbehrlich, weil sie zu nichts Wesentlichem führen. Das kommt uns nur selten zu Bewusstsein, meist erst dann, wenn wir von unseren Liebsten hören müssen: „*Sag, wo bist Du eigentlich? Bist Du überhaupt da?*" Dann zucken wir zusammen und schämen uns, weil wir irgendwelchen Hoffnungen oder Befürchtungen nachgehangen sind, die wir mit niemandem teilen wollten. Wir sind wahrlich keine aus sich rollenden Räder mehr, sondern Getriebene. Das ist es, was wir unter anderem von unseren Kindern lernen können: Aufmerksamkeit, Wachheit und bewusstes Leben.

Der österreichische Kinderpsychologe Bruno Bettelheim sieht das Spielen als Ausdruck der Freiheit von allen, außer den persönlich gewählten Regeln, als freilaufendes Wirken der Fantasie und in der Abwesenheit aller Ziele, außer der Aktivität selbst. Dafür bräuchte das Kind aber Spielraum im wahrsten Sinne des Wortes, so Bettelheim, *„nicht nur Raum, um seine Ellenbogen zu bewegen, sondern auch seinen Geist, mit Dingen und Ideen nach eigenem Belieben zu experimentieren, oder, um es umgangssprachlich auszudrücken, mit Ideen zu spielen. Die Biographien kreativer Menschen der Vergangenheit sind voll von Berichten über die vielen Stunden, die sie als Jugendliche am Fluß sitzend verbrachten, beim Denken ihrer eigenen Gedanken, beim Streunen durch die Wälder mit ihren treuen Hunden, beim Träumen ihrer eigenen Träume. Doch wer hat heute die Muße und die Möglichkeiten dafür?“*

Viele sagen, dass sie von ihren Kindern erstaunlich viel gelernt haben. Das ist schön und gut. Doch eigentlich sollten ja wir es sein, die unseren Kindern etwas beibringen. Wir sollten die Lehrer, die Vorbilder sein. Dem Gesetz nach sind wir die „Erziehungsberechtigten“. Doch was gibt uns diese Berechtigung? Wie macht man es richtig? Immer mehr Eltern, vor allem in der Großstadt, sind in diesen Dingen ziemlich ratlos. Und so behilft man sich mit Geschenken, spornt zum Konsumieren an und obwohl man ja „alles“ getan hat, „muss“ man hilflos zusehen, wie die Kleinen der Onlinesucht und dem Alkohol verfallen. Wie konnte es nur so weit kommen?

Die Antwort ist: Die meisten Eltern verbringen heute einen Großteil des Tages von ihren Kindern getrennt. Das ist deshalb so, weil kaum noch jemand an seinem Zuhause seiner Arbeit nachgeht. So wie unser Geist ist auch unsere Werktätigkeit in alle Winde zerstreut. Vater, Mutter und Kinder verlassen in der Früh das Haus, betreten fremde Welten, von denen der jeweils andere kaum etwas weiß, und finden sich dann zum

Schlafen – wenn überhaupt – wieder daheim ein. Jeder bringt irgendwelche Eindrücke, Freuden und Sorgen mit nach Hause, die dem jeweils anderen fremd bleiben müssen, weil er sie ja selbst nicht erlebt hat. Im Grunde ist klar, warum Erziehung heutzutage scheitern muss: weil es keinen familiären Zusammenhalt mehr gibt, weil man im Grunde kaum noch etwas miteinander erlebt. Das ist ziemlich traurig.

Umso erfreulicher ist es, dass sich in der Abgeschiedenheit, in den Tälern, Bergen und Ebenen, noch Lebensformen erhalten haben, von denen wir etwas lernen können. Sie sind selten geworden, aber es gibt sie noch, diese Menschen, die in ihren Häusern und Höfen produktiv tätig sind. Nicht dass deren Leben ein Zuckerschlecken wäre, ganz und gar nicht. Man plagt sich, kämpft mehr denn je ums Überleben. Viele müssen nebenbei noch außerhalb arbeiten gehen, weil sich das Leben, das ein teures geworden ist, sonst nicht finanzieren lässt, vielleicht in einer Bank oder im Supermarkt, beim Schilift oder im Gasthaus nebenan. Aber der Ort des

Das Leben im Einklang mit der Natur ist selten geworden.

Werkens und Wirkens ist doch überwiegend daheim. Was bedeutet das für die Kinder und deren Erziehung?

Auch das Scheitern wie der Windbruch im Wald gehört mit zum realistischen Bild von der Welt.

Was traditionelle Lebensformen, die sich im Alpenraum gottlob noch finden lassen, auszeichnet, ist, dass die Kinder die Eltern bei der Arbeit stets beobachten und, im Kleinen, sogar mitarbeiten können. Man kann sehen, wie die Eltern säen und mähen, melken und misten, jäten und ernten, backen und schweißen, drechseln und hobeln. Ja, es sind tausende Tätigkeiten, die hier zu beobachten sind – und sie alle sind für Kinder, für diese Wesen, denen die Neugier stets ins Gesicht geschrieben steht, derart aufregend und erfrischend, dass niemand sie dazu zwingen müsste, ein wenig mitzuhelfen. Da nimmt der Kleine eben auch die Schaufel und gräbt ein wenig in der Erde.

Für Kinder ist das, was für die Eltern harte Arbeit ist, ein Spiel. Und sie bewundern stets jene, die das Spiel beherrschen.

Solche Eltern müssen nicht um Anerkennung und Aufmerksamkeit buhlen, betteln und bitten, dass man ihnen zuhört und folgt, sondern sie werden gleichsam von selbst bewundert, einfach deshalb, weil sie etwas können und weil das offensichtlich ist. Eltern, die ihr Können tagtäglich offen unter Beweis stellen, haben kein Autoritätsproblem. Wenn sie den liebevollen Umgang mit ihren Kleinen pflegen, passende Worte finden und nicht grob sind, ersparen sie sich das, was man in der Stadt „Erziehung" nennt. Sie sind Vorbilder, das reicht völlig aus. Mehr muss gar nicht sein.

Für die Kinder bedeutet so ein Leben ein permanentes Lernen, wobei die Inhalte dem Leben entnommen sind. Es sind Tätigkeiten, die in so gut wie jedem Fall anderen Menschen nützlich sind und dienen, denn sonst

Volkstänze haben hohen pädagogischen Wert.

würden sie von den Eltern gar nicht vollbracht werden. Bauern und Handwerker sind nur sehr selten in Gefahr, völlig sinnlose oder schädliche Dinge zu tun, was man von Angestellten und Bürodienern nicht behaupten kann. Heutzutage beklagt sich fast jeder Angestellte über sinnlose Tätigkeiten oder meint, gar nicht hinter den eigentlichen Sinn seiner Tätigkeit zu kommen. Fast jeder glotzt tagein, tagaus auf den Bildschirm, ohne dass er all das, was dort zu sehen ist, initiiert hätte. Endlose, dauernd wechselnde Wort- oder Zahlenkolonnen sind hier zu sehen – und ein geistesabwesender Erwachsener, der nicht gestört werden will. Hier kann man als Kind auch nicht mitmachen, wie denn? Wer so ein fremdbestimmtes Leben führt, kann kein Vorbild sein.

Was soll ein Kind dabei lernen, wenn es seinem Vater oder seiner Mutter bei der Bildschirmarbeit über die Schultern schaut?

Es ist gar nicht denkbar, dass hier so etwas wie Bewunderung und Anerkennung entsteht, weil nicht unmittelbar zu entnehmen ist, was hier vor sich geht. Und so nehmen die Kinder dann ihrerseits ihre Smartphones zur Hand und tun es den Eltern gleich. Die Eltern haben demnach nichts in der Hand, um diesem Treiben Einhalt zu gebieten. Es bleibt ihnen in der Tat nichts anderes übrig, als zuzusehen, wie alles seinen Lauf nimmt: die Verdummung, die Verrohung, die Geistesabwesenheit, die Schlaflosigkeit, die Sucht.

Der große Vorteil, den Kinder von Handwerkern und Bauern haben, ist, dass sie direkt beobachten können, wie man Dinge, die anderen Menschen nützlich sind, produziert. Es ist ein permanenter Sachunterricht, der durch keine Schulbank ersetzt werden kann. So entsteht ein realistisches Bild der Welt, das nichts beschönigt oder verherrlicht, weil man ja auch das Scheitern miterleben kann – die Missernte, den Brand im Stadl, den Windbruch im Wald, die Fehlgeburt im Stall und vieles mehr. Das sind Erlebnisse, die mehr auf das Leben vorbereiten als alle Medien, die von den bemühten Lehrern in der Schule gezeigt werden. Und wie viel mehr Ehrfurcht wird doch ein Kind vor einem Tisch haben, den der Vater gemacht hat, im Unterschied zu einem Tisch, der aus dem Möbelhaus am Stadtrand kommt, ganz abgesehen davon, dass so ein Tisch auch viel schöner und haltbarer sein wird, das heißt, viel mehr dem entsprechen wird, was man klassischerweise unter einem Tisch versteht. So kommt man den Dingen insgesamt näher und erlangt Kenntnisse, die man sein Leben lang nicht mehr verlieren wird.

Was soll denn ein Sohn an einem Vater bewundern, der leitender Angestellter in einem großen Unternehmen ist, außer dass er viel Geld nach Hause bringt? Abgesehen von diesem Geld bleibt alles andere am Vater unsichtbar. Das heißt aber auch, dass dem Vater nichts anderes übrig bleibt, als ein ziemliches Sümmchen davon regelmäßig an die Kinder abzugeben, will er sich nicht ersthaften Zorn, ja Hass bei seinem Nachwuchs heranziehen. Und wie soll er verhindern, dass dieses Taschengeld dann hemmungslos verkonsumiert wird? In exakt dieser Falle stecken heutzutage die meisten Eltern. Nicht so Handwerker und Bauern, zumindest nicht in diesem Ausmaß. Solche Eltern lehren ihren Kindern aufgrund ihrer Tätigkeit, dass dieses eigenartige Glückshormon, das man Geld nennt, im Grunde etwas Kostbares und Rares ist. Und wer es selbst nicht mit vollen Händen ausgeben kann und demzufolge nicht ausgibt, braucht sich auch keine Sorgen zu machen, dass es ihm die Kinder gleichtun. Das löst viele Probleme. Kinder brauchen weitaus weniger Geld, als die meisten vermuten. Sie brauchen Vorbilder, zu denen sie aufschauen können, gepaart mit Liebe und Geborgenheit – und so etwas lässt sich nicht erkaufen.

Zwar sind die Kinder im Alpenraum näher bei ihren Eltern, werden aber doch weit weniger überwacht und stehen weniger im Mittelpunkt. Der Alltag erfordert mehr Bedacht, so bleibt etwas weniger Aufmerksamkeit für die *Lauser*, die wie Läuse umherspringen und mit ihren Scherzen auch genauso lästig sein können. Das gehört zum spielerischen Freiraum. Nicht ständig im Mittelpunkt zu stehen, aber stets ein heimeliges Zuhause vorzufinden, ist durchaus günstig für die Charakterentwicklung. Das alpine Kinderleben bewahrt vor Narzissmus, übt früh Eigenverantwortung und Verantwortung für andere. Eine besonders gute Übung hierin ist die Sorge für die Tiere. Zudem bietet dieses Leben viel Raum für Bewegung, was dem Körper gut tut. Besonders erfreuen sich die Kinder an den Volkstänzen. Deren einfache, rhythmische, gemeinschaftlich ausgeführte Bewegungsfolgen haben einen hohen pädagogischen Wert, der heute weitgehend in Vergessenheit geraten ist und oft durch künstliche Bewegungsübungen ersetzt wird, die weniger Freude stiften und kein Kulturgut mehr vermitteln.

Der große Vorteil an der Abgeschiedenheit des handwerklichen und bäuerlichen Lebens liegt auch darin, dass die „sozialen Probleme“, die eine

Der Jägersee zeigt sich von seiner schönsten Seite.

Stadt nun einmal produziert – vorausgesetzt, dass der Fernseher nicht trotzdem zum Lebensmittelpunkt gewählt wird, aber im Fernsehen sind solche Dinge weitaus weniger schlimm als vor der Haustür – nicht unmittelbar in die Lebenswirklichkeit der Menschen eindringen. Zwar gibt es auch in der Abgeschiedenheit all die Verkommenheiten, die möglich sind, aber nicht derart konzentriert. Vor allem: Es gibt ein Gegengewicht. Es gibt den gesunden Betrieb, den lieblichen Garten, Großeltern auf der Sonnenbank, selbst produzierte Lebensmittel, jede Menge Vieh und Haustiere, fröhliche Feste, Reste von natürlicher Religion, mehr Schamgefühl und insgesamt mehr positive Vorbilder. Lauter Dinge, die jemand, der in „städtischen Problembezirken" aufgewachsen ist, so gut wie niemals zu Gesicht bekommt.

Nicht, dass nicht auch dort hervorragende Menschen leben würden. Aber es ist ein denkbar schlechter Ort, um Kinder aufzuziehen, und nur wenige der dort lebenden Kinder schaffen es, sich im späteren Leben positive Lebenswelten aufzubauen.

„*Jeder hat sein Pinkerl zu tragen*", so lehrt uns die Weisheit der Alpen. Aber das ist oft keine Kleinigkeit. Für viele ist das Leben keine freundliche Aufforderung, zu der man sich gerne aufrafft, weil einem glaubhaft versichert wird, dass es sich auszahlt und sich viel erreichen lässt, sondern eine Herausforderung und ein Kampf gegen wirkliche Übel. Wer hier nicht untergehen will, muss sich ständig mobilisieren, beweglich bleiben, alle Chancen, die sich bieten, nutzen und die Kraft aus sich selbst heraus gewinnen. Jene, deren Pinkerl deutlich größer war als das der anderen, werden im Zuge der Bewältigung ihres Lebens auch stärker geworden sein, so sie standhaft geblieben und nicht schon frühzeitig unter ihren Lasten zusammengebrochen sind. Wer in den schwierigsten Lagen obenauf bleibt, ist dazu angehalten, seine Talente und Fähigkeiten voll zu entwickeln.

Was uns nicht umbringt, macht uns härter – und hart wird nur der, der es notwendig hat. Aber was uns hart gemacht hat, muss nicht notwendig gut gewesen sein. Man hätte auch anders hart werden können, auf einem Bergbauernhof etwa, beim Schneeräumen, Holzmachen, Heuführen, auf Klettertouren und beim Baden im Bergsee. Alleine die Gewöhnung an regelmäßige Anstrengung in kühler Umgebung, sodass der Körper sich die Wärme, die er braucht, selbst produzieren muss, ist etwas, das den Stadtkindern in ihren überheizten Wohnzimmern nur mehr selten zuteil wird. Es fröstelt sie, wenn sie außerhalb des Hochsommers ins Freie treten, sodass sie Zuckerzeug und Schokolade brauchen, um sich seelisch aufzuwärmen.

Die Menschen im Alpenraum sind hart gegen sich selbst – und manchmal auch recht gnadenlos gegenüber den Schwächlichen und Untauglichen: den *Zniachtln*. Es wird zwar nicht immer so heiß gegessen wie gekocht, doch die alpine Härte ist nicht zu bestreiten; sie war wohl lange lebensnotwendig, um in der harten Umwelt zu bestehen. Peter Rosegger schildert in seinen Lebenserinnerungen die harte Kälte seines Vaters, der kaum herzliche Worte für seine Kinder findet. Erst als er seinen Sohn verloren glaubte, brach all die versteckte Liebe für seine Kinder tränenreich aus ihm hervor – und seitdem zweifelte auch der Sohn nicht mehr daran, geliebt zu werden. Diese Härte mag uns heute pädagogisch ungünstig erscheinen, sie ist aber nur ein Ausdruck der Selbstdisziplin und Wortkargheit des Bergbewohner. *„Net gschimpft ist glebt gnua"*, heißt es. Die Kinder werden schon früh zu harter Arbeit angeleitet, insbesondere seitdem die Bauern keine Knechte und Mägde mehr haben. Um ihren Lebensunterhalt zu bewahren, müssen viele Alpenbauern nun zur Selbstverknechtung übergehen und bis zum Umfallen *ruacheln, rackern* und *hackeln*. Von ihren Kindern verlangen sie zwar nie mehr als sie selbst tun, aber auch nicht viel weniger. Einen Vorteil hat die Härte immerhin: Sie treibt den Menschen schon früh jede Bequemlichkeit aus. Und Bequemlichkeit verträgt sich nicht mit Freiheit, denn sie gebiert Angst: die Angst, dass es einem materiell schlechter gehen könnte. Der sanft behütete und umsorgte Mensch hat nicht nur Angst vor dem Tod, sondern auch vor Schmerzen, Armut und Arbeitslosigkeit – so ist er besonders leicht zu beherrschen. Dieser Zusammenhang zwischen Anspruchslosigkeit und Freiheit bildet auch den Kern des Lehrgedichts *Die Alpen,* das der Schweizer Universalgelehrte Albrecht von Haller 1729 nach einer Alpenreise verfasste:

Wohl dir, vergnügtes Volk! o danke dem Geschicke,
Das dir der Laster Quell, den Überfluss, versagt;
Dem, den sein Stand vergnügt, dient Armut selbst zum Glücke,
Da Pracht und Üppigkeit der Länder Stütze nagt. [...]

Solang die Einfalt daurt, wird auch der Wohlstand währen.
Zwar die Natur bedeckt dein hartes Land mit Steinen,
Allein dein Pflug geht durch, und deine Saat errinnt;
Sie warf die Alpen auf, dich von der Welt zu zäunen
Weil sich die Menschen selbst die größten Plagen sind [...]

Dann, wo die Freiheit herrscht, wird alle Mühe minder,
Die Felsen selbst beblümt und Boreas gelinder. [...]

Glückseliger Verlust von schadenvollen Gütern!
Der Reichtum hat kein Gut, das eurer Armut gleicht;
Die Eintracht wohnt bei euch in friedlichen Gemütern,
Weil kein beglänzter Wahn euch Zweitrachtsäpfel reicht;
Die Freude wird hier nicht mit banger Furcht begleitet,
Weil man das Leben liebt und doch den Tod nicht haßt;
Hier herrschet die Vernunft, von der Natur geleitet,
Die, was ihr nötig, sucht und mehrers hält für Last. [...]

Hier herrscht kein Unterschied, den schlauer Stolz erfunden,
Der Tugend Untertan und Laster edel macht;
Kein müßiger Verdruss verlängert hier die Stunden,
Die Arbeit füllt den Tag und Ruh besetzt die Nacht;
Hier lässt kein hoher Geist sich von der Ehrsucht blenden,
Des Morgens Sorge frisst des Heutes Freude nie.
Die Freiheit teilt dem Volk, aus milden Mutter-Händen,
Mit immer gleichem Maß Vergnügen, Ruh und Müh.
Kein unzufriedner Sinn zankt sich mit seinem Glücke,
Man isst, man schläft, man liebt und danket dem Geschicke.

Was heißt Abhärtung? Dieses Wort klingt heute so dramatisch, dass sich fast jeder davor in die Hosen macht. Es heißt, dass man sich körperlich dann und wann richtig plagen muss.

Dass man Frustrationstoleranz entwickelt, Dankbarkeit, Ehrfurcht vor dem, was dazu imstande ist, die Not zu lindern. Dass man sich das Gute und Gewünschte, weil es in materieller Form rar ist, erwirtschaften muss. Derartige Zustände, die bis vor wenigen Jahrzehnten noch der Normalfall waren, bezeichnet man heute als Armut. Wer nicht in Urlaub fahren kann, ist arm. Und während die anderen Kinder mit ihren Eltern im Auto nach Italien gereist sind, um sich dort tödlich zu langweilen, mit Pizza vollzustopfen und in Seeigel zu treten, hat unser „armer Tropf" mit seinen Freunden bereits drei Eidechsen und ein Eichhörnchen gefangen, ein Baumhaus gebaut, die Attacke eines wildgewordenen Schafes abgewehrt, seine Hose zerrissen und – Wahnsinn – ganze zwei Wochen lang mit zerfetzter Hose verbracht, also echt etwas erlebt.

Was unsere Ansprüche betrifft, so orientieren wir uns heute überwiegend an den Medien und an jenen, die als „reich" gelten, weil sie sich Luxusgüter leisten können. Es muss stets das Besondere, das Außergewöhnliche sein. Am glücklichsten, so scheint es, sind wir dann, wenn wir Dinge um uns haben, die entweder aufwändig produziert oder von weither zu uns transportiert wurden und von denen wir wissen, dass sie auch vielen anderen gut gefallen. Die über den Luxus vermittelte Zufriedenheit hat uns das ursprünglich Gegebene vergessen lassen sodass wir es nicht mehr schätzen können. Wir leben in einer Welt, die wir uns immer mehr geschaffen, umgebaut haben, die wir in ihrer ursprünglichen Form aber immer mehr wegschaffen, wegräumen, sodass in der Tat – und das ist kein Ausfluss konservativer Bedenken, sondern schaurige Realität – bald *wirklich* nichts mehr so ist, wie es früher war. Wir erfinden in rasendem Tempo unser Leben neu, ohne noch unser altes in entsprechender Form verstanden und gewürdigt zu haben. Wir haben im Grunde keine Ahnung, was wir tun und wohin wir gehen. Und weil wir, als anonyme Masse von Konsumenten, auch nicht mehr wissen, was unter „wir" zu verstehen ist, machen wir uns keine Gedanken mehr. Man wird uns schon sagen, was zu tun ist.

Wie seltsam muss jenem Buben die Welt doch erscheinen, wenn er in den Augen von anderen als arm gilt, wo er doch mehr als alle anderen an der Welt teilhat, ja regelrecht in sie hineingewachsen ist. Wünschen wir

Gute Kekse kommen uns wie der Gipfelpunkt der Zivilisation vor.

dem Kleinen, dass er sich von der Meinung der anderen nicht irre machen lässt und der bleibt, der er ist. Das Paradox ist ja himmelschreiend: Wir schielen stets wie die Elstern nach dem Glitzerzeug, aber wenn wir es bekommen und uns sattgesehen haben, schielen wir wieder nach dem Bauernmarkt, um dort eine Glasflasche mit Milch zu erwerben. Und wenn wir dann noch ein paar Kipferl von einer unbekannten heldenhaften Großmutter bekommen, die tatsächlich noch am Leben ist und wirklich gute Kekse backen kann, so bringt das unsere Augen zum Leuchten. Das kommt uns wie der Gipfelpunkt der Zivilisation vor, aber erst dann, wenn wir uns bereits über Jahrzehnte mit den Menüs der Restaurants und Kantinen den Magen ruiniert haben. Die heutige Diskussion über Armut ist lächerlich – und eine Diskussion über die Dummheit findet nicht statt.

Die Lebenswelten der Bauern und Handwerker bieten Kindern eine echte Chance, einen Grundstock an nützlichen Erfahrungen und brauchbarem

Wissen zu erwerben, der ihnen später dazu verhilft, sich ein nüchternes, realistisches Bild von der Welt zu machen. So eine Kindheit macht auch immun gegen die „Segnungen“ der Politik. Für wen es keine Selbstverständlichkeit war, andauernd etwas geschenkt zu bekommen, wünscht sich später keine Sozialpolitik, aufgrund derer er sich sein Leben auf Kosten anderer erleichtern kann. Das ist eine gute Schule, übrigens auch fürs Auge. Was ist das doch für ein Leben, wenn man tagaus, tagein nur saftige Wiesen und wogende Felder, bestellte Äcker und rauschende Wälder, knorriges Holz, glitzernde Seen und zerklüftete Felsen mit Moosen und Flechten zu Gesicht bekommt. Was sind das doch für wunderbare Bilder, im Vergleich zu einem weggeworfenen Döner Kebab in der U-Bahn. Das muss man tatsächlich einmal gesehen haben, um zu wissen, was wirklich hässlich ist. Da können die Alpenbewohner gar nicht mitreden, das bleibt ihnen erspart – und das ist ganz wunderbar.

Für Kinder ist alles gut, was neugierig und mutig macht und sie nicht zu weit von der Realität entfernt. Entgegen allen vorschnellen Erwartungen blüht die Fantasie nämlich genau dort, wo sie nicht ständig durch deren Zurschaustellung angeregt wird. Erst dann, wenn nicht alles vorgegeben ist, beginnt sich der Geist seine Träume und Welten zu erschaffen, wird aus den Tiefen der *eigenen* Seele – und nicht aus den Untiefen von Millionen Fremdseelen – geschöpft. Deswegen ist ein Taschenmesser oder ein Stück Schnur für Kinder auch um so viel besser als das elektronische Spielzeug, alleine für die Entwicklung ihres Bewegungsapparats. Wer sagt, dass die Beherrschung der Elektronik besser auf das Leben vorbereitet als Schnur und Taschenmesser, ist ein Zyniker, der zugibt, dass den Kindern heute ohnehin nichts anderes übrigbleiben wird, als ein Sklavenleben vor dem Bildschirm zu führen.

Aber es wird sie immer geben, jene Leute, denen die Abgeschiedenheit am Herzen liegt. Und es wird immer mehr Leute geben, die das einfache Leben im Verbund mit ihren Familien und Freunden aus freien Stücken wählen werden, einfach weil sie auf der Suche sind, weil sie, da sie in den Städten alle Traditionen verloren haben, sich etwas aufbauen wollen, etwas, das sie mit ihren Händen geschaffen haben und worauf sie stolz sein können.

Die Grenze zwischen Kindern und Erwachsenen ist im Alpenraum weniger ausgeprägt. Kinder übernehmen schon früh Verantwortung, während die Älteren oft kindliche Züge aufweisen.

DER ÖSTERREICHISCHE PHILOSOPH IVAN ILLICH spricht von einer modernen *„Entdeckung der Kindheit"*, die zur Vorstellung des erziehungsbedürftigen Menschen führte, *„die den Kindern mit der ‚Fürsorge' auch die ganze Bandbreite von pädagogischer Überwachung und Strafe einerseits und gesetzliche Strafunmündigkeit andererseits bescherte."* Kindlich ist jene dem Kind eigene Seelenruhe, die noch nicht von der Realität zurechtgestutzt wurde. Kindlich ist die Neugier, das Vertrauen in das Gute, der spielerische Umgang mit der Welt, die Unabhängigkeit von allen Zwecken und Zweckmäßigkeiten. Die Menschen im Alpenraum haben oft etwas im besten Sinne Kindliches. Selbst die Älteren sind oft zu Schabernack aufgelegt und überbieten sich als Scherzkekse gerne mit ihren *Wuchteln* (deftigen Witzen). *A Gaudi muaß sein* – das Leben ist zu ernst, um ohne Spaß auskommen zu können.

Im Alpenraum lernt man schon früh, Verantwortung zu übernehmen.

Kindlich ist allerdings etwas ganz anderes als kindisch. Kinder verhalten sich immer dann besonders kindisch, wenn ihr Status als Kind bedroht ist. Bettelheim berichtet vom Kind, das auf die Nachricht hin, dass ein Geschwisterchen erwartet würde, plötzlich regressives Verhalten an den Tag legt und sich wieder wie ein Kleinkind aufführt. Dahinter steht die Sorge, die Aufmerksamkeit und Liebe der Mutter an das Neugeborene abtreten zu müssen. Kindisches Verhalten ist oft eine Reaktion auf die Verdrängung der Kindlichkeit. Die *„Erfindung des Kindes“*, wie sie Illich beschreibt, ist zugleich eine Entkindlichung des Erwachsenen. Dies macht neue Alibis erforderlich: Der Erwachsene muss seine kindlichen Sehnsüchte hinter besonders ernsten Zwecken verstecken. Wie unkindlich, aber furchtbar kindisch sind oft modernde Ideologien!

Der Schweizer Psychologe C.G. Jung nennt Nationen im Gegensatz zu den kleinen Gemeinschaften des Alpenraums *„schwerfällige, dumme und amoralische Ungeheuer, wie jene riesigen Saurier mit ihrem unglaublich kleinen Gehirn. Sie sind vernünftigen Argumenten nicht zugänglich, sie sind suggestibel wie hysterische Patienten, sie sind kindisch und launenhaft und hilflose Opfer ihrer Emotionen. Sie fallen auf jeden Schwindel, Schlagworte genannt, herein, sie sind in einem erstaunlichen Maße dumm, sie sind habgierig, rücksichtslos und von blinder Gewalttätigkeit wie ein Rhinozeros, das plötzlich aus dem Schlaf geweckt wird. Sie beharren auf jedem Unsinn, auf jeder Emotion und jedem Ressentiment und Vorurteil … und sie lassen sich vom billigsten aller offensichtlichen Tricks hinters Licht führen. Die meiste Zeit bringen sie mit Träumen und primitiven Illusionen zu, die gewöhnlich als ‚ismen‘ herausgeputzt sind. Solange sie ungestört auf freiem Feld grasen können, sind sie schläfrig und harmlos. Doch wenn die Nahrung knapp wird und sie anfangen, in benachbartes Territorium hinüberzuwandern und einzudringen, greifen sie zur Gewalt.“*

Über das bissige, kindische Monster, das politisierte Menschenmassen der Moderne bilden, könnte man also lakonisch sagen: Es will nur spielen! In der Verbindung von Lebensernst und Kindlichkeit könnte der Alpenraum ein Gegenmittel bieten zum Massenmenschen, der als ewiges, verwöhntes Kind die „schöne neue Welt“ bevölkert.

März

„Fürchte nicht den Schnee im März, darunter schlägt ein warmes Herz." Diese alte Weisheit soll uns Hoffnung machen. Und wirklich lässt sich zumeist schon im März beobachten, wie an den Dächern der Häuser die Eiszapfen immer kleiner werden. Auch die Eisschollen an den Flüssen lösen sich von den Rändern und fließen unter den Brücken hindurch. Alles wird nass und matschig. Eine unangenehm feuchte Kälte macht sich breit, die einem noch ordentlich in die Glieder fahren kann. Doch das warme Herz, das unten im Boden nun wieder kräftiger zu schlagen beginnt, ist bereits sichtbar. Erste Frühblüher kämpfen sich mit ihren zarten Blättern tapfer durch den zusammengesunkenen Schnee. Der Frühling beginnt, und doch kann man sich des Winters noch nicht ganz erwehren.

Ein Meer aus Krokussen kündet vom nahenden Frühling.

Gleich nach dem ersten Tauwetter machen die Menschen sich an die Feldarbeit. Auf den Wiesen werden die Wassergräben gereinigt, in den Bauerngärten die Mulchschichten entfernt und die Böden gelockert. Jetzt wird auch das Holz zugerichtet, um bald die Winterschäden an den Dächern und Zäunen, im Stall und in der Scheune ausbessern oder Neues zubauen zu können.

All das Eingelegte und Eingemachte, die Winteräpfel und Trockenfrüchte, Kraut, Kohl und Rüben, all die Vorräte für den Winter, sind nun nahezu aufgebraucht. Die Fastenzeit verlangte den Altvorderen viel ab, wenn sie sich mit Gebet und Verzicht jetzt auch noch auf das Osterfest vorbereiteten. Sie konnten nur abwarten und hoffen. Dann aber, wenn die Osterglocken zu blühen begannen, wurden sie mit Ostereiern und Osterschinken belohnt. Ingrid Adelsmair aus dem Hausruckviertel in Oberösterreich fand schöne Worte für unser aller Frühlingssehnsucht nach einem langen Winter:

Nau du liaba Frühling
wo hast die denn varsteckt?
Siachst net, wia jetzt scho olles
die Arm nach dir ausstreckt?

A jeder hat scho Sehnsucht;
den Winter ham ma satt.
Die Menschen, Pflanzen, Tiere –
ja alls, was Leben hat!

Die Erdn möcht erstrahln
in frischem, neuen Glanz.
Und d'Vogerl wartn ungeduldig
auf ihren Hochzeitstanz.

Drum schick den Schnee weit fort
und a die Wolkenherden.
Spann deine warmen Flügel auf
und laß endli Frühling werden!

Wirtschaftszyklus: **Saat**

„Wer nicht sät, kann nicht ernten", heißt eine Weisheit im Alpenraum.

„Das schönste Wappen auf der Welt, das ist ein Pflug im Ackerfeld", so lehrt uns eine Weisheit der Alpen, die wir auf einem Kachelofen in der Stube einer Bäckerei gefunden haben. Die Schmuck-Kachel, die in der Tat wie ein Wappen in den Ofen eingelassen ist, zeigt ein paar Ackerschollen, auf denen ein Pflug ruht. Kein Mensch ist zu sehen. Es ist, wie wenn uns das Bild sagen wollte: Wir Bauern, wir reden zwar nicht viel, doch wir sind stolz auf unsere Arbeit. Und wir haben das schönste Wappen. Zwar kann es nicht von großen Heldentaten berichten, die jemand draußen in der Welt vollbracht hat, doch dafür reicht es bis an den Ursprung, bis dorthin, wo vor Jahrtausenden das sesshafte Leben begann. Denn das war immer schon die Bedingung einer jeden Heldentat: eine dampfende Schüssel, täglich auf den Tisch, damit der Held bei Kräften bleibt und sein Tagwerk beginnen kann. Und so kommt es, dass unser Wappen auch das älteste ist. Es stellt die älteste Berufung dar. Es fordert seine Träger und all die, die es werden wollen, auf, sich aufzuraffen, in die Hände zu spucken, den Boden urbar zu machen und ihm unter Aufbietung aller Kräfte all jene Früchte zu entlocken, die fürs tägliche Leben wichtig sind. Wir, die Bauern, waren die ersten Gärtner – und wir haben euch, die ihr Geistliche, Krieger oder Gelehrte wart, mit Nahrung versorgt, wie das auch Mütter für ihre Kinder tun, von Urzeiten an. Wenn euch der Preis zu hoch war und ihr meintet, dass euch die Plünderung billiger kommt, dann seid ihr mit euren Pferden und Waffen gekommen und habt euch bei uns bedient. Wir haben euch ohnehin immer den Zehent geben müssen, haben auch die Straßen und Brücken repariert, damit ihr besser in den Krieg und zur Jagd reiten konntet und damit wir euch die Steine für eure Häuser liefern durften. Die großspurigen Wappen habt ihr euch dann selber umgehängt, ihr feinen Herren – und uns dabei vergessen. Doch wir brauchen eure Ehrungen nicht. Wir wissen, wer wir sind, was wir leisten und dass ihr es seid, die von uns abhängig sind, nicht umgekehrt. Wir wären auch ohne eure feinen Redensarten und ohne eure Steuern, die ihr uns auferlegt habt, ausgekommen, ohne eure Anmaßungen. Wir hätten auch ohne euch unsere Familien ernähren können. Ihr aber wäret ohne uns verhungert.

Aber abgesehen von allem Bauernstolz:

Das, was man heute Erdung nennt, die gelassene Bodenhaftung und der Sinn fürs unmittelbar Notwendige, das müssen wir bei den Bauern suchen.

Wir sprechen hier von der ältesten Tätigkeit der Welt, wenn man die Welt mit dem Sesshaftwerden des Menschen beginnen lassen will. Dafür gibt es gute Gründe. Auch den, dass ein zwanghaft wandernder Nomade keine Kultur hervorbringt, wenn man unter Kultur etwas versteht, das einer befestigten Siedlung gleicht. Die Viehhaltung, die Fleisch- und Käseproduktion, der Wein- und Obstbau, diese ungemein sinnliche Erfahrung, einen Acker zu bebauen und ihm die wertvollsten Dinge zu entlocken, dabei auszuharren, diese großen Mühen auf sich zu nehmen, auch Rückschläge zu verkraften, dann und wann am Boden zerstört und am Rande der eigenen Existenz zu sein, aber stets verwachsen mit dem eigenen Grund und Boden, mit dem Eigentum – das macht den echten und freien Bauern aus. Ein Bauer sät und erntet aus freien Stücken. Das allein schon ist ein Wappen wert – und mit Sicherheit das schönste auf der Welt –, weil es das Urbild aller produktiven Tätigkeit ist.

Das Eigene spielt im Alpenraum eine große Rolle. Oft schilt man die stolzen Alpenbewohner Spießbürger, deren private Höfe Refugien von Biedermännern seien. Tatsächlich bedarf wahre Freiheit des Eigenen – das verrät sogar die Wortwurzel: *frei* kommt vom altpersischen *fryo*, und das bezeichnete einst das einem Liebe, Teure und Eigene. Ohne Eigenes sind wir stets Abhängige. Wilhelm Röpke, der der Österreichischen Schule der Ökonomik nahestehende deutsche Wirtschaftsphilosoph, schrieb: *„Der unverschuldete Bauer auf ausreichender Bodengrundlage ist der freieste und unabhängigste Mensch in unserer Mitte; weder Nahrung noch Arbeitslosigkeit brauchen ihm Sorgen zu bereiten, und die Unterwerfung unter die Launen der Natur, die er für diejenigen des Marktes und der Konjunkturen eintauscht, ist eine solche, die das Menschentum nicht zu verbittern, sondern viel-*

mehr zu veredeln pflegt. Seine Existenz ist, wie wir die Dinge auch drehen und wenden mögen, unter allen die menschlich befriedigendste, reichste und geschlossenste."

Die ungemein sinnliche Erfahrung, einen Weinberg zu bebauen, ist das Urbild aller produktiven Tätigkeit.

Die Spottbegriffe des Biedermannes und Spießbürgers richten sich gegen den Mittelstand und werden von der Elite und der abhängigen Unterschicht benutzt. Der Spießbürger kann sich nur einen Spieß leisten, nicht Pferd und Rüstung – aber immerhin, er hat einen Spieß und riskiert tapfer für die Bürgerschaft sein Leben. Biedermann meint den Vorwurf an den biederen Kleinbürger, seiner politischen Verantwortung in die private Gemütlichkeit zu entfliehen. Doch jene, die Verantwortlichkeiten diktieren, sind meist ganz ungemütliche Burschen, die keinerlei reale Verantwortung tragen. Da lobe man sich doch die Gemütlichkeit! Dieser Begriff ist kaum in andere Sprachen zu übersetzen. Es meint die Muße, bei der das Gemüt ein wenig zur Ruhe kommen kann, um besonnen für die eigenen Taten, die eigene Familie, den eigenen Betrieb und die eigene Gemeinschaft Verantwortung zu übernehmen, wo andere nur politische Phrasen skandieren. Gemütlichkeit ist die der menschlichen Natur angemessene Atmosphäre, die das Herz berührt und dadurch das Gemüt stärkt. Die Ästhetik der Gemütlichkeit lässt sich schwer positiv definieren und völlig rational ergründen. Man erkennt sie meist dann, wenn etwas fehlt. Vermutlich berührt die Gemütlichkeit unbewusste Grundstimmungen und Ur-Erinnerungen in uns; darum wirkt das Authentische und Heimelige stets gemütlich.

Die Heimat, nach der man Heimweh hat,
ist eng mit Gemütlichkeit verbunden:
Wo es gemütlich ist, fühlen wir uns „daheim".

Womöglich sind es Spuren wahrer menschlicher Lebendigkeit, wie wir sie in Gärten, Küchen, Stuben und auf Plätzen finden, die für einen Menschen zum Zentrum seiner Existenz wurden und dadurch beseelt sind. Darum setzt letztlich auch echte Gemütlichkeit das Eigene voraus, dass ein Mensch einen Ort als eigen annehmen kann und seine Eigenheit herausarbeitet. Je mehr künstliche Elemente, die nicht aus eigenem Antrieb entstanden sind, sondern wahllos zugekauft oder zugeteilt wurden, einen Ort dominieren, desto ungemütlicher ist er. Gemütlichkeit ist die Ernte einer Saat, die deshalb besonders ist, weil sie die eigene ist.

„Wer nicht sät, kann nicht ernten", heißt es im Volksmund. Das ist so unmittelbar wahr und einsichtig, dass es wohl für jeden Menschen, so er kein Räuber und Plünderer ist, gilt. Es trifft für jeden zu, der etwas im Leben erreichen will. Jede Berufung, welche es auch sei, benötigt bis zur Meisterschaft, die einer Ernte gleichkommt, gewissermaßen einen Vorschuss. Bei den Bauern sind es die Saatkörner, die ursprünglich nicht gekauft wurden, sondern die man sich vom Mund abzusparen hatte. Ebenso ist es die Pflege des Waldes und der Wege, der Werkzeuge und der Zäune, das Beschneiden der Bäume und das Mähen der Wiesen, tausende Tätigkeiten, die man gleichsam vorschießen muss und die – allgemein gesprochen – nichts anderes darstellen, als was die gelehrten Ökonomen den Aufbau von Werten und die Bewahrung der von Vorfahren ererbten Güter nennen. Bei den Handwerkern ist es ebenso. Und bei beiden

Berufsgruppen ist es das Lernen von den Älteren und Erfahrenen, das tradierte Wissen, das einen Vorschuss aufs Leben darstellt. Denn ohne Wissen kann nichts gut gelingen. Von den richtigen Menschen richtig angewandt, ist Wissen dem Saatgut sehr ähnlich. Wenn es verdorben ist, kann es nicht mehr keimen – und in der Folge fällt auch die Ernte aus.

Die Saat steht symbolisch für die zarten Anfänge jeder großen Sache. Dieser Anfang fällt uns heute schwer, denn die Aufgaben scheinen übergroß – und was kann ein Einzelner schon ausrichten? Im Alpenraum bleibt nicht viel Gelegenheit für solches Aufschieben und Verdrießen, das dauernde Beginnen großer Werke ist lebensnotwendig. Zu bewältigen ist dies nur, wenn man in Generationen denkt. Ständig muss etwas ausgebessert und neu aufgebaut werden. Unterlässt man dieses ewige Säen, kommt die Rechnung zwar mit Verspätung, aber letztlich unausweichlich. Kundige Augen prüfen beim Kauf eines Hofes, ob es bei der Instandhaltung der Wege und Leitungen Unterbrechungen gab.

Überall dort, wo es gemütlich ist, fühlen wir uns geborgen und daheim.

Die Nachhaltigkeit ist in den Alpen daheim, daher wachsen hier auch viele Baumriesen.

Für das Kalkül des Einzelnen „rechnet" sich diese Instandhaltung oft nicht, doch ohne den weiten Zeithorizont der Alpenbewohner wäre die Besiedlung der Alpen nie gelungen. Die Nachhaltigkeit war im Alpenraum daheim, lange bevor Politiker den Ausdruck als Modewort für ihre Zwecke entdeckten. Der Begriff stammt aus der Forstwirtschaft, denn Wälder wachsen nicht von heute auf morgen. Zudem hängt die gesamte Landschaft von der Pflege der Wälder ab. Zu den ältesten Dokumenten der Berggebiete zählen sogenannte Bannbriefe, in denen „Bannwälder" zum Schutz von Siedlungen, Verkehrswegen und Weideflächen urkundlich festgeschrieben wurden.

Da das Denken in Generationen im Alpenraum lebensnotwendig ist, hat die Familie eine besonders große Bedeutung. Die Familie ist der Verband, in dem es durch den liebevollen Umgang miteinander gelingen kann, die Generationenfolge sanft ineinander übergehen zu lassen – auch wenn es leider nicht immer gelingt und der enge Raum natürlich auch zu starken Reibereien führt. Allerdings war der Alpenraum weniger von großen Sippenverbänden geprägt, sondern begünstigte eher das Leben in der Kernfamilie. Historiker sprechen von einer „polynuklearen Struktur“: Die Familie verteilte sich auf mehrere Kernbereiche mit jeweils eigenen Feuerstätten. Besonders weise scheint die Institution des Ausgedinges, die familiäre Nähe ohne Beengung erlaubt: Bei der Generationenfolge am Hof übersiedelt die Elterngeneration vom Haupthaus in ein kleineres Nebenhaus. Schließlich darf man nicht einmal innerhalb der Familie die liebevolle Zuneigung überbeanspruchen, sonst wird sie zu Hass.

Wie zentral die Verbindung von nachhaltigem Wirtschaften in der Generationenfolge mit familiärer Liebe ist, zeigt ein Kärntner Lied, das heute noch auf allen bäuerlichen Festen zu hören ist und den ewigen Kreislauf des Lebens und der Natur mit frohsinnigem und beschwingtem Rhythmus besingt. Von Strophe zu Strophe wird die Melodie um jeweils einen Ton erhöht.

Da Großvåta saat	*Der Großvater sät*
und dås Enkale maht,	*und das Enkelkind mäht,*
die Liab is a Glück	*Die Liebe ist ein Glück,*
und die Liab is ka Lad.	*die Liebe ist kein Leid.*
Refrain	*Refrain*
Wånn dås Enkale saat,	*Wenn das Enkelkind sät,*
maht schon wieder a Bua,	*mäht schon wieder sein Sohn,*
geahnt Summa und Wintar	*Sommer und Winter vergehen,*
und die Er'n håt ka Ruah.	*die Erde wird nicht ruhen.*
Refrain	*Refrain*
Fållt ka Stern auß'n Himmel	*Kein Stern fällt vom Himmel*
bei der gånz letzt'n Måd,	*bei der allerletzten Mahd,*
de Welt draht se weiter	*die Welt dreht sich weiter,*
und die Liab is a Råd.	*die Liebe ist wie ein Rad.*

Dass man säen muss, wenn man ernten will, ist eine Grundeinsicht, die uns über die *conditio humana*, über die Bedingungen und die Bedingtheit des Menschen sehr viel lehren kann. Zum Beispiel, dass der Mensch nicht „ist“, sondern permanent wird und vergeht, dass er ein Fluss ist und ein

Das Denken in Generationen zeichnet den bewirtschafteten Alpenraum aus.

Übergang, eine Brücke zur Zukunft hin. Wir leben in der Zeit und müssen als denkende Wesen unserer Zeit permanent voraus sein, um die Gegenwart zu bewältigen. Die Saat, die aufgeht, keimt in der Zeit und wirft ihre guten Schatten auf unsere Kinder, die ja ebenso in uns gekeimt sind, bis vor Kurzem noch selbst Samen waren, und jetzt – unserer Voraussicht sei Dank – etwas zu essen haben. Damit dies gelingt, muss im Menschenreich vorgedacht werden. Denken ist Vorbedenken künftigen eigenen oder fremden Handelns und Nachbedenken vergangenen eigenen oder fremden Handelns. Das Denken arbeitet dem Handeln vor. Allein durch das Denken also lebt der Mensch in der Zeit, aber nicht so, wie auch das Tier in der Zeit lebt, sondern der Mensch ist sich seiner Zeitlichkeit bewusst und demnach imstande, Einfluss auf die Zeit nehmen. Das ist der Grundbaustein der Freiheit.

Doch so wie heute alle Welt – und da ist in unseren Breiten kaum jemand ausgenommen – stehen wir unter Zeitdruck, haben uns verloren, und finden uns wieder unter der Herrschaft des Kalküls. Gleich Verschütteten versuchen wir unsere Zeit „freizuschaufeln“, wie es im Manager-Jargon heißt. Das ist der Zug der Zeit. Wie ein schnüffelnder Jagdhund muss unser Denken tagtäglich rund um den Terminkalender hecheln, um die Zeit, die wir brauchen, aus ihrem Bau zu treiben. Und kommt sie dann, ohnehin verbeult und bruchstückhaft, zum Vorschein – ach, du liebe Zeit! –, dann müssen wir sie gleich festhalten, damit sie nicht entflieht, zerrinnt, vertrödelt wird oder irgendwer Anspruch auf sie erhebt.

Im Grunde fehlt uns die Zeit. Sie ist uns abhanden gekommen. Und gleichzeitig muss man sagen: Die Zeit drängt! Wohin ihr Drängen führt, ist nicht wirklich ersichtlich. Kleine Ziele in der Nähe wissen wir stets anzugeben, freilich. Aber das Fernziel? Fast alle in unseren Breiten leben heute in Unruhe und an der Kippe zur Überlastung. Eile und Angst sind unsere Gefährten geworden. Finden wir noch einen Ausgang aus unserer selbst verschuldeten Unmündigkeit? Suchen wir noch das, was man früher Seelenruhe nannte? Wissen wir überhaupt noch, was Seelenruhe bedeutet? Manchmal bräuchten wir eine Zeitlupe, um unsere Zeit überhaupt zu finden.

Wie sieht ein ernsthafter Umgang mit der Zeit aus? Eben war noch vom Säen und Ernten die Rede und nicht vom E-Mail-Schreiben, vom elektronischen Terminkalender und von der Zeitnot. Ein ernsthafter Umgang mit der Zeit lässt jeder Tätigkeit den ihr gebührenden Raum. In einem ursprünglichen Sinn kann ein Umgang mit der Zeit nur dann ernsthaft sein, wenn er auch Früchte trägt – echte Früchte, das heißt solche, die man essen kann. Das war die kindliche Ernsthaftigkeit des ersten Bauern, der sich einen Garten geschaffen hat. Der hatte die Zeit, hat sie sich genommen, musste sie sich nehmen, um seine Ziele zu erreichen. Dieser erste Bauer hatte ein klares Bild vor sich: Diese Pflanze hier, die so gute Früchte trägt, welche mir und meiner Familie so außerordentlich gut schmecken – das wird er sich wohl gedacht haben –, die will ich mir nicht immer mühsam irgendwo suchen müssen, sondern ich nehme mir einen Teil ihrer Früchte und verstreue sie hier auf der Erde, die ich vorher durchwühlt und von Wurzeln und Steinen befreit habe. Ich habe ja auf meinen Wanderungen gesehen, wie aus den Früchten, als sie reif waren, andere Früchte gefallen sind – und dort, wo diese hingefallen sind, sind nach geraumer Zeit neue emporgewachsen.

Bauern waren die ersten Gärtner.

Es gibt Gelehrte, die meinen, dass die Menschheit mit der Erfindung der Waffe begonnen hat. Das muss aber, bis zum heutigen Tag aufgerechnet, der unpoetische Anteil unserer Erbmasse gewesen sein. Die liebevolle Spiritualität des Gärtners, diese Wurzel von allem, selbst der Philosophie, ist dem schießenden, stechenden und häutenden Jagdgesellen an poetischer Kraft überlegen. Ein Jäger und Sammler produziert nichts. Ein Bauer hingegen sehr wohl, weil er Kultur hat oder besser: in sich trägt. Er lebt nicht bloß als Parasit vom Gegebenen, sondern trägt dazu bei, dass sich das Gute mehrt. Jäger und Sammler hinterlassen, wenn sie gründlich waren, nur ihre Fäkalien. Bauern hingegen kultivieren die Landschaft und prägen ihr den Stempel auf. Sie verwandeln die Welt in einen Garten. Die Jäger mit ihren Spießen und Pfeilen müssen vor dem Gartenzaun stehen bleiben, wenn sie keine ungebetenen Eindringlinge sein wollen. Sie haben heute noch nichts erlegt, so sagen sie, vom Hunger werden sie geplagt und sie würden so gerne bei den Karotten mitnaschen. Wie schnell kommt einem Jagdgesellen da der Gedanke, dass er doch gleich den Bauern erlegen könnte, wo er doch schon die Waffen hat und so gut mit ihnen umgehen kann ...

Wie ist eine Philosophie zu denken, die einem, der säen und ernten will, auf die Sprünge hilft? Welches Denken über die Zeit ist dem sesshaften

Leben angemessen? Wie alles im Leben, lässt sich auch die Zeit unterschiedlich bewerten. Kinder und Tiere etwa bewerten die Gegenwart extrem hoch. Das heißt, sie wollen das, was ihnen begehrenswert erscheint, *jetzt gleich* haben und haben demnach, wie die Gelehrten sagen, eine hohe Zeitpräferenz. Kinder und Tiere leben in der Gegenwart und gehen ganz in ihr auf. Die Gegenwart ist alles, was sie sich vorstellen können, und die Zukunft liegt außerhalb ihres Bewusstseins. Erwachsene dagegen haben die Möglichkeit, die Zukunft ein wenig vorauszudenken. In der Sprache der Ökonomen heißt das: Sie können auf gegenwärtigen Konsum verzichten, also sparen – in der Voraussicht, in Zukunft mehr konsumieren oder verkaufen zu können. Das heißt, sie bewerten die Gegenwart geringer, haben also eine niedrigere Zeitpräferenz. Hat man das Sparen freilich verlernt und wird demnach alles bereits in der Gegenwart verkonsumiert, so entspricht dies dem glatten Gegenteil von all dem, was man weise Voraussicht und kluge Zukunftsvorsorge nennt.

Wenn uns „Erwachsenen“ heute nach der Gegenwart gelüstet, nehmen wir einen Kredit auf, das heißt: Wir machen Schulden. Handelt es sich dabei um einen Konsumkredit, so verjubeln wir ihn für unser tägliches Vergnügen. Das ist selten klug. Ist es ein Investitionskredit, so verwenden wir ihn zur Produktion von Gütern oder zur Bereitstellung von Dienstleistungen, die, wenn andere sie freiwillig kaufen, einen künftigen Gewinn versprechen. Das ist schon klüger. Noch klüger wäre es freilich, man würde vorher sparen, denn Kredite machen alles teurer, was die Konsummöglichkeiten in der Zukunft reduziert, und umso mehr, je umfangreicher die Kredite waren.

Ist die Zeitpräferenz bei Erwachsenen extrem hoch, so führt dies notwendig zu Verschwendung, in der Folge zu sozialer Hilflosigkeit und bei moralischer Entgleisung zu Diebstahl und Betrug. Stirbt jemand, der eine hohe Zeitpräferenz hatte, so hinterlässt er bestenfalls nichts, meist jedoch Schulden und Probleme, die andere auszubaden haben. Wenn jemand stirbt, der eine niedrige Zeitpräferenz hatte, so wurde in der Regel etwas aufgebaut, das an die nächste Generation weitergegeben werden kann.

Angesicht der Tatsache, dass wir uns gleichsam kollektiv eine außerordentlich hohe Zeitpräferenz zugelegt haben, braucht es uns nicht weiter zu verwundern, wenn wir zunehmend enteignet und an die Wand gedrückt werden – nicht nur in den Städten, sondern auch auf dem Land, sogar bis in die Abgeschiedenheit hinein.

Es ist eine Unsitte, dass der Bauernstand heute zu einem guten Teil von Subventionen lebt oder sich einbildet, nicht mehr ohne sie über die Runden zu kommen. Was ist hier geschehen? Haben die Bauern ihr Wappen vergessen und ihre Freiheit noch dazu? Es ist gerade so, als ob sie sehenden Auges zurück in die Knechtschaft wollten, als ob ihr Stolz gebrochen, als ob ihnen ein freies Leben nichts mehr wert wäre. Aber darf man ihnen einen Vorwurf machen? Zum einen versucht heute jeder auf jede nur denkbare Art Geld einzunehmen und schert sich kaum darum, woher dieses Geld eigentlich stammt. Zum anderen essen die meisten Menschen heute Lebensmittel, die aus riesigen Fabriken kommen und säuberlich in Plastikfolie verpackt im Supermarkt auf uns warten. Wie frustrierend muss es für einen Bauern sein, wenn er zusehen muss, wie technisch produzierte Nahrungsmittel für den Massengeschmack den ursprünglichen Lebensmitteln vorgezogen werden. Aber die Zeit der Bauern wird wieder kommen. Alle Anzeichen sprechen dafür. Denn vom Luxus verwöhnt und durch den Luxus hindurch gegangen, bekommen die Menschen wieder mehr Sinn fürs Echte und wahrhaft Luxuriöse. Und das gibt es nun wahrlich nicht im Supermarkt zu kaufen. Wollen wir hoffen, dass die Bauern diese Jahre des Wartens noch überstehen und dann wieder – ihrem Wappen treu – die guten Mütter und Väter sind, die uns zu essen geben.

April

Allerspätestens gegen Ende April, je nachdem, wie die Osterrechnung im Jahr ausfällt, feiern die Christen die Auferstehung Jesu. Die Natur feiert ebenso. Der tauende Schnee, der hoch oben in den Bergen liegt, rauscht spritzend in die Täler. Alles wird geflutet und durchspült. In den sonnigen Tagen erwachen immer mehr Pflanzen und Tiere zum Leben. Die Osterhasen schütteln ihr Fell und richten ihre Ohren zur Sonne. Singvögelmännchen trällern ihre Lieder zur Balz und locken nicht nur ihresgleichen an, sondern verführen auch uns Menschen, ihnen zu lauschen. Schon frühmorgens hebt uns ihr Gesang beschwingt aus den Federn. Auch wenn es im Deutschen den Ausdruck „Frühjahrsmüdigkeit“ gibt, mag man gerade in den Frühlingstagen keinen einzigen Sonnenstrahl verpassen, der sich vom Himmel erstreckt. Der Morgen beginnt schon früher, und die Tage werden wieder länger.

Die neu ergrünten Wiesen dienen den Tieren als Futterweide. Schafe, die in früheren Zeiten noch von ihren Schäfern behütet wurden, können wieder herzhaft ins saftige Gras beißen und sich satt fressen. Die jungen Lämmer tollen derweil herum und scheuchen die Heuschrecken auf. Bienen und dicke Hummeln sind zu sehen, Käfer krabbeln die Grashalme empor, Spinnen bauen ihre filigranen Nester. In den Waldgewässern, Tümpeln und Weihern wuseln kleine schwarze Punkte umher. Es sind Kaulquappen. Noch vor wenigen Wochen waren sie in gallertartigen Schnüren eingeschlossen. Nun fressen sie in ihrem Teich, bis sich die Beinchen und Ärmchen herangebildet haben. Nicht mehr lange, und die Kleinen hüpfen als Kröten oder Frösche über den Waldboden. So ein versteckter Weiher kann das großartigste Kinderspielparadies sein. Selten lässt sich auch einmal ein Laubfrosch blicken, der wie der Märchenfrosch aus dem *Froschkönig* aussieht. Wie alle Amphibien braucht er viel Wärme, um sich richtig bewegen zu können. Auf den freien Wiesen und Lichtungen entstehen Blütenmeere von Krokussen. Sie zeigen ihr kräftiges oder zartes Lila und gelten als eine der giftigsten Pflanzen im Alpenraum.

Hoch oben am Berg liegt noch Schnee, während im Tal der Frühling Einzug hält.

„Der April macht, was er will". Plötzliche Kälte kann die keimende Saat noch zunichtemachen. Doch man *muss* sähen, um dann im Spätsommer und Herbst ernten zu können. *„Was der Frühling nicht säte, kann der Sommer nicht reifen, der Herbst nicht ernten, der Winter nicht genießen"*, so lautet eine alte Hausregel. In der wärmeren Zeit des Jahres galt es, speziell für unsere Vorfahren, fleißig zu sein, um im Winter nicht in Not zu geraten.

Bevor die Aussaat beginnt, werden die Wiesen und Äcker gedüngt. Dazu reibt man an regnerischen Tagen den Mist mit einer Egge in den Boden ein. Wer im Herbst auf seinen Feldern noch Gründünger angebaut hat, pflügt diesen jetzt unter. Dann wird die Saat ausgebracht – zuerst der Hafer, dann die Gerste und zuletzt die Kartoffeln. Im Bauerngarten werden die Samen der einzelnen Gemüsesorten und Gewürzkräuter ausgebracht, auch die Kerne der leuchtend gelben Sonnenblumen.

Sozialer Zyklus: **Hinausgehen**

Im Frühling erwachen Natur und Tiere zu neuem Leben, so auch der Schwalbenschwanz.

Wenn die ersten warmen Stunden kommen, die Sonne auf die Wiesen und in die Fenster der kalten Häuser scheint, dann hoffen die Menschen in den Alpen auf den Frühling. Wie schön auch immer uns ein verschneiter Wald vorkommen mag, wie herrlich auch die Eiszapfen glitzern, wenn sie lang und tropfend von den Dachrinnen hängen, es hilft nichts: In der Kälte des Winters ist das Leben schwer zu ertragen. Die Natur ist am Ende ihrer Kräfte. Der Frühling hingegen, der auf den Winter folgt, ist der Beginn dieses Lebens, der Beginn eines neuen Kreislaufs. Jedem Anfang wohnt ein Zauber inne, wie der Dichter sagt: Pflanzen keimen, treiben aus und zeigen bald die schönsten Blüten. Tiere kriechen verschlafen aus ihren Verstecken, räkeln sich und suchen nach Fressbarem. Die ersten Insekten krabbeln und winden sich über den Boden, schnellen empor, sodass die Vögel, die schon munter und beim Nestbau sind, sie gleich in den Schnabel bekommen. Die Unken und Kröten graben sich aus dem Laub und hüpfen schwerfällig in die nahe gelegenen Tümpel. Die Natur, die sich im Winter von der langen Zeit des Keimens, Wachsens und Rei-

fens gründlich ausruhen konnte, kommt jetzt erfrischt und in all ihrer Pracht wieder neu zum Vorschein. Für die Menschen – die einst die Krone der Schöpfung waren, damals, als sie noch auf ihre Gärten schauten und nicht bloß auf die Politik schielten – beginnt nun eine frohe Zeit. Gewisse Dinge ändern sich nie. Erst im Frühling kann man sich wieder so richtig aufs Hinausgehen freuen. So lange haben wir den Frost ertragen müssen, die finsteren und feuchten Tage, in denen die Sonne sich kaum durch die Wolken hat kämpfen können. Fast war es, als ob das lebendige Feuer der Natur eine Zeit lang schon erloschen gewesen wäre. So manch einer hat da die Hoffnung fahren lassen. Jetzt aber ist er da, der Frühling.

„Morgenstund hat Gold im Mund", so lehrt uns eine Weisheit der Alpen. Das ist gleich ein ganz anderes Aufwachen, eines, das dazu ansporNT, hinauszugehen und das Tagwerk mit Kraft und Freude zu beginnen.

Bärlauch und Palmkätzchen künden vom Frühling.

Der Frühling ist jene Zeit, in der wir die Fenster und Türen, die so lange verschlossen gewesen waren, wieder öffnen. Jetzt scheint uns die Sonne wieder in aller Herrgottsfrüh ins Gesicht.

Frühes Aufwachen ist eine Notwendigkeit des bäuerlichen Lebens, aber es bietet auch zahlreiche Vorteile. Die frühen Morgenstunden gewähren Ruhe und damit die Möglichkeit, den Tag besonnen und bewusst anzugehen, ohne jenen panischen Stress, der die Arbeit misslingen lässt. Zudem ist es ökonomischer, lebensnäher und gesünder, sich nach der Sonne zu richten als nach künstlichem Licht.

Im Frühling können auch die Häuser wieder gründlich gelüftet werden. Die Polster und Decken hängen wir über die Balkone, damit sich die Federn in der Sonne wieder aufplustern und den stickigen Mief des Winters verlieren. Erde und Steinchen, die wir im Laufe des Winters mit unseren Schuhen ins Haus getragen und zu Staub verrieben haben, kehren wir mit dem Besen über die Treppen und den Flur wieder hinaus ins Freie. Ein Kübel heißes Wasser mit einem Schuss Essig oder Brennspiritus tut Wunder. Alles wird gewaschen, innen und außen, und riecht gleich nach

Aufbruch und neuem Jahr. Frühjahrsputz ist angesagt. Auch werden die Schäden begutachtet, die der Winter angerichtet hat. Zäune werden ausgebessert und Dachziegel zurechtgerückt. Die alten bemoosten Äste der Obstbäume, die unter der Last des Schnees herabgebrochen sind, werden aufgesammelt und fürs Osterfeuer zum Trocknen aufbewahrt. Brennbares Gerümpel wird dazugelegt, zu dem sich auch alte Erinnerungen gesellen, die wir später dann dem reinigendem Feuer anheim stellen wollen.

Auch die Arbeit im Bauerngarten beginnt. Wenn im Wald die Schneeglöckchen sprießen und an den Lichtungen der duftende Bärlauch durch den Boden schießt, dauert es nicht mehr lange, bis auch der Schnittlauch im Garten seine grünen Halme gegen die Sonne reckt. Die tüchtigsten Gärtnerinnen und Gärtner haben sich schon im Februar das Frühbeet zurechtgemacht, ein Geviert aus Holzbrettern, das in den Boden eingelassen wird und mit alten Fenstern oder Glasscheiben abgedeckt ist. Dort können die Salat-, Sellerie-, Kürbis- und Kohlrabipflänzchen, geschützt vor der Kälte und gewärmt von den ersten Sonnenstrahlen, vorgezogen werden. Falls den ganzen Tag über die Sonne scheint, werden die Glasfenster mit einem Holzscheit angehoben, damit genügend Frischluft an die zarten jungen Triebe gelangen kann und nichts verbrennt. So hat man schon frisches Gemüse, wenn die anderen noch mit dem Sauerkraut und den eingelegten Senfgurken aus dem Vorjahr vorliebnehmen müssen. Die Samen der Radieschen können schon im März in die Erde gelegt werden. Sie wachsen am schnellsten und zieren bereits wenige Wochen später unser Schnittlauchbrot. Die ätherischen Öle des Rettichs helfen hervorragend bei Gallenproblemen, die die meisten von uns bekommen, wenn sie es allzu sehr mit fettem Fleisch übertrieben haben. Mit dem Setzen der Paradeiser warten wir noch bis Mitte Mai, am besten bis nach den Eisheiligen, damit uns die heiklen Pflänzchen, die ursprünglich aus dem Süden und noch ursprünglicher, wie die Kürbisse und der Mais, aus Amerika kommen, in der Nacht nicht erfrieren. Auch Kartoffeln, Zwiebeln und Knoblauchzehen werden gesteckt, ebenso die farbenprächtigen Gladiolen, Dahlien und Schwertlilien, damit nicht nur der Magen etwas zum Beißen, sondern auch das Auge etwas zur beschaulichen Betrachtung hat. Die besonders Fleißigen ziehen den kostbaren Spargel, der zusammen mit den später folgenden Erdbeeren den Körper entwässert und das Blut reinigt. Auf lange Stöckchen werden helle, in Streifen gerissene Stoffreste gebunden, die dabei helfen, die listigen Vögel aus dem Garten zu verscheuchen. Zum Vertreiben der bösen Geister und zwecks Erbitten des Segens von oben binden die Bewohner der Alpen geweihte Palmkätzchen an den Gartenzaun.

„Man kann ja nie wissen", wie der Volksmund sagt, und „wenn's nichts nützt, so kann's zumindestens nicht schaden".

Zu früheren Zeiten, als die meisten Menschen – und besonders jene, die in der Abgeschiedenheit lebten –, kaum lesen und schreiben konnten, orientierte man sich im Acker-, Obst- und Gartenbau gleichwie in der Viehzucht an überlieferten Traditionen. Was die Väter wussten, gaben sie an ihre Söhne weiter, und die Mütter machten es ebenso mit ihren Töchtern. Wenn man in den Alpen überleben wollte, musste man in der Tat viel wissen – und mehr noch etwas können und zuwege bringen. Fleißig musste man sein, aber auch stark und kräftig, denn was nützt aller Fleiß, wenn das Ergebnis zu wünschen übrig lässt und Hunger und Kälte drohen. Wer kein Holz hat, kann nicht heizen. Um Holz zu kaufen hatte man kein Geld, dafür war es viel zu schade. Das Geld brauchte man andernorts dringender, nämlich für all jenes, das man selbst nicht herstellen konnte und auch für den Doktor, der ins Haus gerufen werden musste, wenn Mensch oder Vieh gefährdet war. So musste man eben selbst in den Wald hinaus, um Holz zu schlagen. Heute gibt es Maschinen, die nahezu selbsttätig die mächtigsten Bäume fällen, entrinden und auf die gewünschte Länge zuschneiden. Damals war diese Arbeit so ziemlich die schwerste und gefährlichste, die sich denken ließ, ganz besonders in den Steillagen der Alpen. Nicht jeder war dafür geeignet. Nur die Kräftigsten, Mutigsten und Geschicktesten gingen in die Wälder. Auch mussten sie entscheiden, welcher Baum zu welcher Zeit reif fürs Schlagen ist und wie das Holz verarbeitet, gelagert und verwendet werden soll. Das Holz war ja vor allem zum Bau der Ställe und Häuser da, für die Zäune und Wasserleitungen, nicht bloß zum Kochen und Heizen. Jedes Holz musste seinen Zweck erfüllen. Pfosten

Einfache Menschen schufen zeitlos schöne Gebäude aus Holz.

Niedrige Zimmer mit kleinen Fenstern findet man in alten Bauernhäusern.

und Bretter, Balken, Leisten und Wasserrinnen, Hackengabeln, Ruten, Bastrindenstreifen, Pflöcke und Schindeln waren herzustellen. Die Deichsel des Heuwagens war aus ganz anderem Holz geschnitzt als die großen Dachbalken, die auch nur an bestimmten Tagen geschlagen werden durften. Die Häuser hielten oft Jahrhunderte lang der Witterung stand. Es sind Bauwerke, an denen über viele Generationen hinweg immer wieder weitergebaut wurde. Und sie sind auch für viele Generationen ausgelegt: 500 Jahre alte Höfe, manchmal sogar um einen Kern herum gebaut, der noch weiter zurückreicht, sind im Alpenraum keine Seltenheit.

Der Anblick der Häuser und Bauernhöfe ist durchgehend bezaubernd. So viel Schönheit und Harmonie sieht man heute selten. Viele von ihnen werden noch bewohnt und tun ihren Dienst. Manche von ihnen stehen bereits in Freilichtmuseen, wo dem fröstelnden Städter, der die ältesten der erhaltenen Exemplare zum ersten Mal sieht, leicht der Gedanke an die Steinzeit kommt: offenes Herdfeuer auf dem Steinsockel, schwarzberußte Wände, eine karge Stube, schmale kleine Stiegen, die hinauf in die Dachkammern führen und darunter die Ställe für das Vieh. Auch die Einheimischen kommen in großer Zahl, um sich ihre alten Häuser anzusehen. Da ist viel Wehmut in ihren Blicken.

Wie ist es möglich, dass einfache Menschen Gebäude schufen, die an zeitloser Schönheit so ziemlich alles in den Schatten stellen, was professionelle Architekten erdenken? Es ist eben ein anderes Bauen, kein konstruiertes für fremde Zwecke, sondern ein organisches, das aus dem eigenen Leben heraus geformt wird. Man bekommt dabei Hilfe durch Nachbarn oder umherziehende Maurer, wie jene friaulischen Künstler, die in Kärnten prächtige, gemauerte Scheunen aufbauten. Statt auf präzise Bauanleitungen mit digitalen Modellen greift man auf bewährte Methoden und Muster zurück, die dem Ort und den Zwecken angepasst werden. Der Ort spielt überhaupt eine besondere Rolle: Da ist nicht zuerst das Fertigteilhaus, für das dann ein Ort gesucht wird, sondern zuerst der rechte Ort. Noch heute bemühen manche die Wünschelrute, um diesen zu finden und stellen dabei erstaunt fest, wie gut und richtig doch die Orte alter Gebäude gewählt sind. Nicht die Rute ist hierfür entscheidend, sondern das persönliche Gespür. Und das Gespür für gute Lagen ist im Alpenraum besonders wichtig und demnach auch recht gut entwickelt.

Was ist das wichtigste für all jene, die in der Abgeschiedenheit leben? Was ist das wichtigste für die Arbeit im Wald, auf dem Acker und im Stall? Dass alles, was man tut, nicht nur richtig, sondern auch zum richtigen Zeitpunkt geschieht!

Was nützt die größte Tüchtigkeit, Kraft und Geschicklichkeit, all die Genauigkeit und der beste Vorsatz, wenn man die Stunde ungenutzt verstreichen lässt, die Arbeit zur falschen Zeit erledigt, sodass sie verdirbt.

Wehe, wenn man den richtigen Zeitpunkt verpasst und eine Chance ungenutzt bleibt, der wir womöglich das halbe Leben lang nachtrauern. Die alten Griechen – Zeus hab sie selig –, die in ähnlich urigen Häusern wie die Alpenbewohner lebten, bloß in den sonnigen Gefilden von Hellas, umspült von den lieblichen Wogen des Poseidon, hatten, wenn sie von der Zeit sprachen, nicht wie unsereiner bloß einen, sondern gleich zwei Begriffe zur Hand: *Chronos* und *Kairos*. Ersterer bezeichnete die Zeit in ihrem Ablauf, in ihrem täglichen Vergehen, in welche die Ereignisse eingeschrieben und zur Chronologie wurden. *Kairos* hingegen stand für den günstigen Augenblick, die Gunst der Stunde, den richtigen Zeitpunkt, an dem sich all das, was für uns wichtig ist, am besten vollbringen lässt.

Aber wann ist er, der richtige Zeitpunkt? Stets gibt es Zeichen, Gelegenheiten, Möglichkeiten, doch stets so viele Unwägbarkeiten dazu, dass guter Rat teuer ist. Nichts im Leben tritt exakt in der gleichen Konstellation wieder auf. Alles ist gewissermaßen einmalig. Jedes Jahr bringt eine neue Variation des ewig Gleichen hervor, und doch bleibt nichts beim Alten. Alles fließt, alles ist im Fluss. *„Es ist unmöglich, zweimal in denselben Fluss zu steigen"*, schrieb einst Heraklit von Ephesos in seinem Buch, das er der Überlieferung nach hoch oben in den Bergen verfasst haben soll. Die Welt ist ein ewiger Prozess. Bewegung, Wechsel und Vergänglichkeit prägen ihr Erscheinungsbild. Dennoch ist in allem etwas Logoshaftes, wohnt in al-

Der Namenstag hatte früher einen höheren Stellenwert als der Geburtstag.

lem die Weltvernunft, das Naturgesetz und das höhere Prinzip. Alles in der Natur hängt auf rätselhafte Weise mit allem anderen zusammen und lässt sich – eine gehörige Portion Erkenntniswillen vorausgesetzt – nach und nach verstehen. Doch wie? Wie lassen sich die Zeichen des Himmels deuten, und zwar so, dass jene, die unmittelbar mit und von der Natur leben, ihr gutes Auskommen haben?

In diesen schwierigen Fragen holten sich die Alpenbewohner – zusätzlich zum Wissen ihrer Vorfahren – stets guten Rat in ihren Bauernkalendern, die sich seit Jahrhunderten und bis zum heutigen Tag großer Beliebtheit erfreuen.

So etwa der steirische Mandlkalender, der seit 1706 ohne Unterbrechung und nach wie vor in hohen Auflagen gedruckt wird. Es ist ein bunter Bild- und Zeichenkalender im Kleinformat, der ursprünglich für Analphabeten hergestellt wurde. Er enthält nur wenig Text, nur eine Legende zur Erklärung der Zeichen und ein paar Sätze zur Stellung und zu den Besonderheiten des Jahres, wie Mond- und Sonnenfinsternisse. Sogenannte Bauernregeln, jene gereimten Sprüche für den alltäglichen Gebrauch, die sich meist auf Wettergegebenheiten beziehen, sind nicht zu finden. Diese wurden mündlich weitergegeben. Dafür findet man im Mandlkalender auf zwölf Monatsblättern das ganze Jahr versammelt, eingekleidet in ein Korsett aus römischen und lateinischen Zahlen, Symbolen und Bildern. Zu erkennen sind die Werk- und Feiertage nebst den Hochfesten, der Lauf der Tage durch die Tierkreiszeichen, tägliche Wetterprognosen (mit einer Trefferquote von immerhin zwei Dritteln), der Umfang der Stunden von Sonnenaufgang bis Sonnenuntergang, die Gezeiten des Mondes sowie eine jährlich wechselnde Auswahl an Namenstagen der Märtyrer und Heiligen, die mit einer farbenfrohen Zeichnung oder einem Symbol dargestellt werden. Im Durchschnitt sind es im Laufe eines Jahres 185 Sinnbilder. Diese sehr ansprechende Mischung aus meteorologischen Erfahrungswerten, Sternbildern, kosmologischen Gegebenheiten und christlichen Heiligenlegenden ist eine dicht gepackte Ladung an „Information“, wie man heute sagen würde. Sie bot Orientierung durchs ganze Jahr, gab der Zeit eine feste Struktur, sodass man planen und hoffen, den *Kairos* am Schopf packen konnte, ohne sich in der Wüste einer bloßen Chronologie zu verlieren.

Die Namenstage der Heiligen waren zur Besinnung gedacht, zum Gedenken an vorbildliche Männer und Frauen, die oft auch Widerstand gegen Besatzer und Machthaber geleistet hatten. Vielen von ihnen mussten mit dem Leben für ihren Glauben bezahlen. Viele dieser tapferen Männer und Frauen, die überwiegend Gelehrte, Einsiedler und Klostergründer waren, dienten auch als Schutzpatrone für diverse Berufe. So etwa der Heilige Erhard, der mit einem Bischofsstab und einer Axt dargestellt wird und besonders in den Alpenländern der Patron der Holzfäller ist. Manche dieser Heiligen werden für erwünschten Regen angerufen, wie Scholastica, die einst, wie die Legende berichtet, um Regen betete, um ein gelehrtes Gespräch nicht abbrechen zu müssen. Und wirklich, sie wurde erhört, ein Wolkenbruch donnerte vom Himmel und die Diskussionen konnten fortgesetzt werden, weil den Freunden gar nichts anderes übrig blieb, als im Haus zu bleiben. Andere, wie die tugendhafte Äbtissin Gertrude, helfen bei Ratten- und Mäuseplagen. Der Heilige Florian, ursprünglich ein römischer Offizier, wird als Patron gegen Feuergefahr verehrt. Dem entspricht auch seine Darstellung, die ihn beim Löschen eines Brandes zeigt. Pankratius, Servatius, Bonifatius und die „kalte“ Sophie sind die sogenannten Eisheiligen, die letzten Tage im Jahr, an denen noch mit starken Nachfrösten zu rechnen ist: Mitte Mai. Dieses Datum ist für die Landwirtschaft ungemein wichtig, denn wer will schon, dass die wertvollen Setzlinge erfrieren?

Der Heilige Urban wird sinnbildlich als große blaue Weintraube dargestellt. Da sein Gedenktag in die beginnende Rebenblüte fällt, wurde er zum Patron der Weinberge und Winzer. Hochwirksam als Wiederbringer verlorener Dinge gilt der Heilige Antonius. Hat man etwas verloren und

kann es partout nicht wiederfinden, so kehrt man an jenen Ort zurück, an dem man den verlorenen Gegenstand zum letzten Mal gesehen oder in der Hand hatte und schickt ein Stoßgebet gen Himmel: *„Heiliger Antonius, hilf!“*. Damit hatte man ein Ritual zur Hand, das dazu diente, dem Gedächtnis auf die Sprünge zu helfen. Zu Mariä Himmelfahrt, einem Marienfest im Hochsommer, das im Volksmund auch „großer Frauentag“ genannt wird, fand unter anderem auch die kirchliche Segnung der Heilkräuter statt, weil in der Zeit der längsten Sonnentage auch die Pflanzen ihre stärkste Wirkung besitzen und geerntet werden sollten. Der Heilige Augustin – nicht zu verwechseln mit dem unsterblichen lieben Augustin aus Wien, der im Vollrausch irrtümlich in die Pestgrube geworfen wurde und nach zwei Tagen kerngesund, wenn auch verkatert, wieder herausgekrochen sein soll – wird durch drei Getreideähren dargestellt, wohl weil er das Geheimnis der Dreifaltigkeit ergründen wollte. Sein Feiertag fällt in die Zeit der Getreideernte und seinen Segen wünschen sich alle, die eine Ernte einzufahren haben und um die kostbaren Früchte ihrer Arbeit bangen.

Der Heilige Augustinus und die Heilige Barbara schmücken oft noch die Wände älterer Häuser.

Notburga aus Rattenberg am Inn gilt als Patronin der Dienstmägde und Bäuerinnen und ist im Land Tirol die meistgefeierte Volksheilige. Sie wird, oft auch in Unterinntaler Tracht, durch Zinnkanne und Sichel dargestellt. Der adelige Bischof Rupert, der Patron der Salzbergwerke, wird im steirischen Mandlkalender durch ein großes Salzfass dargestellt, über dem sich ein Bischofsstab rankt. Der Heilige Hubertus, dem bis in die Gegenwart hinein romantische Waldkapellen errichtet werden, wird im Kalenderbild als Kruzifix verehrt, das zwischen einem mächtigen Hirschgeweih hängt. Er ist der Schutzpatron der Jäger und Forstleute. Bei der Jagd soll ihm ein Hirsch erschienen sein, der das Kruzifix zwischen seinen Stangen trug, sodass Hubertus ihn verschonte. Leonhard wiederum ist der Patron des Großviehs, dargestellt durch eine Kette, welche auf seine türkische Gefangenschaft hinweist, von den Bauern der Alpenländer aber stets als Rinderkette interpretiert wurde. In den November fällt der Tag des Heiligen Martin, Sohn eines römischen Tribunen, der unter Kaiser Constantius und später unter Kaiser Julian diente. Er teilte seinen Soldatenmantel mit einem frierenden Bettler, ließ sich taufen, verließ die Armee, studierte Theologie und gründete das erste Kloster Galliens. Eigenartigerweise wird er im Kalenderbild durch eine fette, bratfertige Gans dargestellt – ein Hinweis auf das große Festessen am 11. November, das auch ein Teil des Erntedanks war. Eligius, der Anfang Dezember verehrt wird, war im Frühmittelalter Goldschmied und Münzmeister unter Chlotar II. und Dagobert I. Er gründete Kirchen und Klöster und kaufte viele Sklaven frei. Im Alpenraum gilt er als Patron der Goldarbeiter und Schmiede; auch schreibt man seinen Fürbitten eine gute Wirksamkeit bei Pferdekrankheiten zu.

Am Tag der Heiligen Barbara werden Kirschzweige geschnitten, die bei entsprechender Behandlung mit viel Wärme und Feuchtigkeit etwa drei Wochen brauchen, um dann zu Weihnachten aufzublühen.

Mit dem Christtag, dem Stephani-Tag und Silvester schließt das Jahr. Die Natur ruht sich von der langen Zeit des Wachsens aus und zieht sich in die Erde zurück.

Leonhard ist der Schutzpatron der Kühe und Pferde.

Für den *homo religiosus*, den religiösen Menschen, schreibt der rumänische Religionswissenschaftler Mircea Eliade, ist die Zeit nicht homogen. Sie weist Brüche und Risse auf. Auch ist sie ihrem Wesen nach reversibel, *„sie ist eigentlich eine mythische Urzeit, die wieder gegenwärtig gemacht wird. Jedes religiöse Fest, jede liturgische Zeit bedeutet die Wiedervergegenwärtigung eines sakralen Ereignisses aus mythischer Vergangenheit, aus der Zeit ‚zu Anbeginn'. Zur religiösen Teilnahme an einem Fest gehört das Heraustreten aus der ‚gewöhnlichen' Zeitdauer und die Wiedereinfügung in die mythische Zeit, die in diesem Fest wieder gegenwärtig gemacht wird. Die heilige Zeit ist somit unendlich oft wiederholbar."* Für den nicht-religiösen Menschen hingegen *„hat die Zeit weder einen Bruch noch ein ‚Geheimnis'"*. Die übermenschliche Qualität der liturgischen Zeit bleibt dem nicht-religiösen Menschen unzugänglich. *„Der heilige Kalender"*, so Eliade, *„bringt jährlich dieselben Feste,*

die Gedächtnisfeier derselben mythischen Ereignisse. Es ist im Grunde die ‚ewige Wiederkehr' einer beschränkten Anzahl von göttlichen Taten. ... In welchem geschichtlichen Zusammenhang er auch steht, der homo religiosus glaubt immer an die Existenz einer absoluten Realität, an die Existenz des Heiligen, das diese unsere Welt transzendiert, sich aber in dieser Welt offenbart und sie dadurch heiligt und real macht. Er glaubt, dass das Leben heiligen Ursprungs ist, und dass die menschliche Existenz alle ihre Möglichkeiten in dem Maß verwirklicht, als sie eine religiöse Existenz ist" – Wie ernst auch immer die Menschen im Alpenraum ihre religiösen Feste genommen haben, diese Feste halfen ihnen dabei, ihr Leben zu strukturieren und ihren Tagen eine klare Form zu geben. Jedermann wusste, was er zu tun hatte. Und wenn die Prognosen einmal nicht stimmig waren, wenn die Nothelfer versagten, dann hatte man es sich wahrscheinlich zu leicht gemacht und musste sich eben noch mehr anstrengen. Auf die Heiligen herausreden konnte man sich nicht.

Der Liebsten ein Edelweiß zu bringen, zeugt von wahrer Liebe.

Das Frühjahr, so haben wir unsere Betrachtungen ja begonnen, ist jene frohe Zeit, in der sich die Menschen wieder so richtig aufs Hinausgehen freuen können. Und es ist freilich nicht immer nur die Arbeit, welche die Menschen hinaus ins Freie treibt, sondern oft einfach die Wanderlust, die Freude an der Bewegung in frischer Luft, das Aufspüren und Herauskitzeln der eigenen Kräfte.

Im Frühjahr, wenn der Schnee auf den Almen weitgehend geschmolzen ist, kann das Vieh von den Stallungen hinauf auf die Weiden getrieben werden. Das ist die erste große „Wanderung" des Jahres, welche die Alpenbewohner unternehmen.

Hin und wieder trifft man beim Wandern auf Gamswild.

Das eigentliche Wandern ist ja vor allem den Städtern vorbehalten, die mit ihren frisch geputzten Schuhen und niedlichen Lederhosen fröhlich über die Wiesen stolzieren und es laut in die Welt hinausposaunen, dass sie jetzt auf Urlaub sind und so rein gar nichts zu tun haben. Die Einheimischen hingegen, die vom Landleben nicht schwärmen müssen, weil sie mit diesem Land bis ins Mark verwachsen sind, haben immer etwas zu tun. Sie gehen nicht spazieren, sondern sehen nach dem Vieh – oder steigen einer hübschen Sennerin nach, bei der sich vielleicht eine verschwiegene Nacht verbringen lässt. Das sind mehr oder weniger ernste Aufgaben und Herausforderungen, die mit keinem Spaziergang zu vergleichen sind. Wenn die Alpenbewohner Berge besteigen und ihr Leben auf den Felsen aufs Spiel setzen, dann nicht, um sich eine Wandernadel an den Hut zu stecken, sondern um ein Edelweiß zu pflücken, das später der Liebsten an den Busen gesteckt

wird. Derartige Wagnisse würde ein Städter nur dann auf sich nehmen, wenn jemand den Hochseilakt mit der Videokamera festhält, damit man bei den Verwandten damit prahlen kann. Das Edelweiß hingegen gehört nur einer, der Liebsten. Nur sie weiß um die Heldentat – und weiß die Blume hoffentlich zu schätzen.

Trotzdem gehörten die kräftigen Bauernsöhne mit zu den Pionieren der Alpinistik. Aufgewachsen im Schatten der Felsen, haben sie es als erste bis hinauf auf die Gipfel geschafft und dort die ersten Kreuze errichtet. Das dichte Wegenetz im Alpenraum ist das beeindruckende Ergebnis der Mühe vieler Generationen. Lange bevor es Schnellstraßen gab, waren Wege über Bergpässe oft die einzige Verbindung zur übrigen Welt. Später wurden dann die sportlichen Gipfelstürmer Nutznießer dieser selbstlosen Befestigungsarbeiten. Die traditionellen Alpenraumbewohner empfanden vor den Gipfeln stets großen Respekt. Die Gipfel stehen für die bedrohliche Natur, die durch Lawinen und Muren plötzlich das Leben auslöschen kann, das sie schenkt. Das Kreuz auf den Gipfeln ist daher auch Ausdruck der Frömmigkeit, mit der die gegenüber den Naturkräften nahezu wehrlosen Menschen für ihr Überleben beten. Der österreichische Alpenforscher Hans Haid beleuchtet diesen Beweggrund: *„Sind diese Gelöbnisse, diese verlobten Bittgänge nur eine Art Versicherungsgeschäft mit dem Herrgott und seinen Heiligen? Der das behauptet, hat noch nie die tiefe Inbrunst erlebt, mit der gläubige Menschen um Bewahrung vor drohenden Lawinen- und Murkatastrophen beten, wie sie steile Bergpfade hinaufbeten, wie sie stundenlang auf den Knien am Wallfahrtsort beten, wie sie beten, bitten und* *fasten können. Das ist nicht mit nüchterner Betrachtungsweise zu erklären.*" Die früheren Bewohner des Alpenraums machten ausgedehnte Wanderungen nur aus ökonomischen Gründen oder als Wallfahrten. Kürzere Märsche waren Prozessionen, und eine der ältesten und feierlichsten davon ist die „Lawinenprozession", bei welcher der Heilige Nikolaus um Schutz angerufen wird. An den Wallfahrtsstätten fanden die Menschen einen Zufluchtsort, an dem sie ihre seelischen Lasten loswerden konnten. Erst später wurden die Berggipfel zu säkularen Wallfahrtsorten, als die Menschen für ihre wachsenden Nöte Zuflucht und Ausflucht suchten. Die Hobby-Alpinistik erlebte einen großen Aufschwung in der Zeit der Inflationen und Wirtschaftskrisen. Nach dem Ersten Weltkrieg suchten

viele arbeitslose Jugendliche als „Bergvagabunden" Sinn und Trost. Diese kamen meist mit dem Fahrrad aus den Städten und übernachteten in Heuschobern. In ihren Liedern besangen sie eine brennende Sehnsucht, die sie auf die Berge projizierten:

Wenn wir erklimmen, schwindelnde Höhen
streben dem Gipfelkreuz zu.
In uns'ren Herzen brennt eine Sehnsucht
die läßt uns nimmer in Ruh.
Refrain: Herrliche Berge, sonnige Höhen,
Bergvagabunden sind wir.

Vorherige Seite: Die Liebe zu den Bergen und der Natur ist ein Stück Heimatverbundenheit.

Auch heute quälen sich die Städter in ihrer knallbunten Plastikkleidung hustend über den Gletscher, um ein wenig am Ruhm mitzunaschen. Dazu gehen sie schon Monate zuvor freudig erregt ins Fachgeschäft für den Expeditionsbedarf, zücken ihre Kreditkarte und kaufen sich so ziemlich alles, was es diesbezüglich Schönes zu kaufen gibt. Nichts wird dem Zufall überlassen. Alles ist aus weltraumgeprüften Materialien gefertigt. Das Kochgeschirr aus Titan, die Stirnlampe wiegt nur sieben Gramm und die Bergschuhe sind keine handgenähten Goiserer mehr, sondern hochtechnisierte Leichtgewichte, die schon die berühmtesten Bergsteiger bei ihren Himalaya-Expeditionen getragen haben. So meint man, der Natur gewachsen zu sein. Notfalls holt einen die Bergrettung dann mit dem Hubschrauber wieder ins Tal. Aber schön war er schon, der Gipfelsieg. Es ist in der Tat ein überaus erhabenes Erlebnis, im Schweiße seines Angesichts einen Dreitausender zu erklimmen. Selbst wenn dort schon ein paar andere in roten und blauen Plastikjacken anzutreffen sind – der Gipfelsieg bleibt. Auf dem Dach der Welt zu stehen, das ist der Lohn der großen Mühen. Am Ende unserer Kräfte, doch überglücklich haben wir die Schwerkraft und den inneren Schweinehund besiegt. Das sind Erlebnisse, die prägen, und, wenn man sie mit seinen Freunden teilen kann, lebenslang für Gesprächsstoff sorgen. Dieses Ringen mit sich selbst erklärte der österreichische Psychologe und leidenschaftliche Bergsteiger Viktor Frankl als wichtige Sinnerfahrung: *„Der Kampfsport kennt Konkurrenten und Rivalen, aber der Alpinist konkurriert und rivalisiert nur mit einem, und das ist er selbst. Er verlangt etwas von sich, er fordert etwas von sich, eine Leistung.“* Damit beziehe der Alpinismus, so Frankl, gegen den aktuellen Zeitgeist Stellung. Denn heuten fühlen wir uns eher „überfordert“, als uns besondere Leistung abzuverlangen. Jeder würde über Stress jammern und dabei übersehen, dass es nicht nur krankmachenden, sondern auch einen gesunderhaltenden Stress gibt: den selbstgewählten Antrieb zu Höherem, der dem Leben erst die nötige Würze verleiht.

Die Liebe zur Natur, und speziell im Alpenraum zu den Bergen, ist eine emotionale Variation dessen, was man Heimatverbundenheit nennt. Geben wir es ruhig zu: Es ist immer auch ein wenig Stolz dabei, wenn man die Gelegenheit hat, mit den eigenen Augen die schönsten Flecken seines

Heimatlandes zu umfangen. Zwar hat man, speziell als Tourist, nichts dazu beigetragen, dass es hier, wo man sich gerade befindet, so schön ist, wie kaum irgendwo. Trotzdem entsteht der seltsame Eindruck, als ob einem das alles gehören würde, als ob man gewissermaßen ein Anrecht darauf hätte, hier zu sein, hier zu bleiben, sich eventuell sogar niederzulassen und nie wieder fortzugehen. Solche Gefühle sind zutiefst menschlich und reichen an den Ursprung der Sesshaftigkeit heran. Wir sind territoriale Wesen, die über die Jahrtausende gelernt haben, zwischen dem Eigenen und dem Fremden, notfalls sogar zwischen Freund und Feind zu unterscheiden. Wir wissen schon, wo wir zuhause sind. Eine Heimat zu haben, ist für all jene, denen sie niemals abhanden gekommen ist, ein schwer einzuschätzender Wert, der heute oft belächelt wird und durch politische Überfrachtung auch in Verruf gekommen ist. Doch wer niemals in die Verlegenheit geriet, seine Heimat notgedrungen verlassen zu müssen, kann sich kaum vorstellen, wie sich dieser Verlust anfühlt und welche Dimension dieser Wert eigentlich hat. Es ist nicht gut, keine Heimat zu haben. Und es ist ein Glücksfall, wenn die Heimat niemals infrage gestellt wird. Denn das ist keine Selbstverständlichkeit.

Heimatverbundenheit ist etwas ganz anderes als Nationalismus oder Chauvinismus. Wenn man im Alpenraum einst die Menschen nach ihrer *Hoamat* oder ihrem *Häämetli* fragte, so nannten sie Berge oder Täler, niemals irgendein abstraktes „Volk". In den steirischen Alpen nennen die Leute noch heute ihr „Heimatland" den Grimming oder den Schöckl. Der Schweizer Denker Robert Nef verdeutlicht die politische Gewichtsverteilung, wie sie für den alten Alpenraum typisch war: *„Die gemeinsam zu treffenden politischen Entscheidungen und Wahlen auf der Landesebene, der grossen Heimat, sind über Jahrhunderte an einem einzigen Sonntag pro Jahr, an der Landsgemeinde erfolgt, die in der Regel nicht mehr als 2 Stunden dauerte. ... Meist wurde der Minimalkonsens gefunden und häufig sogar mit ganz grossen Mehrheiten. Gelegentlich endete eine Versammlung im Streit, der aber, obwohl jeder eine Waffe trug, nicht blutig ausgefochten wurde. Für einen Tag im Jahr war man ein Zoon politikon. Die übrigen 364 Tage gehörten dem Häämetli, seiner privaten Ökonomie und seiner familiären Gemeinschaft und der lokal verankerten Kultur."*

Mai

Glockenblumen und Margeriten erfreuen im Mai das Auge.

Im Mai erscheint die Luft in einem goldenen Glanz. Besonders im Wald lässt sich fühlen, wie nicht nur die Natur, sondern auch wir selbst uns gewandelt haben. Erich Kästner nannte den Wonnemonat zurecht den *„Mozart des Kalenders"*. Obwohl der Frühling längst überreif ist, bemerken wir erst jetzt, wie der Winter in seinen letzten Zügen liegt. Endlich steigt die Sonne wieder höher und spendet reichlich Licht und Wärme. Die vielen kräftigen und auch pastellzarten Farben, die sich jetzt in den Wäldern und Wiesen zeigen, der Blütenstaub und die pollengeschwängerte Luft, bieten ein berauschend-sinnliches Gemälde. Wie eh und je bereitet es den Menschen ein Hochgefühl, an solchen Frühlingstagen Spaziergänge zu unternehmen. Auf dem federnden Waldboden, wo es schattig und feucht ist, lassen sich moosbedeckte Baumstämme entdecken, die von langen Farnwedeln umgeben sind. Diese uralten Pflanzen bilden natürliche Schutzdächer. Dort lassen sich Käfer, bunte Schnecken und mit viel Glück sogar Spitzmäuse finden. Erstaunlich ist auch, wie rasch die Natur die Mauern verlassener Bauwerke mit Efeu und Buschwerk überzieht und sie gewissermaßen zurück in ihren Schoß holt. Verfallene Brücken über kleinen Waldbächen werden so gut wie unsichtbar. Treten wir aus dem Dickicht heraus, zeigen sich uns Frühlingsblumenwiesen, die zum Herumtollen und Sich-Hineinlegen einladen. Schmetterlinge flattern zwischen den Butterblumen und dem Löwenzahn. Nicht nur für Heinrich Heine galt:

Im wunderschönen Monat Mai
Als alle Knospen sprangen
Da ist in meinem Herzen
Die Liebe aufgegangen

Wenn die Maitage mit stürmischen Regengüssen erfüllt sind, ist das für die Bauern ein gutes Zeichen. *„Ist der Mai kühl und nass, füllt er dem Bauern Scheune und Fass“*, wie eine alte Regel besagt. In der Nacht kann es nach wie vor frostig werden. Deshalb beteten unsere Altvorderen gerade zu dieser Zeit um eine gute Ernte. Für sie stand alles auf dem Spiel. Im Mai sind die Erdäpfel oder „Grundbirnen“, wie man früher sagte, längst ausgepflanzt und haben bereits ausgetrieben. Jetzt werden die Bohnen gesteckt und die Rüben und Krautpflanzen gesetzt. Gegen Ende des Monats muss man auf den Erdäpfeläckern bereits das erste Unkraut jäten. Nach den Eisheiligen beginnt die Betriebsamkeit in den Bauerngärten: Tomaten, Paprika, Gurken, Kohl, Kürbis und Sellerie werden gepflanzt. Radieschen, Kohlrabi und Rhabarber können sogar schon geerntet werden. Ebenso gibt es bereits Schnittlauch und die ersten Salate. Jetzt ist es auch Zeit, die Reparatur der Zäune sowie die Instandsetzung der Feld- und Bergwege zu einem Ende zu bringen. Der Sommer steht vor der Tür.

Sommer

Lebenszyklus: **Jugend**

Wenn die Glieder in die Länge wachsen, Knie und Ellbogen schmerzen, vertraute Proportionen beinah über Nacht verschwinden, sodass man gar nicht mehr in den Spiegel sehen mag, und zu allem Überdruss auch noch die Schuhe der älteren Schwester überreicht bekommt, die ohne Widerrede zu tragen sind, dann dämmert einem langsam, was es heißt, erwachsen zu werden.

Spätestens dann, wenn die entnervte Mutter angesichts der Klagen über Pickel und verlorene Haarspangen ein forsches *„Reiß dich zusammen! Du bist ja kein Kind mehr!"* über ihre Lippen zischt, einem den Mistkübel vor die Füße stellt und hinunter in den finsteren Hof schickt, hat man es begriffen: Dass die Kindheit nun zu Ende geht und noch so manches bevorsteht. Da kann man schon ordentlich grantig werden.

Vorherige Seite: Kapellen am Wegesrand zeugen von der Frömmigkeit der Alpenbewohner.

Der Grant scheint überhaupt ein Wesensmerkmal der Alpenbewohner zu sein – von München bis nach Klagenfurt, vom Bodensee bis nach Wien – und es spricht vieles dafür, dass er bereits in der Jugend seinen Ursprung nimmt.

Seine Kennzeichen sind brummiges Schweigen, skeptischer Blick und eine gehörige Portion Weltschmerz. Dabei ist Grant weit mehr als schlechte Laune. Er reicht tiefer, bis hinein in den Widerstand gegen die *conditio humana*, die Bedingungen der menschlichen Existenz. Dieser Widerstand nährt sich von der philosophischen Erkenntnis, dass das Leben kein Honigschlecken ist und es keinen zwingenden Grund dafür gibt, so zu tun, als ob es das wäre. Es ist gleichsam ein Wille zum Verharren in der Realität und ein Vorsatz, sich nicht so leicht über die Dinge täuschen zu lassen, bloß des lieben Friedens oder der guten Laune willen. Es ist schon eigenartig: Während Menschen aus aller Welt, von den Chinesen angefangen bis hin zu den Orientalen, den Zwang in sich verspüren, den Schein zu wahren, gute Miene zum bösen Spiel zu machen und ihre Kreativität in der Erfindung von Ritualen vergeuden, die dazu dienen, Peinlichkeiten zu vermeiden (und dadurch Peinlichkeit erzeugen), besitzen die Alpenbewohner die Stärke, die Peinlichkeiten aus- und festzuhalten, sie ungeschönt ans Licht treten zu lassen, notfalls sogar zu provozieren und als Beweis für die Berechtigung ihres Grants hinzunehmen. Dass der Grant mit zur philosophischen Praxis des Alpenraums gehört, beweist der typische Wiener, dem das „Sudern" im Blut liegt. Deswegen ist der Wiener „Suderant“ auch so irritiert, wenn er zum ersten Mal amerikanischen Boden betritt. So viel Freundlichkeit ist verdächtig und kann kein echtes Empfinden sein. Kein Wunder, dass einem echten Wiener die Amerikaner in ihrem durchschnittlichen Eindruck ziemlich unecht vorkommen. Wer so ungeniert in seinen Abwehrmechanismen lebt, wer die Gebrochenheit und Fragwürdigkeit des Lebens nicht zugeben kann und keine subversiven Untertöne kennt, hat in der Tat wenig begriffen.

Aber wir wollen nicht so tun, als ob der Grant das Hauptmerkmal der Jugend wäre. Das wäre übertrieben. Freilich sind die vielen Zweifel, die man in der Jugend notwendig mit sich herumträgt – die Suderei hat es an sich, dass man nur schwer an ein Ende kommt – alles andere als ein Spaß. Allein, dass man täglich in die Schule gehen muss, ist eine Zumutung. Wenn da nicht die Freunde wären, auf die man sich freuen kann, wäre das Gelaber der bemühten und gutmeinenden Lehrer kaum zu ertragen. Und wehe man entspricht nicht dem gängigen Schönheitsideal oder hat von der Mutter seltsame Kleidung verpasst bekommen oder ist vielleicht unsportlich oder hat sonst irgendeinen Mangel, dann ist der Gang über den Schulhof ein Spießrutenlauf. Und dieser dauernde Kampf mit dem Geschlechtlichen: wachsende Brüste, lüsterne Blicke, die Schrecken der Menstruation; auf der anderen Seite: Erektionen, unwillkürliche Samenergüsse, Rivalität und Rauferei, endlose Beweisnot in allem. Es ist, als ob man körperlich und seelisch durch den Fleischwolf gedreht würde. Dazu der Notendruck, drohende Väter, weinende Mütter, händeringende Großeltern, und man selbst steckt mittendrin und hat so gut wie keine Ahnung, wohin die Reise geht. Es ist wirklich ein Elend.

Genug gesudert, aber eines muss noch sein: Was Jugendliche ständig von ihren Eltern zu hören bekommen ist, dass „etwas aus ihnen werden“ soll. Doch angesichts dessen, dass man das „Gewordene“ andauernd in der Gestalt der Eltern vor Augen hat, ist das keine attraktive Option. So wie die Eltern werden? Das heißt heute, wo wir zum Großteil abseits jeder Selbstständigkeit und jenseits von bewährten Traditionen leben, dass einem ein Arbeitsleben blüht, das durchgängig fremdbestimmt ist. „Etwas werden“ heißt heute für die allermeisten: Irgendwo bei irgendwem in einem Zimmer zu hocken und Dinge zu tun, auf die man nie von selbst gekommen wäre und die man nur deshalb macht, weil etwas Geld dabei herausschaut. Wenn man sich als Jugendlicher zurecht über diese Aussichten beklagt, so bekommt man ein energisches *„Du kannst ja werden, was Du willst!"* zu hören. Dieses großzügige Angebot entpuppt sich bei näherem Hinsehen aber als Problem, oft sogar als Falle. Als ob man jetzt schon wissen könnte, was man will! Gerade in jungen Jahren ist es enorm schwierig, zwischen einem Wunsch und der Realität, zwischen eigenen Ansprüchen und dem, was man ist, was man taugt und wert ist, zu unterscheiden. Um das zu wissen, muss man ja schon unterwegs sein, sich bereits in eine Sache vertieft haben. Freilich stimmt, dass der Glaube Berge versetzt, und dass dort, wo ein Wille meist auch ein Weg ist etc. Trotzdem können grobe Fehler bei der Selbsteinschätzung und überzogene Erwartungen nicht bloß mit Eifer und Glaubenssätzen wettgemacht werden. Manche, jene Glücklichen, die unter einem guten Stern geboren werden oder einen Schutzengel haben, tun alles aus Instinkt, das heißt, sie müssen sich nicht fragen, was sie wollen, sondern beginnen mit der Arbeit, mit der naheliegenden und richtigen. Sie folgen ihrem Herzen.

Was will ich eigentlich? Das ist eine der Hauptfragen, vermutlich deshalb, weil Jugendliche heute viel zu viele Optionen haben oder besser: weil ihnen zu viele suggeriert werden. Angeblich steht ihnen ja die ganze Welt offen. Und da man sich die Welt heute im Internet betrachten kann, steigern sich die Vorstellungen und Wünsche oft ins Unermessliche, zumindest führen sie weit weg von dem, was in der eigenen Umgebung ist, was dort benötigt wird, was das Gewohnte und Übliche ist. Da die meisten Eltern bereits selbst entwurzelt sind und ihre Traditionen verloren haben, bekommen die jungen Leute auch nur mehr selten konkrete Angebote oder eindeutige Ermunterungen von ihnen. Wie soll man aber mit dem Herzen seine Berufung finden können, wenn das Arbeitsleben der Eltern kein hinreichendes Vorbild mehr ist, wenn sich die Vorbildwirkung meist nur in den schlappen Lappen zeigt, die wir heute Geld nennen, und die die Eltern brav nach Hause bringen und mit ihren Kindern teilen?

In der Jugend sollte im Grunde ja alles bestens sein. In der Regel strotzen die jungen Leute vor Lebensfreude, Kraft und Gesundheit. Und so gehört es sich auch.

Junge Leute wollen „der Welt einen Haxen ausreißen", wie man im Alpenraum sagt. Endlich ist man der Kindheit entwachsen.

Man wird ernst genommen, wenn man spricht, zur Verantwortung gezogen, wenn man Unsinn macht, wird rechtsfähig, strafmündig, darf Wissen erwerben und Fertigkeiten erlernen, die, wenn man einmal Blut geleckt und Feuer gefangen hat, einen mit großer Zuversicht erfüllen. In der Jugend entsteht das, was wir heute Selbstbewusstsein oder Ich-Identität nennen, das Gefühl, dass wir etwas wert sind und zu bieten haben. Solche Gefühle sind auch deshalb möglich, weil wir uns profilieren, das heißt von anderen unterscheiden können. Im Zillertal in Tirol etwa, aber auch in anderen Alpentälern, ist es üblich, dass zu gewissen Festtagen *geranggelt* wird. Ganz ähnlich läuft das *Schwingen* in der Schweiz ab, das im letzten Jahrzehnt wieder zu einem populären Volkssport wurde. Das Ranggeln oder Schwingen ist eine Art Sport, bei dem die kräftigsten jun-

Ende Juli ranggeln die jungen Pinzgauer am Hundstein.

gen Burschen gegeneinander antreten, um ihre Kräfte zu messen. Für den Kampf zählen vor allem Reaktionsfähigkeit und Technik, doch ist er auch eine gute Gelegenheit, seine Muskeln zu präsentieren. Im Publikum sitzen die guten Freunde, die neugierigen Mädchen, ein paar buntgekleidete Touristen und ganz vorne in der ersten Reihe die schon zittrigen Großväter, die sich verträumt auf ihren Stock gelehnt der Jugendzeit erinnern. Ach, wie schön war es doch damals, als einem das Kreuz noch nicht so wehgetan hat. *Sakra! Himmelfix!* Da hat doch der Herbert vom Ardagger-Hof schon den Siebenten in einer Reih' auf den Rücken gelegt! So ein Prachtkerl, der hat Mark!

Die Ranggler kämpfen barfüßig und tragen nur ein Leinenhemd und eine lockere Hose mit Gürtel. Beim Ranggeln kommen Würfe und *Haxelstellen* zum Einsatz, beim Schwingen versucht man, den Gegner am Hosenbund aus dem Stand zu heben – was es früher auch in den österreichischen Alpen als *Hosenrecken* gab. Besonderer Wert wird stets darauf gelegt, dass zwischen den Kämpfern kein Streit oder Hass besteht. Gehen die Ranggler zu aggressiv und hitzig aufeinander los, so zieht sie der *Schermtax* sogleich auseinander – das schöne Wort bedeutet Schirmtanne, also schützender Baum. Schmerzhafte Griffe sind verboten.

Das Ranggeln ist oft der Mittelpunkt der Sonnwendfeiern, die meist zu Jakobi (25. Juli), einem wichtigen Lostag für die beginnende Ernte, und oft auf Almen stattfinden.

Das Kräftemessen der Burschen, Spiel, Tanz und zünftige „Gaudi" bilden den Kern des Brauchtums. Das Brauchtum erschließt sich nämlich nur über das aktive Mittun, sonst ist es rein museal.

Erst in der gemeinschaftlichen Aktivität wird der Wert des Brauchtums deutlich, ganz „behirnen" kann man die Sache nicht, sonst wird sie doktrinär oder gar ideologisch. Nur mit dem Herzen, durch eigenes Mittun, Mittanzen, Mitsingen und Mitringen lässt sich erkennen, was dem Menschen fehlt, der keine Bräuche mehr kennt.

Einen „Sport" im heutigen Sinne gab es im Alpenraum kaum. Das natürliche Leben sieht genügend Bewegung vor, da muss man diese nicht künstlich simulieren. Doch in jeder Zeit und jeder Kultur wollen sich die Jungen miteinander messen, ihre Geschicklichkeit beweisen und ihre Kräfte demonstrieren. Dafür gab es im Alpenraum eine ganze Reihe an Wettbewerben, die meist bei Volksfesten und Kirtagen ausgetragen wurden: Steinheben, Fingerhakeln, Faustschieben, Seilziehen und vor allem eben das Ranggeln oder Schwingen. Es gibt heute auch überregionale Meisterschaften, da diese urtümlichen Sportdisziplinen im gesamten Alpenraum zu finden sind. Von den Tiroler Rangglern und den Schweizer Schwingern wurden einige gar international erfolgreiche Ringkämpfer.

Dort, wo es Vergnügungen und etwas zu feiern gibt, sind meist auch die jungen Leute nicht weit. Von nah und fern kommen sie von ihren Bergen und hochgelegenen Tälern in die großen Festzelte, wo die Musikanten lautstark zum Tanz aufspielen: *„Die Berg' hab'n an Gipfel und die Bam hab'n an Wipfel und die Buam, – die hab'n an Huat!"*. So geht es dahin. Die seit einigen Jahren zu beobachtende Rückbesinnung auf das Alpenländische scheint von solchen Festen auszugehen.

Das Brauchtum ist eng mit Lied und Tanz verbunden, kein Wunder also, dass Lied und Tanz es auch wiederbeleben. Die durch Lieder vermittelte Feierlaune scheint auch hinter der Wiederkehr der Trachten zu stehen.

Zuletzt mag es der Popmusiker Andreas Gabalier gewesen sein, der als „cooler" Bursch in Tracht auftritt und die Tracht dadurch für junge Menschen wohl etwas entstaubt hat. Allerdings geht ihm die Wiederkehr des

Brauchtums zeitlich schon etwas voraus, wahrscheinlich ist er selbst nur Symptom einer Sehnsucht. Seit etwa einem Jahrzehnt gibt es wieder mehr junge Musiker, die sich an volkstümlicher Musik versuchen. Die Jugend hat stets den Vorteil eines Neubeginns. Und der ist hier gewiss nötig, denn alles Heimische wurde durch den nationalistischen Wahnsinn der Großelterngeneration und die überhebliche und pauschalisierende Gegenreaktion der Elterngeneration gehörig befleckt. Heute gehen etwa junge Leute in der Steiermark im Herbst ganz ungeniert „Aufsteirern" und tragen dabei ostentativ Trachten (oder zumindest, was sie dafür halten). Auch beim Münchner Oktoberfest und all den anderen alpinen Volksfesten, bei denen freilich oft die Authentizität zugunsten des bewirtschafteten Massengeschmacks in den Hintergrund tritt, sind jedes Jahr mehr Trachtenträger zu sehen. Wenn man ohne ideologisches Vorurteil an die Sache herangeht, muss man der Trachtenmode zugestehen, im Vergleich zur modernen Einheitskleidung besonders kleidsam zu sein und eine gewisse Buntheit und Feierlichkeit zu verschaffen. Wenn man Menschen beobachtet, wie sie von T-Shirt und Jeans in die Tracht wechseln, vermeint

Die Ziehharmonika gehört zur zünftigen Volksmusik einfach dazu.

Jede Musikkapelle hat ihre eigene Tracht.

man eine sofortige Gemütsänderung wahrzunehmen: Offenbar fühlt man sich in der Tracht anders; manche scheinen sich gar freier zu bewegen. Besonders kleidsam ist das Dirndl: Durch seine Dreiteilung und den Schnitt betont es die weiblichen Proportionen. Es ist ein prächtiges Kleidungsstück, das dabei auch recht funktionell ist. Es kann mit der Trägerin mitwachsen und ist dadurch vererbbar. Überhaupt sind die guten Trachten richtige Wertanlagen. Eine gute Lederhose hatte einst den Preis eines Pferdes, und auch heute erreichen die edelsten den Kaufwert eines Kleinwagens – unglaublich lange Lieferzeiten inbegriffen. Dafür reicht so eine Hose auch für das ganze Leben – oder gar mehrere. Das beste Hirschleder fühlt sich wie eine zweite Haut an, an der sich die Spuren des Lebens abzeichnen. Man sieht ihm sogar an, wo sich der Hirsch noch am Baum gerieben hat. Das Attraktive an Dirndl und Lederhose ist, dass sie wirklich *eigene* Kleidungsstücke sind, die eine eigene Geschichte erzählen können.

Die Vielfalt ist großartig. Das Steirische Heimatwerk etwa bemüht sich darum, Trachten nach überlieferten Mustern und Farben zu schneidern und hat so 280 verschiedene Grundformen ausgearbeitet. Der Spagat zwischen Tradition und Erneuerung ist dabei besonders schwierig, aber auch wichtig, damit das Dirndl lebendig bleibt. Früher überwogen lange, eher erdfarbene Dirndl, heute will man es kürzer und bunter. Einst wurde die Tracht in Heimarbeit selbst genäht, was eben zur typischen Ästhetik lebendigen Handwerks führt: große, sehr persönliche Vielfalt auf der Grundlage überlieferter Muster.

Die Tracht hat sich stets weiterentwickelt; erst im 19. Jahrhundert wurde sie folkloristisch eingefroren, was nach einem ideologisch aufgeladenen Modetrend zum Niedergang führte. Ganze Blasmusikkapellen und Volkstanzgruppen wurden damals neu eingekleidet – diesen Trachten sieht man aber oft ihre Künstlichkeit an. Eine strenge Einheitlichkeit gab es in der Vergangenheit nicht, wenngleich sich Farben, Formen und Ausschmückung auf Stand und Herkunft bezogen. Generell unterschied man zwischen Alltags-, Sonntags- und Festtagstrachten. Die Alltagstrachten sind aus Baumwolle oder Leinen, eher funktionell, und müssen zuhause leicht gewaschen werden können. Die Sonntagstrachten haben Borten, Rüschen und Verschnürungen; die Festtagstrachten sind meist aus Seide. In heutigen Kleiderschränken verstaubt oft ein Gemisch von Kleidungsstücken, die wir aus Sonderangeboten angesammelt haben, jedes anders und doch alle irgendwie gleich. Wenn sie uns nicht mehr gefallen, sind sie nur noch für die Tonne gut. Da ist die Sehnsucht verständlich, nur mit zwei bis drei Kombinationen auskommen zu können, die uns auf den Leib geschneidert wurden, in denen wir stets gut aussehen und die ein Leben lang halten: eine Kombination für den Alltag, ausgerichtet auf unsere Tätigkeit, und eine für das Ausgehen und Feiern.

Die meisten Jugendlichen haben schon ein paar Dosen Bier intus, wenn sie zu den Festwiesen kommen, haben bereits „vorgeglüht", wie man heute sagt. Regen und frostige Temperaturen können ihnen kaum mehr etwas anhaben. Und dann geht es weiter mit dem Saufen, so lange, bis das Geld beim Teufel ist. Gottlob hält das ein Junger locker aus. Aber eigenartig ist es schon, dass man sich des Eindrucks kaum erwehren kann, dass sich die jungen Leute – und hier scheint es sich um ein Phänomen der gesamten westlichen Welt zu handeln – regelrecht zu Tode saufen, zumindest ins Koma oder in Zustände, die für niemanden mehr eine Freude sind. Das ist in den Städten kaum anders. Woher kommt denn dieses enorme Bedürfnis, in andere Zustände zu geraten, sich gewissermaßen den Verstand aus dem Hirn zu blasen? Dafür gibt es eine Antwort: weil man die gegenwärtigen Zustände einfach nicht mehr erträgt. Das erklärt auch den seltsamen Brauch, gerade bei den Jüngsten, andauernd „chillen", das heißt sich ausruhen zu müssen.

Es ist die Rastlosigkeit, die heute alle Welt durchzieht, das enorme Tempo, das jeden erfasst und mit in den Taumel stürzt, wovon man sich erholen muss. Die Erwachsenen wollen es nicht wahrhaben, dass sie im Grunde etwas sehr Erschreckendes beobachten: nämlich die Flucht ihrer Kinder aus jener Welt, die sie vorgeblich für ihre Kinder geschaffen haben.

Was wir hier sehen, ist eine extreme Form von Nestflucht, eigentlich eine Art von Nestlosigkeit. Wir hinterlassen zunehmend Waisenkinder auf dieser Welt.

Angesichts solcher Zustände drängt sich der auf den ersten Blick ganz absurde Gedanke auf, dass wir damals, als wir noch insgesamt ärmer waren, es in vielerlei Hinsicht besser hatten. Auf den zweiten Blick ist dieser Gedanke aber gar nicht so absurd, wie er erscheint, und hat sogar etwas Tröstendes: Bestenfalls hat die Krise der Gegenwart, die in die Richtung einer allgemeinen Verarmung weist, den erfrischenden Effekt, dass die Jugend, will sie nicht den Abgang unserer Zivilisation als Erbe aufgehalst bekommen, einen Neubeginn wagen und es schlichtweg besser machen muss. *„Es ist nicht aller Tage Abend!"* – diese unsterbliche Weisheit kann uns berechtigten Trost spenden. Die jungen Leute werden sich schon zu helfen wissen. Nicht zu unrecht sagt man, dass die Jugend unsere Hoffnung ist. Wir können darauf wetten, dass diese enorme Aufgabe eines Wiederaufbaus gerade den Besten und Tüchtigsten der jungen Leute am meisten Freude machen wird! Außerdem haben wir heute so falsche und ausschließlich negative Vorstellungen von der Armut, dass sie uns nur mehr als Schreckgespenst und Unheil gilt. Vielmehr ist wahr, dass die Armut, wenn sie nicht gerade knechtend und erstickend, sondern erträglich, moderat und milde ist, oder im Idealfall sogar aus freien Stücken gewählt wird, überhaupt nichts Schlimmes an sich hat, vor dem man sich zu fürchten bräuchte. Sie vereinfacht das Leben ungemein und reinigt es von allem unnötigen Ballast. Epikur, dem letzten und weisesten der griechischen Philosophen, dessen Lehren auch gut in den Alpenraum gepasst hätten, war dies völlig bewusst, als er seine Schüler darüber aufklärte, dass *„die oberste Grenze der Lust die Befreiung von allem Schmerz"* bedeutet, die Lust sich über diese Grenze hinaus zwar *„wandeln und differenzieren kann, nicht aber vermehrt oder bereichert zu werden vermag"*. Die größte Lust ist jene, die nach der Beseitigung alles Schmerzenden empfunden wird. Die Schmerzlosigkeit macht ihre Grenze, ihr verständliches Maß und ihre Endlichkeit aus. Alles darüber hinaus, alles Streben nach Quantität, muss insofern scheitern, als die höchste Qualität der Lust in der Schmerzlosigkeit bereits erreicht ist und sich nur mehr geringfügig verändern kann.

Das Streben nach Quantität und Konsum muss scheitern.

„Hunger ist der beste Koch", lehrt uns eine Weisheit der Alpen, und Epikur würde darauf antworten: „Es ist viel wichtiger, mit wem man isst, als was man isst".

TATSACHE IST, DASS HARTNÄCKIGES DRÄNGEN auf mehr Lust bereits beginnende Unlust und Frustration bedeutet, und zunehmend Schmerz und Verzweiflung nach sich zieht. Das Streben nach Lust ist somit qualvoll, aber nur insofern, als die absurde Vorstellung ihrer endlosen Steigerbarkeit den Motor dieser Bestrebung ausmacht. Um den höchstmöglichen Lustgewinn aus unserem Dasein ziehen zu können, ist es bloß notwendig, alles Schmerzende zu beseitigen. Denn der Lust kann nicht verzweifelt nachgestiegen werden; sie ist keine Frage aktiven Konsums: Sie ergibt sich zwangsläufig aus der Reduktion alles Schmerzenden. Wenn wir uns, schreibt Epikur vor über 2000 Jahren, verbissen und mit heiligem Ernst um Geld, Ämter, Macht und Ruhm bemühen, so zielen wir auf einen erhofften, zukünftigen Lustgewinn ab. Um diesen Gewinn einst abschöpfen zu können, müssen zwangsläufig Umstände in Kauf genommen werden, die jeder gegenwärtigen Lust entgegenstehen. Nur durch ein hastiges Konsumieren kann diese stete Schmach in Schach gehalten werden; nur durch gezielte Verschwendung wird uns dieses Joch erträglich. Wir geraten also bestenfalls in andauernde innere Unruhe und Anspannung, was man heutzutage Stress nennt, und schlimmstenfalls, sollten sich unsere Ziele als nicht erreichbar herausstellen, in eine üble Depression, auf jeden Fall aber nicht dorthin, wohin wir eigentlich wollten, nämlich zur ungetrübten Lust, zum schmerzlosen Zustand: *„Wir sind nur einmal geboren. Zweimal geboren zu werden ist nicht möglich, und eine Ewigkeit dürfen wir nicht mehr sein. Du aber, der du nicht Herr über den morgigen Tag bist, schiebst die Freude auf. Das Leben verrinnt, während wir zaudern, und jeder einzelne von uns stirbt mitten aus rastloser Tätigkeit heraus".* Diese Freude, von der Epikur spricht, liegt letztlich in einem genügsamen und selbstbestimmten Leben, in einem Leben also, das heute selten und uns fremd geworden ist. Es liegt an der Jugend, dieses Leben für sich zu entdecken und mutig in eine neue Zeit zu gehen.

Allzu viel Weisheit darf man von der Jugend freilich nicht erwarten, auch im Alpenraum nicht, das wäre unfair. Doch auf die Weisheit der Natur, die das Prinzip des Lebens ist, dürfen wir vertrauen. Unsere Natur meint es gut mit uns, wenn wir verstehen, auf sie zu hören. Sie hält viel Lebensfreude, Kraft und Sinnlichkeit für uns bereit. Sie treibt uns in die Arme der Geliebten und macht uns Mut, die Ahnenreihe zu erweitern und Familien zu gründen. Sie gibt uns die Gewissheit, das Leben in die Hand zu nehmen und tapfer in die Zukunft zu schauen. Dass die Sinnlichkeit – der *Eros* – die Mutter von allem ist, haben zwei so unterschiedliche Philosophen wie der Altgrieche Platon und der Wiener Sigmund Freud gleichermaßen erkannt. Was sie dabei entdeckten, war das Phänomen der Sublimation, das heißt den Umstand, dass die Triebkraft, die bei den meisten ja im Überschuss vorhanden ist, auch in etwas Feineres und Höheres umgewandelt werden kann bzw. die Ursache von diesem ist. Dieses Höhere – das für Platon die Wissenschaft sowie die gelungene Dorf- und Stadtgemeinschaft ist, für Sigmund Freud die Kunst und die Kultur – ruht zweifellos auf dem Fundament der Sinnlichkeit. Doch wäre sie, wie bei den Tieren, der einzige Inhalt unseres täglichen Bemühens geblieben, so hätte das Höhere und Feinere wohl kaum Chancen gehabt. Es konnte sich nur deshalb entwickeln, weil die schöpferische Kraft, die der Sinnlichkeit innewohnt, nicht bloß zur unmittelbaren Triebbefriedigung verwendet wurde, sondern sich auch auf andere Ziele und Zwecke gerichtet hat. Das heißt aber auch Folgendes: Wenn wir heute all unser Bemühen auf die unmittelbare Befriedigung unserer sinnlichen Bedürfnisse legen – und das Paradox liegt darin, dass wir diese Bedürfnisse auf fatale Weise an das Geld koppeln und dabei zunehmend scheitern –, dann versagen wir uns diese Möglichkeit, etwas Höheres und Feineres zu entwerfen. Wir sind dann so unmittelbar mit der Gegenwart beschäftigt, dass wir uns die Zukunft gar nicht mehr vorstellen können bzw. sie als ein Schicksal hinnehmen, dass nicht mehr beeinflusst werden kann. Darin liegt eine echte Gefahr. Und deshalb ist Armut, richtig verstanden, auch etwas Gutes.

Geheiratet wurde im Alpenraum, aus Gründen der Armut gleichwie aller Armut zum Trotz, immer schon. Freilich auch auf Grund von Reichtum, doch dann musste dieser schon recht groß sein. Ein gleichmäßig verteilter, das heißt politisch organisierter Wohlstand hingegen, so wie wir ihn heute erleben, bietet kaum mehr hinreichende Motive, das Wagnis der Ehe einzugehen. Wir wähnen uns heute über jede materielle Not erhaben, denken so wenig an die Zukunft, dass wir mittlerweile auch meinen, das Heiraten und Gründen von Familien nicht mehr nötig zu haben. Unser Verstand ist schon derart auf eine Versorgung aus staatlichen Quellen hin programmiert, dass ihm nur mehr der romantische Aspekt der Ehe gegenwärtig, ihr handfest-praktischer Aspekt hingegen entschwunden ist. Zumindest bei den Männern ist das so. Das gehetzte Leben, das einer heute führen muss, wenn er ordentlich Geld verdienen will, die „Flexibilität" am Arbeitsplatz, die jedem droht, der auf Karriere aus ist, die ständige Verfügbarkeit und Fremdbestimmtheit, all das steht der Familie entgegen. Trotzdem werden von den Mutigsten nach wie vor Ehen geschlossen und Familien gegründet. Gerade jene glücklichen Alpenraumbewohner, die noch halbwegs unbeschadet auf ihren Höfen und in ihren Betrieben ihr Auskommen finden, wissen es ganz genau: Die Ehe ist das Größte, das man im Leben wagen kann. An ihr hängt das Gedeihen der Familie, und die Familie ist nicht nur die Basis dauerhaften Wohlstands, sondern das Zentrum der Welt. Die Ehe, schreibt Sören Kierkegaard, *„ist und bleibt die wichtigste Entdeckungsreise, die ein Mensch unternehmen kann; jegliche andre Kenntnis des Daseins ist oberflächlich im Vergleich mit der eines Ehemanns, denn er und er allein hat sich gebührlich ins Dasein vertieft. Wohl wahr, kein Dichter wird von ihm sagen können, was der Dichter vom listenreichen Odysseus sagt, dass er ‚vieler Menschen Städte gesehen und ihren Sinn erfahren hat'; es ist jedoch die Frage, ob er nicht ebenso viel und ebenso angenehme Dinge erfahren hätte, falls er daheim geblieben wäre bei Penelope."* In der Tat sieht es so aus, als ob heute die meisten von uns, wie einst Odysseus, auf einer Irrfahrt wären und ihre Heimat nicht mehr finden könnten. Und solche Penelopes, die daheim brav warten, bis der Ehemann gedenkt, von seinen Reisen zurückzukehren, die sind fast ausgestorben. Wen wundert es, dass die zur Zeit meistverbreitete psychische Erkrankung in der westlichen Welt – und hier ist der Alpenraum nicht ausgenommen – die neurotische und pathologische Angst ist. Offensichtlich ist wahr: Nicht jeder ist ein Odysseus. Nicht jeder erträgt den ständigen Kampf mit Seeungeheuern und Zyklopen, mit verführerischen Sirenen, Sexbomben und seltsamen Sitten. Die meisten Menschen verwirrt so etwas, und sie wollen demgegenüber nichts anderes als ein trautes Heim: *„Die Ehe gewährt eine der letzten Möglichkeiten, humane Zellen im inhumanen Allgemeinen zu bilden“*, schreibt Theodor W. Adorno. Wie recht er doch hat. Und sie mobilisiert die besten Kräfte, die Menschen zu bieten haben: *„Was tut man nicht alles für Weib und Kind?“*, lehrt uns eine Weisheit der Alpen. Die Antwort ist: Alles, alles!

Die Hochzeit ist eines der größten Feste überhaupt, zahlreiche Bräuche wurden um sie erdacht. Diese Bräuche variieren beträchtlich und sind nicht immer ganz ernst zu nehmen. Sie sollen das Fest auf symbolische Weise aufwerten. Die schönsten Bräuche sind oft ganz einfache Gesten, die lange Ansprachen überflüssig machen, welche Feierlichkeit künstlich aufkommen lassen sollen. Beim Einzug ins Vaterhaus pflegte etwa die Mutter der neuen Bäuerin am Haustor die Hausschlüssel auf einem Laib Brot zu überreichen. Friedrich Haider übersetzte diese stumme Ansprache in Worte: *„Bisher habe ich überall gesperrt und geöffnet und dabei gewissenhaft erwogen und geprüft, was hier über die Schwelle dieses Hauses ging; ich habe sorgsam alles gehütet und behütet, dass niemand im Haus an Seele oder Leib verderbe oder Schaden leide; ich habe Sorge getragen für die Knechte und Mägde, für den Mann und die Kinder und für alle, die mir Gott anvertraut hat. Nun übernimm du diese Sorge und Bürde in unserem Hause. Nimm auch diesen Laib Brot hin. Er ist die Frucht unserer Arbeit und der Segen des Gebetes. Teil du von nun an das Brot aus und bedenke, deine höchste Aufgabe ist Leben zu spenden und Leben zu pflegen“*.

Die Ehe ist das Größte, das man im Leben wagen kann.

In ihrer Gesamtheit tragen die Hochzeitsbräuche des Alpenraums im Wesentlichen folgende philosophische Bedeutungen: Erstens, wie in allen traditionellen Kulturen, wird die Vereinigung von Sippen gefeiert. Heiraten ist wohl neben dem Handel die wichtigste Form des Friedenschließens. Diese Weisheit wurde sogar zum Leitspruch des alten Österreichs: *„Bella gerant alii, tu felix Austria nube. Nam quae Mars aliis, dat tibi diva Venus."* Kriege mögen andere führen, du glückliches Österreich heirate. Denn was den anderen der Mars verschafft, das gibt dir die göttliche Venus. Das Glück der Frischvermählten soll möglichst weit um sich greifen. Dazu muss es aber auch ein wahres Glück sein. Im Alpenraum spielte die Liebesheirat schon recht früh eine wichtige Rolle, war sie freilich bei den geringeren Bedürfnissen und Erwartungshaltungen auch einfacher zu finden. Um wirklich über die eigene Sippe hinauszugreifen, war es üblich, zur Brautschau über das angrenzende Gebirge in ein anderes Tal hinabzusteigen. Das muss ein Spaß gewesen sein, wenn die reschen Burschen in ihren Krachledernen Hosen vom Berg kamen, um neckend und betörend ein *Techtelmechtel* oder *Gspusi* zu suchen.

Der Hochzeitslader führt der Hochzeitszug beim Einmarsch in die Kirche an.

Der zweite Zweck alpiner Hochzeitsbräuche liegt in der Beschwörung der Fruchtbarkeit – auch das ist für traditionelle Kulturen typisch. Schließlich ist das generationenübergreifende Wirtschaften des Alpenraums ohne Kinder völlig ausgeschlossen. Ein Einzelkind reicht dafür nicht aus, eine große Geschwisterschar ist nötig. Dabei sind die Mädchen keineswegs von minderem Wert – in der bäuerlichen Arbeitsteilung sind sie genauso wichtig wie die Burschen. Im Allgemeinen kümmerten sich die Frauen um den inneren Bereich und auch die Erntearbeiten, die Männer um den äußeren Bereich, der im Wesentlichen Viehhut und Milchverarbeitung umfasste.

Der Hochzeitslader agiert als Zeremonienmeister der Feier.

Früher fanden die meisten Hochzeiten in der Faschingszeit statt, die ja eine ausgelassene Feier der Fruchtbarkeit darstellt. Der Fasching oder die Fastnacht entspricht dabei durchaus symbolisch dem Übergang von kindlicher Ausgelassenheit zum Ernst des Lebens. Einmal im Jahr dürfen alle, unabhängig von Alter und Familienstand, noch einmal Kind sein. Während des Faschings darf man sich austoben und die herrschende Ordnung auf den Kopf stellen, doch nach dem Aschermittwoch, mit Beginn der Fastenzeit, stehen wieder Enthaltsamkeit und Disziplin auf der Tagesordnung. Das Narrentum hat im Alpenraum eine besonders wichtige Ventilfunktion; die Alpen haben wohl die liebenswürdigsten Narren hervorgebracht. Jedes Dorf, das etwas auf sich hält, hat einen davon, um den Geist des Faschings, die schöpferische Zerstörung, ein wenig am Leben zu halten. Ohne den feierlichen Dispens vom Ernst des Lebens wäre es ja auch zum *Narrischwer'n*.

Der dritte Zweck, der in den Hochzeitsbräuchen ausgedrückt wird, ist das gemeinschaftliche Bezeugen eines gewagten Entschlusses, gleichsam des Vertrags zu einer ungewissen Unternehmung. Vertrag kommt allerdings von vertragen, und die beste Grundlage hierzu sind Freundschaft, Respekt und Liebe. Der österreichische Psychologe

Viktor Frankl wies darauf hin, dass wahre Liebe nicht bloß ein Zustand ist, sondern ein aktives Tätigsein, eine Arbeit. Inmitten schwieriger Lebensverhältnisse ist diese Arbeit oft mühsam. Davon zeugen die alpinen Schwänke, die ein wichtiges Ventil sind und in denen es meist um die Tücken geht, den Haussegen zu bewahren.

Die Treue wiederum ist typischer Gegenstand alpin-katholischer „Doppelmoral“: Die Regel ist streng, die insgeheimen Ausnahmen aber sind zahlreich. Dass sich der Mensch bei der sexuellen Treue schwertut, wird anerkannt, aber durch sozialen Druck will man ein Überhandnehmen der Treuebrüche verhindern, um die damit verbundenen Komplikationen zu mindern. Im Alpenraum ist man aber realistisch genug, einige Schlupflöcher zu lassen. Der soziale Druck erfolgt primär in der Familie, „politisch“, also von außen, mischt man sich nicht allzu viel hinein. Dafür *red'n die Leut'*, diese sanfte Form des sozialen Drucks ist das wesentliche Sanktionsinstrument der alpinen „Politik“. Manchmal wird es unsanfter, aber dann schwächt stets der Humor die größten Härten ab. Insbesondere vor der Hochzeit wird natürlich darauf geachtet, dass keine unerlaubten Beziehungen vorliegen. In manchen Regionen waren dazu sogenannte *Nachtraupen* im Einsatz, Gruppen von jungen Burschen, die sich zum Richter über vermeintliche Sünder aufschwangen. Wenn ein Bursch seinem *Dirndl* gegenüber untreu war, so rissen ihn die Nachtraupen aus dem Schlaf und zwangen ihn zum lauten Schuldbekenntnis vor dem Haus der Geprellten. Anschließend wurde er in den Dorfbrunnen getaucht. Sogar in häusliche Streitigkeiten mischten sich diese Ehewächter ein, zum Beispiel wenn eine Frau das Haus verlassen und bei ihren Eltern Schutz gesucht hatte. Dann erhielt der Ehemann ebenfalls nächtlichen Besuch. Weil er seine Stütze des Haushalts vertrieben hatte, verbaute man sein Haus nun mit künstlichen „Stützen“: Wägen, Schlitten, Pflüge und allerlei landwirtschaftliches Gerät schob man ihm gegen Tür und Fenster. Befreit wurde der nun hoffentlich reuige Sünder erst dann, wenn die Bauern aus der Nachbarschaft ihre Geräte zurückholten.

Obwohl sich die Menschen mit der Treue schwertun, gibt es sie im Alpenraum gar nicht so selten.

Noch trifft man sie, die alten Pärchen, die ein schweres Leben miteinander geteilt haben, sich aber immer noch respekt- und liebevoll behandeln. Vielleicht schweißt es zusammen, dass man einander in den Alpen wirklich braucht.

Kaum ein Hof kann ohne weibliche Ökonomik oder männliches Anpacken lange bestehen (wobei freilich auch die Frauen gehörig anpacken und sich die Männer um Häuslichkeit und Reinlichkeit bemühen müssen). Da muss man sich zusammenraufen. Die Treue gilt den Menschen wirklich als Ideal, denn das Leben im Alpenraum setzt Langfristigkeit voraus. Eine alte Volkssage erzählt von einem jungen Hirten, der eines Tages zur Alp stieg und dort einen Schlüssel fand. Der Schlüssel öffnete eine Tür, die zu einer Höhle im Berg führte. In jener Höhle fand der junge Hirte eine verwunschene Jungfrau. Diese bot ihm die Wahl, sich für eines der folgenden Dinge zu entscheiden: Er könne einen Haufen Gold mitnehmen, er könne eine goldene Kuhschelle wählen, oder er nimmt sie, die Jungfrau, und bekommt alles Übrige noch mit dazu. Der junge Hirte traf eine scheinbar absurde Wahl, die in der Sage nicht weiter kommentiert wird: Er schnappte sich die goldene Kuhschelle und lief davon. Das wütende Geschrei der verlassenen Jungfrau verfolgte ihn seitdem. Folgende Deutung ist am wahrscheinlichsten und wird auch durch eine Überlieferung unterstützt: Der Hirte war bereits verliebt. Die Wahl der goldenen Glocke steht als Symbol dafür, weder für Sex noch für Geld sein Treueversprechen gebrochen zu haben – so wie er für seine Tiere verantwortlich ist, deren Glocken stets in Hörweite bleiben.

„… bis dass der Tod uns scheidet."

Im Alpenraum schüttelt man den Kopf über „schlamperte Verhältnisse". Außenseiter gab es immer, doch das traditionelle Familienbild ist die Regel. Städtischen Künstlern gestand man meist eine laxere Moral zu: Die Wiener Literaten Franz Grillparzer und Johann Nestroy lebten ihre außerehelichen Beziehungen relativ offen, was ihrer Popularität keinen Abbruch tat. Einfache Dirnen aber, die sich mit den Erstbesten der Lust hingaben, hatten damit ihr Leben weitgehend verpfuscht – die „alleinerziehende Mutter" durfte auf wenig Sympathie hoffen. Diese Härte wird nur verständlich, wenn man die Bedeutung der Generationenabfolge für das familienbasierte, eigenständige Wirtschaften erkennt. Außerhalb „geregelter Verhältnisse" gab es wenige Einkommensquellen, und die Lebensgrundlage aller wäre untergraben worden, wenn der harte Kapitalaufbau über Generationen durchbrochen würde. Dies ist der wenig sinnliche, ökonomische Hintergrund des Ehestandes: die ungebrochene Generationenfolge im Familienbetrieb zu ermöglichen.

Im Alpenraum spielte die Liebesheirat schon früh eine Rolle.

So sehr die Sinnlichkeit auch der tiefere Grund fast einer jeden Eheschließung ist, so wenig taugt diese Sinnlichkeit dann im Alltag dazu, die Ehe und Familie auch zu führen und zusammen zu halten. In der Praxis geht es dann doch um etwas anderes. Hier ist eine Liebe gefragt, die imstande ist, durch die Sublimation hindurch, das heißt durch Triebverzicht, ins Höhere und Feinere aufzusteigen.

Was die Liebe betrifft, kann uns der christliche Glaube – der sich in seiner klassisch-katholischen Form im Alpenraum noch gut erhalten hat – ein Vorbild sein. „Liebe deinen Nächsten, so wie dich selbst", heißt es im Neuen Testament, und wo, wenn nicht in der Familie, sind diese Nächsten zuallererst zu finden.

Der zentrale Wert, um den sich das Christentum seit Anbeginn versammelt hat, ist die *Caritas*, was auf Deutsch so viel wie Nächstenliebe bedeutet. Die frühen Christen waren wahrscheinlich die ersten Menschen, die bedürftigen und notleidenden Menschen bloß für Gotteslohn geholfen haben. Daraus leitet sich die im Alpenraum bis noch vor kurzem verbreitete Sitte ab, sogenannte *Einleger* mit ins Haus aufzunehmen, wenn es die wirtschaftliche Situation erlaubt. Einleger waren Leute, die ihr Leben nicht auf die Reihe bekommen oder Pech gehabt hatten. Sie bekamen für eine gewisse Zeit Obdach, hatten zu essen und mussten, jeder nach seinen Fähigkeiten, der Familie bei der Arbeit helfen. Dieser Brauch, der sicherlich für viele Familien auch eine große Last war, die man in der Regel aber geduldig auf sich nahm, zeigt sehr schön, dass das, was man heute „soziale Verantwortung" nennt, keine moderne Errungenschaft ist, sondern einer uralten Tradition entstammt. Arme, die grundsätzlich für sich selbst sorgen konnten, nannte man *Kleinhäusler*. Ihnen wurde in besonderen Notfällen, wie bei Krankheit, geholfen. Wie der Name verrät, hatten sie ihren eigenen Haushalt zu führen, denn Armenhilfe durfte keine Ausrede für eine Abnahme der Verantwortung sein – schlechte Anreize hätten sich die alpinen Gemeinschaften nicht leisten können. Eigenverantwortung ist zentral für das Überleben im Alpenraum, wo die Äcker auf Dauer keine untätigen Massen mit Brot und Spielen nähren können.

Juni

„Ach, wenn nur wieder Sommer wär'!“. Wie oft hört man diese Klage in der kalten Zeit. Und sie ist berechtigt, denn ohne Wärme kann nichts gedeihen.

Alles strebt zum Licht, die Menschen wie die Sonnenblumen, die ihre Köpfe nach den Leben spendenden Strahlen ausrichten. Sie orientieren sich nach dem Licht hin.

Oriens bedeutet die Richtung, von der das Licht herkommt und wonach sich der Mensch ausrichten kann. *„Mehr Licht!“*, das waren angeblich die letzten Worte, die Goethe auf seinem Sterbebett gesprochen haben soll, als sich seine Augen verdunkelten und sein Lebenslicht zu verlöschen drohte. Da bäumte sich seine Seele noch ein letztes Mal auf und rief lautstark nach dem Licht, vermutlich dem Licht der Erkenntnis oder dem Licht der Wahrheit. Das würde zumindest zu Goethe passen, der zeitlebens ein Suchender war. Vielleicht war es ihm aber bloß zu dunkel im Zimmer und er wollte, dass ihm jemand den Vorhang beiseite zog. Spötter behaupten sogar, dass man ihm den Kaffee gebracht habe, leider mit zu wenig Milch, und er mit dem Finger auf die schwarze Brühe zeigend *„mehr Licht“* gesagt haben soll, und dabei verschieden sei. Doch das sind Gerüchte.

Die Sonnenblume streckt ihren Kopf stets der Sonne entgegen.

Wenn der Sommer sich freundlich zeigt, dürfen die Kinder sich darauf freuen, den ganzen Tag über draußen zu sein. Solange die Sonnenstunden andauern, gibt es immer was zu sehen. Auf der Wiese sprießt es, auf der warmen Baumrinde krabbelt es, in der Luft schwirrt, summt und zwitschert es, sodass man seine Freude daran hat. Gibt es einen Tümpel,

Am 21. Juni werden Sonnwendfeuer entzündet.

Weiher, Teich oder See, so kann man Libellen in allen Größen und Farben beobachten, die ihre Flugkunststücke vorführen und in deren riesigen Augen sich die Sonne spiegelt. Auch die scheuen Molche lassen sich zwischen den Algenbündeln blicken. Alles, was da kreucht und fleucht, spannt seine Kräfte aus – und kommt uns auch manchmal in die Quere. Wer sich zur Jause am Waldesrand niederlässt, muss aufpassen, dass er nicht gleich den Rucksack voller Ameisen hat. Bienen-, Wespen- oder Hornissenstiche an heiklen Körperstellen können schockartige Zustände auslösen.

Ebenso die unter Wasser lebenden Gelbrandkäfer, die wie die Wespen stechen, wenn man sie mit der Hand fangen will. Wer so unvorsichtig ist, auf Almen und Berghängen unter größere Steine zu greifen, dem kann es passieren, dass ihn eine Otter, Viper oder ein Skorpion erwischt. Ist es eine Sandviper, dann kann das Leben rasch zu Ende sein.

Im Juni ist es an der Zeit, im Erdäpfelacker zum zweiten Mal Unkraut zu jäten und den Boden aufzulockern. Ab der Mitte des Monats beginnt dann im Tal die Heuernte, die eine regelrechte Schwerarbeit ist, bei der jeder mithelfen muss. Zum Feiern bleibt kaum Zeit. Die Arbeit hat jetzt Vorrang. Mit Sicherheit gefeiert wird jedoch der Almauftrieb, der um Sankt Veit, den 15. Juni herum, stattfindet, sowie der Johannistag am 24. Juni, der Geburtstag von Johannes dem Täufer. An diesem Tag beten die Christen im Alpenraum um Schutz vor Unheil und um Segen für eine gute Ernte. Zwischen diesen Festtagen liegt die Sommersonnenwende, der Tag, an dem *„die Sunn nit höher mag"*, der 21. Juni, an dem in den Bergen traditionsgemäß die Sonnenwendfeuer entzündet werden. Die Rinder und Schafe befinden sich bereits auf den Almen, wo sie von einem Senn oder einer Sennerin den Sommer über gut versorgt werden. Die viele Milch, die täglich in die Melkkübel läuft, wird zu Butter und Käse verarbeitet und in die Täler gebracht. Das ist ebenso Schwerarbeit, jedoch in einer königlichen Kulisse, die in der Tat die eines Paradieses abgeben könnte. Die jungen Männer und Frauen, die auf den Almen ihren Dienst versehen, waren in Zeiten, in denen es keine ausgebauten Bergstraßen und Mobiltelefone gab, besonders einsam – besonders in den Nächten. Wie musste ihnen das Herz höher geschlagen haben, wenn sich der eine oder die andere aus dem Tal den Rucksack schnürte und sie besuchen kam. Was dort oben in den Bergen geschah, blieb den Augen der Gouvernanten und Mesner verborgen. *„Auf der Alm, da gibt's ka Sünd'"*, berichtet uns eine Weisheit der Alpen, die diesmal etwas besonders Menschliches an sich hat.

Wirtschaftszyklus: **Arbeit**

Die Alpen waren nie ein Schlaraffenland, besonders nicht in höheren Lagen. Was man dort mit den Händen dem Boden abringen konnte, reichte, wenn es gut ging, fürs tägliche Überleben. Falls die Ernte und der Nachwuchs beim Vieh üppiger als sonst ausfiel, hatte man mehr Vorräte für Notzeiten und Güter für den Tauschverkehr. Viel mehr war aber nicht zu erwirtschaften, weil die Arbeit an den Steilhängen hart und der Aufwand so hoch war, dass kaum große Überschüsse abfielen. Trotzdem gab es genügend Zeit, um Feste zu feiern, Märkte zu besuchen, Familien zu gründen und wie nebenbei der Landschaft ihren Stempel aufzuprägen. Als die ersten Menschen im Alpenraum zu siedeln begannen, gab es dort nichts als Urwälder. Heute zeigt sich ein liebliches Geflecht aus Wiesen und Wegen, Häusern und Zäunen, eine wunderbare Abwechslung aus Lichtungen und Wäldern, durch welche die Bäche ihre Schneisen ziehen. Über all dem ruhen die ewig schneebedeckten Gipfel, und darüber, im sonnenbeschienenen Blau des Himmels, stehen die üppigen Wolken, die um die Mittagszeit kräftig von der Sonne durchleuchtet sind. Es ist tatsächlich ein Paradies. Alles ist wohlgefügt. Oben wohnen die Bergziegen, Steinböcke und Murmeltiere; ganz oben die Götter, wie man zu früheren Zeiten glaubte. Unten hingegen, wo alles in saftigem Grün zerfließt, ist es das Werk der Hände, das Ergebnis von jahrhundertelanger Arbeit, die von Generation zu Generation aufeinander aufbaut und sich Axt und Säge in die Hände legt. Prachtvoll ist es geworden, dieses Werk. Und es wurde aus freien Stücken getan. Deshalb wird in der Tiroler Präambel auch darauf hingewiesen, dass die Heimat und das Erbe zu achten sind, als eine wichtige Erinnerung für uns Heutige. Wer hart dafür gearbeitet hat, lässt sein Werk nicht im Stich. Wer es in Gefahr sieht, mit dem ist auch nicht zu spaßen. Deshalb müssen die Politiker in den Städten auf der Hut sein. Denn die Alpenbewohner haben vor Menschen, die ihr tägliches Brot nur mit dem Mundwerk verdienen, wenig Respekt – außer es handelt sich um Sängerinnen oder Schauspieler. Wer bloß eine Meinung und sonst weiter nichts zu bieten hat, ist in den Alpen nichts wert.

Die frische Milch wird im eiskalten Brunnenwasser gekühlt.

Wer sein Haus mit den eigenen Händen gebaut hat, lässt seinen Besitz nicht in Stich.

Durch die Fabrik – und später durch das Großraumbüro – ist die Arbeit zu Recht in Verruf gekommen. Am Fließband und in der Computerkabine kann menschliches Leben nicht gut gedeihen. Vieles spricht dafür, dass dort der Mensch geknechtet und ihm der *Garaus* gemacht wird, wie man im Alpenraum sagt. Im eigenen Wald hingegen Bäume zu fällen und aus ihnen eine Wasserleitung zu bauen, ist keine Knechtschaft, sondern ein Ausdruck von Freiheit. Zwar müssen die Menschen ihr Leben aufs Spiel setzen, damit sie am Ende unversehrt und mit allen Gliedmaßen ans Ziel gelangen. Sie müssen sich enorm anstrengen und eine Leistung erbringen, die *sich gewaschen hat*. Doch wenn das erste Wasser, gelenkt wie von Zauberhand, von hoch oben hinunter in die Zisterne fließt, das Wunderwerk dichthält und man sich nun im eigenen Hof den Schweiß mit eiskaltem Bergbachwasser von der Stirn waschen kann, dann gehört das wohl zu den tiefsten Befriedigungen, die ein Leben zu bieten hat. Wer keinen Grund und Boden besitzt, auf dem sich solche Unternehmungen bewerkstelligen ließen, hat wahrscheinlich wenig Ahnung, was Freiheit in Wahrheit bedeutet. Freiheit ist dreidimensional, Bewegung im Raum und, wenn man die Zeit als vierte Dimension gelten lässt, Bewegung auf eine gewünschte und gestaltete Zukunft hin. Was ließe sich dieser Freiheit noch hinzufügen? Eine Urlaubsreise? Ein Großeinkauf im Möbelmarkt? Würde es ihr einen Abbruch tun, wenn die Reise und der Einkauf *nicht* stattfinden würden? Wohl kaum. Dieser Luxus würde *„das Kraut nicht fett machen"*, wie man im Alpenraum sagt. Er könnte der Freiheit nichts hinzufügen, was für ihren Bestand unbedingt notwendig ist.

Was ist unbedingt notwendig? In der griechischen Antike, in der die Lebensbedingungen ähnlich karg wie im Alpenraum waren, man zwar mehr Hitze, dafür aber Dürre hatte, rieten die Philosophen den Menschen dazu, zwischen den notwendigen und den nicht notwendigen Dingen zu unterscheiden, ebenso zwischen den natürlichen und den unnatürlichen. Denn wolle man sein Leben meistern, so meinten sie, müsse man ein paar brauchbare Gedanken zur Hand haben, um seine materiellen Bedürfnisse richtig zu bewerten und in eine sinnvolle Ordnung zu bringen, damit man sich nicht verzettelt, enttäuscht wird und am Ende womöglich mittellos dasteht. Notwendig und natürlich sind all jene Dinge, die das Überleben sichern, wie einfaches Essen und Trinken und ein Dach über dem Kopf. Natürliche, aber *nicht* notwendige Bedürfnisse sind solche, die man sich auch verkneifen kann, ohne dass gleich die Welt darüber zusammenbricht, die einen hingegen in ziemliche Schwierigkeiten bringen können, wenn man sich auf sie versteift oder gar sein Leben auf sie setzt. Weder notwendig noch natürlich sind schließlich jene Dinge, die wir als Luxus verstehen und die gleichzeitig auch schwer zu beschaffen sind. Das Natürliche und Notwendige hingegen ist, im Vergleich zum Luxus, einfach zu beschaffen, sodass man bald einmal sein Auskommen hat, gesetzt den Fall, man gibt sich mit einem einfachen Leben zufrieden. Das darf aber nicht falsch verstanden werden. Das ist kein Aufruf zur Faulheit. Vielmehr ist es die Einsicht, dass ein „glückseliges" Leben nur dann möglich wird, wenn weder körperliche Schmerzen noch seelische Beunruhigungen und Begierden das Bewusstsein dauerhaft trüben. Jenen, denen es gelungen ist, dieses Gleichgewicht zu erreichen und in Schuss zu halten, rät Epikur, sich möglichst davor zu hüten, es leichtfertig aufs Spiel zu setzen.

Am größten ist die Gefahr, wenn man sich seine Lebensweise von den Gütern des Luxus diktieren lässt. Denn was ist Luxus? Eine nach oben hin offene Skala. Das einfache Leben hingegen ist eine klare Sache, die ein Maß und eine Mitte hat.

Deshalb ist es auch mit dem Verstand zu begreifen, im Unterschied zu den bloßen Begierden, die ihrem Wesen nach unendlich und somit unfassbar sind.

Im heutigen Arbeitsleben gleicht der Mensch einem Streichholz im Bergbach, das jederzeit an die Felsen gedrückt werden kann.

Dass die Freiheit nicht nur in den Früchten der Arbeit, sondern ganz eminent auch in der Qualität der Arbeit selbst liegt, ist eine Weisheit, die sich heute nur mehr schwer erschließen lässt. Besonders schwer mit dieser Einsicht tun sich jene Menschen, die ihr Leben außerhalb von regional bäuerlichen, gewerblichen oder händlerischen Traditionen zubringen. Und wen wundert es? Unter den Bedingungen einer hochindustrialisierten und globalisierten Wirtschaft hat der Einzelne – wenn er nicht gerade ein Unternehmen leitet, und nicht einmal mehr dann – kaum eine Chance zu ermessen, was der eigentliche, tiefere Sinn seiner Arbeit ist, um welche Art von Früchten es sich handelt und von welcher Qualität sie sind. Der Einzelne kann heute kaum beurteilen, zu welchen Zuständen seine Arbeit beiträgt, das heißt, wohin seine Arbeit führt – und auch wohin sie ihn selbst führen wird –, weil er im Regelfall nur ein winziges Glied in einer schier endlos verflochtenen Kette von Mit- und Zuarbeitern ist. So trägt er zu Zielen und Zwecken bei, die womöglich gar nicht seinen Wünschen entsprechen und die er keinesfalls unterstützt hätte, wäre ihm klar gewesen, auf was er sich einlässt. Der Einzelne – und hier entsteht er ja erst, dieser vereinzelte Mensch, der sein Leben, einem verwirrten Märty-

Wer seine Arbeit mit Liebe und Leidenschaft verrichtet, hat seine wahre Berufung gefunden.

rer gleich, für Zwecke hingibt, nach denen er nicht einmal mehr fragt – gleicht so immer mehr dem Streichholz im Bergbach, das jederzeit an die Felsen gedrückt oder ans Ufer geschwemmt werden kann.

Mittlerweilen gibt es Abermillionen Menschen, vor allem an den Rändern des Alpenraums, die solch gefährlichen Strömungen ausgesetzt sind, die bloß herumgespült werden, die zwar der Meinung sind, einer Arbeit nachzugehen, doch dabei weder selbstbestimmt noch eigenverantwortlich handeln können und demnach, streng genommen, auch nichts Sinnvolles tun. Für irgendwelche Leute mag ihre Arbeit ja sinnvoll sein oder zumindest ihren Zweck erfüllen. Ihnen selbst bietet sie jedoch kein Sinnerlebnis mehr. Als Ersatz dafür bleibt nur das Geld. Das ist ein ziemlich schlechter Tausch, über den man sich in jüngeren Jahren gerne hinwegschwindelt, unter anderem mit falschen Annahmen wie, dass alles, was Geld einbringt, auch sinnvoll sein muss, und sich alles, was im Leben fehlt, kaufen lässt. Dieser Tausch ist auch insofern ganz miserabel, als das Geld, das solcherart eingebracht wird, als ob es eine Ernte wäre, bloß ein synthetischer Stoff ist, der in nahezu unbegrenzter Menge von einer privilegierten Schicht von Menschen erzeugt werden kann. Die meisten von uns sind blind für diese Vorgänge. Sie fragen aber auch nicht danach und lassen sich mit fadenscheinigen Antworten abspeisen. Sie können den Betrug nicht entdecken, weil sie hochgradig süchtig nach dem Geld sind. Das ist verständlich, weil den meisten, mangels Befriedigung in der Arbeit selbst, nur mehr das Geld geblieben ist. Deshalb die starke Bindung und deshalb der verzweifelte Versuch, sich im Konsum schadlos zu halten. Was soll man dazu sagen?

Arbeit soll kein Job, sondern eine Berufung sein. Berufen werden kann man von Eltern, Vorfahren, Vorbildern oder Mentoren, die sinnvolle Lebensentwürfe vorleben, sodass man sie nachahmen und in deren Fußstapfen treten kann. Das mag auf den ersten Blick nur wenig aufregend erscheinen. Doch so lässt sich zumindest einmal grob abschätzen, auf was man sich einlässt, und überdies kann man in schwierigen Zeiten mit geistiger Begleitung und Unterstützung rechnen.

Wer sich innerhalb von Traditionen befindet oder Traditionen aufgreift, ist niemals allein. Die Traditionslosigkeit hingegen schafft Isolation, die der Nährboden des Konsumverhaltens und der politischen Wünsche ist.

Und sie treibt weg von der Heimat. Was viele in ihrem Überschwang übersehen, wenn sie sich von den vielen Optionen blenden lassen, die ihnen die Welt zu bieten hat, ist, dass niemand auf dieser Welt auf sie gewartet hat. Nicht jeder, der seine Heimat verlässt, ist ein „Hans im Glück" und kehrt als „gemachter Mann" in seine Heimat zurück. Und was wird aus der Heimat, wenn ihre großen Söhne ihre Leistungen woanders und für andere erbringen? Inwiefern sind diese Söhne groß, sodass man stolz auf sie sein kann? Weil sie dann dem Indianerreservat, aus dem sie stammen, finanziell unter die Arme greifen? Zugegeben, auch das ist ein Weg.

Ob er der Heimat wirklich dient, ihr Erbe wirklich achtet, lässt sich schwer abschätzen. Was jedenfalls zu bemerken ist: Zusätzliches Geld, das in die Regionen fließt, produziert mehr Abbilder als es Urbilder erhält. Das heißt, dass ein Schein gewahrt wird, hinter dem das Sein unbemerkt zugrunde gehen kann. Anstelle des einfachen, selbstbestimmten und eigenverantwortlichen Lebens entsteht ein Alpen-Imago, in dem die Einheimischen bald ähnliche Verhaltensweisen annehmen wie die Chinesen, wenn sie für ein staunendes Publikum eine historische Kulisse aus Plastik bauen. Es ist zu befürchten, dass nur mehr die romantische Idylle bleibt, ein ungelebtes Leben, das seine Heimat bloß in der Vorstellung hat, sich seine Heimat träumend bewahrt. Dass es den Restbeständen indigener Völker denkbar schlecht geht, sollte den Alpenbewohnern eine dringliche Warnung sein. Den Gegensatz zwischen lebendigen Urbildern und subventionierten Abziehbildern schildert Hans Haid so: *„Da fand ich Handwerker, denkende Menschen, weitsichtige Menschen, voraussehende Denker, Kleinbauern, Dichter, Bildhauer, Bergbauern, Außenseiter. ... Die singenden Menschen im Alpenraum, die mit den alten Gesängen und den gesungenen Weisheiten meine ich. Nicht die vertodelten Alpenjodler und dümmlichen Hiasln samt ihren Zuhältern meine ich, sondern die sinnierenden, singenden, sanften Menschen. Von dieser Einfachheit geht Kraft aus.“*

„Bete und arbeite“ lautet der Leitgedanke der Benediktiner.

Wer seine Arbeit mit Liebe und Leidenschaft verrichtet und mit leuchtenden Augen von ihr zu sprechen weiß, hat seine Berufung gefunden. Menschen, denen dieses Schicksal zuteil wurde, sind in vielerlei Hinsicht ein Segen. Denn jede Berufung mündet in einen Dienst, den man anderen Menschen erweist. Nur dann ist man auch berufen, den Servus-Gruß ehrlich über die Lippen zu bringen, denn der sagt: Ich diene dir! Keine ernsthafte Tätigkeit hat ihren Endzweck in sich selbst, sondern der Endzweck sind die jeweils anderen, für die ein Nutzen geschaffen wird. Deswegen ist ein Dorf, eine Stadt, eine Region auch umso besser dran, je mehr Berufene es gibt. Denn je mehr Menschen imstande sind, anderen einen Dienst zu erweisen, desto eher ist insgesamt jedem gedient und desto zwangloser gestaltet sich auch das Geldverdienen. Wenn jeder seiner Berufung folgt, muss sich niemand mehr verbiegen. Geld, das solcherart erworben wird, ist kein Schmerzens- oder Schweigegeld, sondern tatsächlich ein Verdienst. Deswegen ist

es auch so wichtig, seinem Herzen zu folgen. Denn nur dann besteht die Chance, sich verdient zu machen, das heißt erfolgreich zu sein und diesen Erfolg ohne Wehmut, Gewissensbisse oder Schande zu genießen.

Eine besonders transzendente, über den Einzelnen hinausreichende Form des Dienens findet sich in den Klöstern. Entsprechend viel gilt die Arbeit dort. Die Benediktiner haben sie gar zur Leitregel erhoben: *ora et labora* – bete und arbeite! Die Klöster waren die Ausgangspunkte der Erschließung des Alpenraums. Das älteste Alpenkloster ist die Abtei Saint-Maurice im Schweizer Unterwallis, gestiftet im frühen 6. Jahrhundert als Hauskloster der Burgunderkönige. Es ist zugleich das älteste bis heute bestehende Kloster des Abendlandes. Klöster waren einst die größten Wirtschaftsbetriebe – und damit eine Frühform des Großunternehmens. Sie stehen für die zwar organisierte, aber sinnerfüllte und daher nicht proletarisierende Arbeit. Der Dienst am Nächsten und für Gott ist ihr zentrales Element.

„Alles, was mit Liebe gemacht ist, ist mit Geld nicht aufzuwiegen."

Wem ein Dienst erwiesen wurde, der zeigt sich erkenntlich. Das ist die Grundregel des Gebens und Nehmens, die uralt ist, wie die Menschheit selbst. Wer anderen zu Diensten ist, wessen Dienst realen Bedürfnissen entspricht, braucht sich um seinen Lebensunterhalt kaum große Sorgen machen. Wem noch dazu die Arbeit enorme Freude und Befriedigung bereitet, wird es auch gelassen ertragen, wenn die Entlohnung einmal geringer als erwartet oder gar zur Gänze ausfällt. Das ist zwar ärgerlich und bitter, doch was bleibt, sind die Arbeit und die Werke selbst, die einem durch so manche Durststrecken geleiten und moralisch über Wasser halten. *„Alles, was mit Liebe gemacht wird, ist mit Geld nicht aufzuwiegen"*, heißt es im Alpenraum. Das bedeutet, dass das Werkstück – sei es jetzt ein Kuchen oder eine Pfeife, ein Taschenmesser oder eine gut gemästete Weihnachtsgans – auch unabhängig davon, ob es mit Geld aufgewogen wird oder nicht, für den Erzeuger selbst einen zurechenbaren Wert besitzt, und weiterhin, dass, wenn das gute Stück tatsächlich mit Geld aufgewogen werden sollte, immer ein unbezahlbarer Rest übrig bleibt, der beim Erzeuger verbleibt. Dieser Rest ist sein Ruf und sein Können, was den Verdienst insgesamt erweitert und erhöht. Ganz generell ist es beim Handwerk und Gewerbe, gleichwie in der Kunst, ja so, dass man zuallererst *gar nichts* verdient, weil man die Sache erst lernen muss. Zu früheren Zeiten war es sogar üblich, dass die Eltern den Lehrherren ein Lehrgeld zu bezahlen hatten, damit der Sprössling eine solide Ausbildung – und damit eine Lebensgrundlage – erhält. Die ersten zwei Wochen waren überhaupt nur zur Probe, die der Lehrling erst einmal zu bestehen hatte. Am Ende der Lehre stand das Meisterstück, und das war eine wirklich große Sache. Anderthalb Monate Arbeit Tag und Nacht waren dafür nicht ungewöhnlich. Damals, vor noch nicht allzu langer Zeit, als es noch nicht üblich war, sich die Häuser und Wohnungen mit billigem Ramsch voll zu räumen, benötigte man Unmengen von Handwerkern. Da war ein Gedränge um die besten Meister, die ja nur eine beschränkte Anzahl von Lehrlingen aufnehmen konnten. Heute ist das freilich anders geworden.

Aber es gibt sie noch, die guten Dinge, sowie jene, die diese zu schätzen wissen. Die älteren Handwerksmethoden sind meist präziser, da sie langsamer und aufwändiger sind, und sich eben nicht zur Massenproduktion nach Vorlage eignen. Die Bedächtigkeit bei der Arbeit wirkt sich direkt auf das Werkstück aus: Man muss das Material „in Ruhe lassen" und nur „sanft kitzeln", damit es kräftig bleibt, erzählen die alten Meister. Und selbst auf den Endnutzer, den Konsumenten, wirkt die Bedächtigkeit noch. Sorgfältiger gearbeitete, wertvollere Produkte ändern den Menschen: Er wird selbst sorgfältiger beim Gebrauch, geht bewusster mit den Dingen um. Das handgearbeitete Werkzeug oder Spielzeug leitet zu einem leicht verträumten Gebrauch an und gibt damit die Stimmungslage wieder, der es entstammt.

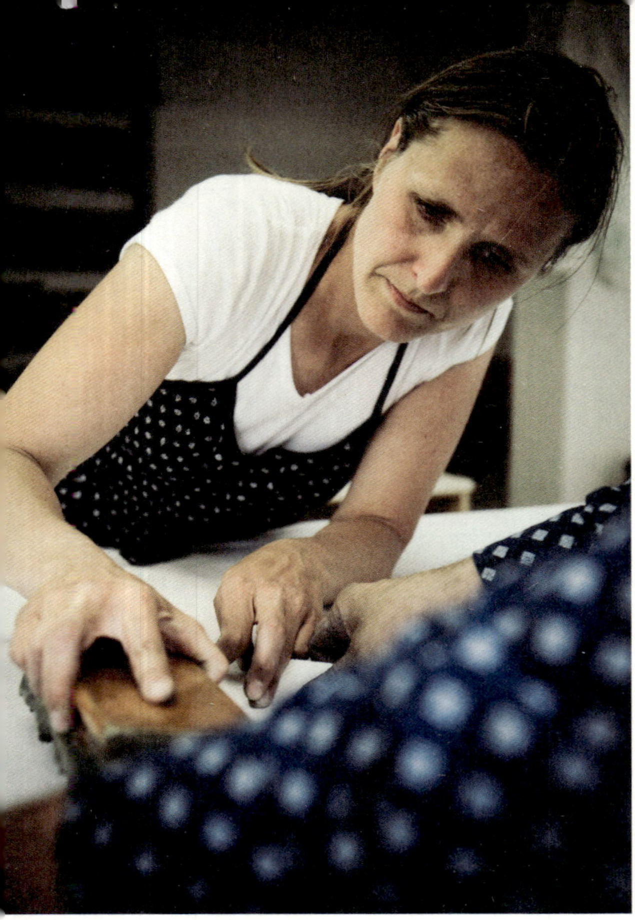

Die Pfennigfuchserei, mit der so viele Handwerker heute zu kämpfen haben, die Knausrigkeit der Menschen wird in geraumer Zeit ein Ende haben. Sie stammt aus der Not der Zeit, die darin besteht, mit dem Wertverlust des Geldes und der Steuerlast Schritt zu halten. Hätten wir nicht die vielen industriell hergestellten Billigwaren, könnten sich die meisten von uns, so scheint es zumindest, ihr Leben gar nicht mehr leisten. Die letzten Jahrzehnte inflationärer Blasenwirtschaft haben uns, gerade bei den Gütern des täglichen Lebens, so viel billige Hässlichkeit beschert und dadurch eine Proletarisierung des Geschmacks und des Empfindens in Gang gebracht, die noch vor hundert Jahren, als die Menschen, rein monetär betrachtet, weitaus ärmer waren als heute, undenkbar war. Jeder Bettler, Wasserträger oder Knecht war zu früheren Zeiten geschmackvoller und damit letztlich eleganter gekleidet als der Durchschnitt heute. Aber es gibt auch ein Licht am Horizont: Gerade durch den finanziellen Druck, der von den Billigwaren ausgeht, hat das Handwerk heute wieder ein Niveau erreicht, das sich bei den wenigen Berufenen, die noch verblieben sind oder neu aufgesperrt haben, in vollen Auftragsbüchern niederschlägt. Solange Kunden vorhanden sind, die über ausreichend Geschmack und Geld verfügen – und wer Geschmack hat, kauft wenig, aber gut, spart also sein Geld beim Ramsch und hat es für die guten Dinge übrig – wird sich das nicht ändern. Mit dem Niedergang des politisch inszenierten Mundwerks – und dieser Niedergang zeichnet sich ab – wird auch das Handwerk wieder *„fröhliche Urständ feiern"*, wie man im Alpenraum sagt.

10.000 Stunden Praxis benötigen Blaudrucker, um Meister ihres Fachs zu werden.

„Es ist noch kein Meister vom Himmel gefallen", lautet eine uralte Volksweisheit. Das ist mit Sicherheit richtig. Einer bewährten Faustregel zufolge benötigt man 10.000 Stunden Übung, um ein Meister zu werden – ganz egal, um welches Fach es sich handelt. Das bedeutet drei Stunden Übung täglich über zehn Jahre hinweg, die Sonntage abgerechnet. Im Umkehrschluss heißt das, dass jene, die es sich leicht gemacht und deutlich weniger als 10.000 Stunden geübt haben, auch keine Meister geworden sind, Talent hin oder her. Talent wird oft überschätzt. Es ist bloß eine Anlage, die entwickelt werden muss. Wer zur Arbeit nicht bereit ist, dem nützt Talent recht wenig. *„Ohne Fleiß, kein Preis"*, heißt es im Alpenraum. Für die Berufenen, die zukünftigen Meister und Meisterinnen, ist der Fleiß, zumindest rückwirkend betrachtet, von der Warte der Meisterschaft her gesehen, kein Opfer gewesen. Berufene merken rasch – gesetzt den Fall, sie haben gute Lehrmeister – wie hoch die Latte liegt, wie viel Geschick die Dienste und Werke brauchen, damit sie auch gut gelingen. Der Weg zur Meisterschaft ist nicht mit Faschingskrapfen, sondern mit blutigen Fingern gepflastert. So manch einer hat da schon vorzeitig aufgegeben – und sitzt heute trübselig im Büro. Aber die besten halten durch. *„Wenn du glaubst, es geht nicht mehr, kommt irgendwo ein Lichtlein her"*. Dieser wunderbare Spruch aus Großmutters Zeiten hat schon

Vom Filzen bis zum Sticken: Im Alpenraum gibt es in jeder handwerklichen Disziplin wahre Meister.

manches Herz erleichtert und der Zuversicht auf die Sprünge geholfen. Denn in der Tat: Es ist das Glück des Tüchtigen, das erst wahrhaft Glück genannt werden kann. Es ist das heraufbeschworene Glück, das glücklich macht. Nicht, dass nicht auch der Zufall seine Mitwirkung hätte. Aber nur die Tüchtigen können den Zufall für ihre Zwecke nutzen, haben die Tatkraft, die Gunst der Stunde zu erkennen und im richtigen Augenblick die richtigen Dinge zu tun. Somit gibt es keine Zufälle, bloß verpasste Gelegenheiten. Werden sie genutzt, so hat man sie auch verdient. Werden sie nicht genutzt, hat man sich nicht verdient genug gemacht. Wer das Rätsel zu erkennen weiß, gehört zu den Glücklichen.

Erst das Glück der Tüchtigen kann wahrhaftes Glück genannt werden.

Der Preis, der dem Fleiß zwar nicht mit sturer Notwendigkeit, aber mit hoher Wahrscheinlichkeit folgt, ist der höchste, der sich denken lässt: eine gelungene Identität, ein gefestigtes Selbstbewusstsein und eine materielle wie ideelle Lebensgrundlage. Mehr lässt sich im Leben nicht erreichen. Äußerer Erfolg wäre zwar noch die Krönung. Doch auch ohne ihn hat das Leben die besten Vorzeichen, dass es bis zum Ende gelingt. Deswegen heißt es auch *„Handwerk hat einen goldenen Boden“*. Als Handwerker kann man in der Tat reich und berühmt werden, aber eben nicht, weil man in der „großen Chance“ mitgespielt hätte, sondern weil man sein Herz an seine Sache gehängt hat. Es ist schon richtig, dass sich mit Politik und Geldgeschäften, mit internationalen Beziehungen und Medienspektakeln noch weitaus mehr Geld verdienen lässt. Doch davon darf man sich nicht beeindrucken lassen. *„Schuster bleib bei deinen Leisten“* bedeutet diesbezüglich auch, dass nicht jeder, der ein guter Schuhmacher ist, gleich ein Schuhfabrikant werden muss, damit er es „geschafft“ hat. Freilich ist gegen einen guten Schuhfabrikanten nichts einzuwenden. Doch es könnte sein, dass er sich, da ein Fabrikant nun einmal enorm viele Kunden braucht, den ökonomischen Zwängen einmal derart beugt, dass er gar kein guter Schuhmacher mehr ist, und zwar deshalb, weil er Dinge produziert, die zwar wie Schuhe aussehen, doch in Wahrheit, am Echten gemessen, bloß Attrappen sind. Was dann? Dann ist sein Erfolg zweifelhaft geworden, weil er sich nur mehr in Renditen und Gewinnauszahlungen zeigt. Freilich wollen wir hier nicht so tun, als ob eine Welt denkbar wäre, in der jeder seine handgenähten Goiserer und seine handgewalkten Filzhüte trägt. Doch je größer die Vielfalt und Qualität der Güter, desto reicher ist eine Gesellschaft. Dazu braucht es aber gute Handwerker, die im besten Fall im Wettstreit miteinander ihre besten Fähigkeiten spielen lassen, nicht bloß den einen oder anderen Fabrikanten, der uns alle mit Massenware versorgt. Im schlimmsten Fall verlieren alle: Die Produzenten verlieren ihre Fähigkeiten und die Kunden die guten Dinge. So war es in den schlimmsten Zeiten im ehemaligen Ostblock

Es gibt recht realistisch anmutende Zukunftsvisionen, die davon sprechen, dass die Menschen dereinst ihre Gegenstände, die sie zum täglichen Leben brauchen, annähernd kostenlos in den Computer laden werden, um sich diese dann in einer Maschine, die mit verschmelzbaren Plastik- und Metallkügelchen geladen ist, dreidimensional auszudrucken. Wem eine Gabel fehlt, der druckt sich eine aus. Wer eine Pfeife zum Rauchen braucht, holt sich eine Form aus dem Internet und lässt sie dann, wie durch Zauberhand, aus seiner Druckmaschine wachsen. Gerade dann wird die Sehnsucht nach den Originalen und Unikaten wachsen, die gute Meister und Meisterinnen zum Verkauf anbieten. Bei der Suche nach guten Vorlagen führt kein Weg an der alten Handwerkkunst vorbei. Den digitalen Gegenständen, die nicht mit der Leidenschaft und dem Stolz eines praktischen Künstlers – eben eines Handwerkers – geschaffen, sondern generiert und imitiert wurden, sieht man ihre Seelenlosigkeit an.

Vor Retortenprodukten braucht sich kein berufener Handwerker zu fürchten. Das ist keine ernsthafte Konkurrenz, sondern ein „Jausengegner", wie man im Alpenraum sagt.

Lederhosen und Gürtel werden manchmal noch handbestickt.

Im Alpenraum gibt es in so gut wie jeder handwerklichen Disziplin wahre Meister. Oft sind es Betriebe, die schon in dritter und vierter Generation erfolgreich geführt werden und die ihre Produkte nicht nur in ihrer Heimat anbieten, sondern in die ganze Welt verbreiten. Irgendwann einmal, wenn der Markt und der Bedarf nur klein genug sind, wie bei seltenen Musikinstrumenten, speziellen Stoffdruckverfahren oder Stickereien, ist man der letzte seiner Art und muss sehen, dass man Erben und Nachfolger hat. Sonst verliert sich das wertvolle Wissen wieder und muss später mühsam rekonstruiert werden. Doch es sind weniger bestimmte Verfahren, sondern die Geisteshaltung, die Beziehung zum Material, das Auge für Details und kluge Lösungen, die das Beste der alpinen Handwerkstradition darstellen. Gutes Handwerk ist stets auch Hirnwerk, ist innovativ und lösungsorientiert. Trotz zunehmender Automatisierung werden gerade heute in der modernen Unternehmenswelt die alten Weisheiten der Handwerkstradition wiederentdeckt: Der Vorrang des Designs vor Technik und Marketing als künstlerischer Anspruch, etwas wirklich gut und richtig zu machen, bevor man Ressourcen darauf verschwendet, sowie die flexible Fertigung von Kleinstserien, die sich hinter Begriffen wie „Lean manufacturing" und „Just-in-time production" verbirgt, sind zwei aktuelle Beispiele. Die Philosophie des Handwerks, die im Alpenraum aufgrund der Ressourcenknappheit und verdichteten Vielfalt besonders lebendig und innovativ ist, bietet sogar für das moderne Management wertvolle Inspiration.

Juli

„Eine Schwalbe macht noch keinen Sommer", sagt man, um sich und andere daran zu erinnern, dass dem ersten Anschein nicht zu trauen ist. Doch im Juli sind ausnahmslos alle Zugvögel im Alpenraum versammelt. Hingestreckt ins Gras oder am Waldrand sitzend, die nackten Füße in den kühlenden Bach getaucht, kann der Wanderer ihren Gesängen lauschen. Die österreichische Dichterin Marie von Ebner-Eschenbach beschreibt die akustischen Freuden des Sommers wie folgt:

Es steigt die junge Lerche frei
Empor gleich einem Jubelschrei
Im Wirbel ihrer Lieder.
Im nahen Holz der Kuckuck ruft,
Die Amsel segelt durch die Luft
Auf goldenem Gefieder.

Wenn die Hitze um die Mittagszeit allzu brütend wird, ergreifen die meisten von uns die Flucht in den Schatten. Abends, wenn sich besonders an den Flüssen und Seen Schwärme von Insekten breitmachen, hütet man besser das Haus oder verbirgt sich hinter feinmaschigen Netzen. Auch gießt der Sommer mit Blitz und Donner plötzliche Gewitter, die bis auf die Haut durchnässen, über uns aus. In der Folge steht alles unter Dampf, was die Vegetation antreibt, als ob die Welt ein Glashaus wäre. In den ausladenden Tälern kann man Gleitschirmflieger sehen, die bei gleißendem Abendsonnenlicht den warmen Aufwind nutzen und hoch oben ihre Runden ziehen. Die Murmeltiere, die in den höchsten Lagen ihre Baue graben, recken aufmerksam ihre Nasen und nehmen Witterung auf. Sie bemerken die Flieger über ihren Köpfen sehr wohl. Und scheint den possierlichen Tieren tatsächlich Gefahr zu drohen, verständigen sie sich in Sekundenschnelle und sind in ihrem Höhlenbau verschwunden.

Die Menschen des Alpenraums glaubten einst, dass Korngeister das Getreide zum Wachsen bringen.

Die bis in die späten Abendstunden hineinreichende Helligkeit und die laue Luft laden verführerisch dazu ein, *„den Herrgott einen lieben Mann sein zu lassen"*, wie man im Alpenraum sagt, und einfach gar nichts zu tun. Zudem macht die Hitze untertags jede Bewegung zur Anstrengung. Für die Bauern hingegen gilt es gerade jetzt, besonders viel zu arbeiten, das Heu auf den höher gelegenen Wiesen und Steilhängen zu ernten sowie das erste Getreide einzufahren. Wenn die letzten Ähren geschnitten sind – meist erst im August –, werden die Feldarbeiter festlich bewirtet. Von diesen „letzten Ähren" glaubten die Menschen im Alpenraum einst, sie beherbergten Korngeister, die dem Getreide innewohnen und es zum Wachsen bringen. Im Bauerngarten können schon die ersten Karotten und Erbsen, der liebliche Mangold und die roten Rüben geerntet werden. Auch erstes Obst kommt jetzt auf den Tisch: Kirschen, Äpfel, Zwetschgen und Stachelbeeren. Der Flachs zum Spinnen muss geerntet, ausgezogen und für die spätere Verarbeitung getrocknet werden. Für die Männer beginnt nun die Zeit, in der sie *„ins Holz"* gehen, wie man im Alpenraum sagt.

Sozialer Zyklus: **Draußensein**

Enzian gedeiht vorwiegend in den Alpen.

Im Sommer, wenn wir frühmorgens schon draußen sind, das herrliche Wetter reichlich nutzen, um in den Gärten und Wäldern nach dem Rechten zu sehen, treffen wir des Öfteren die Nachbarn. Meist heben sie freundlich die Hand oder lüften den Hut. Wer keine Eile hat, fragt nach dem Befinden oder beginnt ein Gespräch über das Wetter. *Plaudern* oder *ein Plauscherl machen,* nennt man das im Alpenraum, oder *ratschen* und *tratschen*. Man erfährt Neues, Tragisches, Erfreuliches, lacht und ärgert sich, sodass man dabei leicht die Zeit vergisst. Doch das macht nichts. Wir lernen unsere Nachbarn kennen und üben uns in der hohen Kunst, in gutem Einvernehmen mit ihnen zu leben. Nachbarn kann man sich in der Regel nicht aussuchen. Und an der Familie gemessen sind es Fremde. Doch das sollten sie nicht sein, gerade für jene nicht, die ihre Heimat lieben und tief mit ihr verwurzelt sind. Denn wer mit den Nachbarn verfeindet ist, dem wird auch die Heimat getrübt. Der hat nicht nur niemandem zum Plaudern, sondern im Ernstfall auch keine Hilfe in der Not. Wer nicht grüßen und plaudern mag – und die Alpenraumbewohner sind berüchtigt für ihre Mundfaulheit und mürrische Art, für ihre Streitlust und ihren Jähzorn – hat ein ernstes Problem.

„Beim Red'n kommen die Leut' z'samm", lehrt uns eine alte Weisheit. Dass die Leute zusammenkommen müssen, darin besteht kein Zweifel.

Im Alpenraum war das Überleben früher überhaupt nur durch Not- und Zweckgemeinschaften möglich, etwa beim gemeinsamen Bewirtschaften von Almen, Hutweiden und Wäldern oder beim Wiederaufbau nach Naturkatastrophen. Beim Viehtrieb, beim Pflügen und im Hinblick auf von Naturgewalten verursachte Schäden ist es sozial inakzeptabel, spontane gegenseitige Hilfe zu verwehren. Es gibt hier keine direkte Gegenleistung, sondern die

Steilhänge machen das Mähen mit der Sense erforderlich.

indirekte Gegenseitigkeit, auch selbst einmal auf diese Hilfe angewiesen zu sein. Der direkte Austausch von Arbeitsleistungen wird *Widerhilfe* genannt. Bei notwendigen schweren Tätigkeiten (Ernte, Hausbau), bei denen die ganze Dorfgemeinschaft mithilft, findet dies in Form der *Bittarbeit* statt, die von Festen umrahmt wird. Unter Nachbarn war es auch üblich, leichte Arbeiten wie Spinnen oder Nüsse knacken gemeinsam zu tätigen. Auch für Alte und Kranke wurde Bittarbeit geleistet.

In der Antike war es Aristoteles, der den Menschen als *zoon politikon* bezeichnete. Damit meinte er, dass sich menschliches Leben nur als ein Zusammenleben begreifen lässt. Der Mensch ist das Lebewesen, das Gemeinschaften bildet. Erst wer imstande ist, stabile Gemeinschaften zu bilden, wird seinem Wesen gerecht. Wer nicht, ist ärmer dran als ein Straßenköter. Stabilität, so Aristoteles, hängt vor allem an der Bevölkerungsstruktur. Gibt es einen starken Mittelstand mit nur wenigen Armen und Reichen, hat die Gemeinschaft die besten Voraussetzungen. Trotzdem sind die Menschen den Tieren unterlegen, weil erstere über die beste Form der Vergemeinschaftung erst nachdenken müssen – im Unterschied zu den Kaninchen und den Ameisen, die es immer schon gewusst haben. Im Tierreich gibt es keine langen Debatten, aus denen auch Unheil erwachsen kann. Es ist himmelschreiend, wie viel politische Verirrungen diese Welt schon erlebt hat. Aristoteles hatte ja nicht die geringste Ahnung, in welche Dimensionen sich das *zoon politikon* noch versteigen sollte. Aber bei einem war er sich sicher: dass durch gründliches Nachdenken politisches Unheil abgewendet werden kann. Ja, wenn nur mehr philosophiert werden würde! Doch heute können wir sagen: Es wurde schon ziemlich lange nachgedacht und auch philosophiert, zweieinhalb Jahrtausende lang, und außerhalb Europas sogar noch viel länger. Was dabei herausgekommen ist, ist zweifellos beachtlich, doch dass es dem Menschen dadurch gelungen wäre, sich verträglich und ohne Ausbeutung in friedlichen, überschaubaren Gemeinschaften zu versammeln, das kann man nicht behaupten. Das Nachdenken hat den Menschen nicht verändert. Offensichtlich hat dieses *zoon politikon* sein Wesen noch nicht erreicht. Ihm ist noch nicht der „*Knopf aufgegangen*“, wie es im Alpenraum heißt.

Weil die Menschen beim Reden zusammenkommen, sieht der österreichische Denker Leopold Kohr im Wirtshaus die erste politische Einrich-

Gasthöfe erkennt man häufig anhand der Schilder mit Zunftzeichen.

tung. Hier zeigt sich auch sogleich die Gefahr der Politik, wie Kohr so schön beschreibt: *„Wenn man nun aber ins Wirtshaus geht, beginnt man zuerst einmal zusammen zu essen, dann zu trinken, dann zu debattieren, dann zu singen, dann Dank zu sagen und zu beten und schließlich zu raufen, wenn man sich nach einem Extraglaserl gegenseitig auf die Füße zu steigen beginnt.“* Im Alpenraum ließ man früher den Zorn lieber gleich raus, als ihn politisch zu sammeln und zu organisieren. Der Alpenmensch kann nämlich äußerst aggressiv werden. Sein schon erwähnter Jähzorn kann sich zum *Viechszorn* steigern, wie man es in den Alpen so philosophisch klar bezeichnet. Diese unkontrollierbare Brutalität ist zwar für Ideologien schwer nutzbar, kann aber die Grundlage krankhafter Hysterie bilden. Einst gab es eigene Raufwerkzeuge, die schrecklich aussahen und im Einsatz sehr schmerzhaft, aber im Regelfall nicht tödlich waren. Nach dem Brauch der Landsknechte zeigte man mit nach vorne gerichteten Hahnenfedern auf dem Hut Rauflust an, mit nach hinten gerichteten Friedfertigkeit. Die Raufلustigen begaben sich auf die *„Bluatwiesn"*, wo sie sich schon mal blutig prügelten, bis die Luft raus war. Das mag zwar primitiv erscheinen, ist dem Wahnsinn organisierter Aggression, den die Moderne entwickelte, aber doch vorzuziehen. Der alpine Viechszorn ist nämlich individualistisch, kein kollektiver Wahn. Leopold Kohr beschreibt die typische Kriegsführung des alten Alpenraums: *„Der Herzog von Tirol erklärte dem Markgrafen von Bayern den Krieg, weil jemandes Pferd gestohlen worden war. Der Krieg dauerte zwei Wochen. Es gab einen Toten und sechs Verletzte. Ein Dorf wurde eingenommen, dabei der Wein getrunken, der im Keller des Gasthofes lagerte. Dann wurde Frieden geschlossen und die Summe von hundert Talern als Entschädigung gezahlt."*

Schön beschreibt auch Albrecht von Haller in seinem bereits erwähnten Alpengedicht die ungezähmte Staatsferne des naturnahen Lebens:

Denn hier, wo die Natur allein Gesetze gibet,
Umschließt kein harter Zwang der Liebe holdes Reich.
Was liebenswürdig ist, wird ohne Scheu geliebet,
Verdienst macht alles wert und Liebe macht es gleich.
Die Anmut wird hier auch in Armen schön gefunden,
Man wiegt die Gunst hier nicht für schwere Kisten hin,
Die Ehrsucht teilet nie, was Wert und Huld verbunden,
Die Staatssucht macht sich nicht zur Unglücks-Kupplerin:
Die Liebe brennt hier frei und scheut kein Donnerwetter,
Man liebet für sich selbst und nicht für seine Väter.

Menschlicher Gesetzgebung standen die Alpenbewohner stets skeptisch gegenüber. Einfach so, ohne Herkommen und Recht, neue Gesetze am Fließband zu produzieren, das löst keine Konflikte, sondern schafft immer neue. Die wahren Gesetze schreiben die Natur und die Tradition. Letztere hat dabei die Aufgabe, Konflikte, wenn sie einmal gelöst sind, nicht immer wieder neu aufkommen zu lassen. Wenn sich zwei Nachbarn endlich einig sind, sollen sich die Enkel nicht wieder in die Haare kriegen. Darum hält man so zäh an den alten Ordnungen und

Grund und Boden gelten im Alpenraum als heilig.

Überlieferungen fest. Recht ist in den Alpen Gewohnheitsrecht. Ohne solche Gewohnheiten kann die gemeinsame Nutzung von Almen und Wäldern über Generationen hinweg niemals gut gehen. Es gäbe ewigen Streit, erst recht unter den eigensinnigen Bergmenschen.

Drei Arten von Handlungen bedrohen die Friedensordnung: Verbrechen, Sünden und Frevel. Verbrechen schädigen den Nächsten, dringen in die Integritätssphäre anderer Familien ein. Das Versetzen von Grenzsteinen galt als besonders schweres Verbrechen, denn es ist feiger Diebstahl am Boden des Nächsten, seiner Lebensgrundlage. Dieser Boden gilt als heilig; daher kommt der typische Wunsch der Alpenbewohner, in ihrer Heimaterde begraben zu werden. Sünden untergraben die moralische Ordnung, sind aber nicht Gegenstand weltlicher Gerichte. Der katholische Philosoph Thomas von Aquin hatte bereits erkannt: *„multae utilitates impedirentur si omnia peccata stricte prohiberentur“* – viel Nützliches ginge verloren, wenn jede Sünde streng verfolgt würde. Diese durchaus weise „Doppelmoral“, welche die Sünde, aber nicht den Sünder hasst, ist im Alpenraum besonders tief verankert.

Frevel ist der verschwenderische und kurzsichtige Umgang mit den Mitmenschen, den Lebensgrundlagen und der Natur. Auch dieser wird nicht von Gerichten geahndet, sondern, so denkt man im Alpenraum, oft von der Natur und ihren Geistern selbst. Manche Mythen erzählen, dass das lebensfeindliche Eis der Alpen eine Strafe für

Im Alpenraum geben die Kühe den Ton an.

frühere Frevel wäre. Die Mythen sind voll von Strafen für solche Frevel: einmal ist es verwehrte Gastfreundschaft, in einer anderen Erzählung hatte der Sohn seine Mutter vom Hof gejagt. Gegen solches Fehlverhalten kann der Mensch wenig ausrichten; keine weltliche Strafe kann es ausmerzen, nur die innere Einsicht des Menschen in seine Abhängigkeit von den Mitmenschen und der Natur – darum sollen ihn die Überlieferungen immerzu daran erinnern.

Wenn die Alpenbewohner auch oft grob sind, so sind sie doch bei allem Zorn nur sehr selten tätlich. Wenn das Miteinander-Reden nicht mehr geht, kann man ja immer noch singen! Und wenn das Singen auch nicht gelingt, dann bleibt das Jodeln. Die Jodellehrerin Maria Nasswetter hat den schönen Spruch aufgezeichnet: *„Reden können wir nicht mehr miteinander, aber jodeln geht noch ...“.* Das Jodeln kommt vom Rufen, nicht vom Singen, und stellt somit eine Kommunikationsform dar. Sie diente einst der Kommunikation in den Bergen, auf den Almen, mit den Tieren – immerhin reagieren Tiere deutlich auf Jodeln. Das Jodeln entsteht durch einen schnellen Wechsel zwischen Kopf- und Bruststimme. Da es keinen eigentlichen Text oder Notenlesen erfordert, liegt die Aufmerksamkeit voll auf dem Ton. Das Jodeln hat einen deutlichen Vorteil gegenüber dem Plaudern: Es ist einfacher als jeder „Smalltalk". Wenn die anderen die Grundregeln beherrschen und einige Jodlerstücke kennen, so stiftet das Jodeln sogar direkt Gemeinschaft. Dabei wird die Grundstimme eines Jodlers angestimmt, worauf die anderen Stimmen an den dafür vorgesehenen Stellen einstimmen und folgen. Dazu ist ein Miteinander und aufmerksames Zuhören nötig, denn die folgenden Stimmen müssen sich in Harmonie, Rhythmus und Tonlage der Grundstimme anpassen.

Doch eben auch mit den Tieren wird im Alpenraum sehr melodisch kommuniziert. Der persönliche Umgang mit dem Vieh und dessen Führung sind großartige Schulen der nonverbalen Kommunikation.

> In jeder Region gibt es zudem unterschiedliche Rufworte, um das Vieh anzutreiben oder herzurufen.

In der Schweiz hat sich aus dem Zuruf an die Kühe sogar eine eigene Liedform entwickelt: der Kuhreihen. So geben im Alpenraum die Rinder den Ton an. Ihre Schellen sind die sanfte Hintergrundmusik, als Miniatur der lauteren Kirchenglocken. Auch den Rhythmus prägen sie. Der Schweizer Landwirt Martin Ott sieht durch die Kühe gar eine „Kuhphilosophie" begründet. Er schreibt: *„Wenn man mit Kühen geht, die alle rhythmisch ihre Glocken bewegen, kommt instinktiv die Lust, dazu eine Melodie zu singen, diesen wunderbaren lebensvollen Takt mit menschlicher Fantasie und Melodie aus vollem Herzen zu begleiten."* Der Rhythmus der Kuh ist ein langsamer und sonnenverbundener. Ihr Weiden lädt zum Verweilen ein – so erleichterten die Kühe den einst nomadischen Hirten die Sesshaftigkeit. Schon allein die Präsenz von Kühen führt zu spürbarer Entschleunigung und erhöht damit menschliches Wohlbefinden. Der Mensch, der mit Kühen lebt, wird durch ihre Fress-, Wiederkau- und Ruhezeiten geprägt, wodurch nach Ott eine seelische Einstimmung geschehe. Der Verdauungsrhythmus der Kühe endet schließlich im Kuhfladen, der harmlosen Falle auf Alpenpfaden, die sanft daran erinnert, am Boden der Tatsachen zu bleiben. Ott leitet eine philosophische Einsicht aus dem Studium der Kuhfladen ab: Beim „Scheißverhalten“ der Kühe ließen sich nämlich drei Gruppen unterscheiden. Manche Kühe scheißen mit nahezu vorhersehbarer Gleichmäßigkeit. Andere dagegen scheißen völlig chaotisch. Eine dritte Gruppe von Kühen scheißt „musikalisch“: im Grundmuster nach einem wiederkehrenden Rhythmus, aber flexibel und jeweils den Umständen angepasst. Diese dritte Gruppe umfasse stets die gesündesten Kühe. Auch dem Menschen ist diese Zwischenform zwischen Chaos und Ordnung am ehesten zuträglich: weder völlig planlos, noch gänzlich durchgeplant durch das Leben zu gehen, die Fäden des Schicksals vorsichtig verwebend, ohne allzu fest an ihnen zu reißen.

Kehren wir nochmals zum Plaudern zurück, das wieder gelingt, wenn die Menschen lange genug miteinander gejodelt haben und ihr Zorn verflogen ist. Das Plaudern bringt unter anderem mit sich, dass wir die Vorstellungen, Wünsche und Bedürfnisse unserer Nachbarn erst kennenlernen. Dabei entdecken wir, dass sie sich von den unseren gar nicht so wesentlich unterscheiden. Das hat etwas Beruhigendes und auch sehr Schönes. Denn nun haben wir Gleichgesinnte, mit denen sich nicht nur gut plaudern lässt, sondern mit denen auch gemeinsame Vorhaben verwirklicht werden können – Anliegen, die einen Einzelnen überfordern würden, für die es die Zusammenarbeit mehrerer Familien braucht, oft ganzer Dörfer, Täler oder Landstriche. Wer ist schon dazu imstande, Straßen, Brücken, Schulen oder Kirchen aus eigener Kraft in Schuss zu halten, geschweige denn zu errichten? Wer kann alleine große regionale Feste und Feierlichkeiten ausstatten oder gar die öffentliche Sicherheit und Ordnung garantieren? Auch wenn es immer wieder Fürsten, Mäzene oder Staaten gegeben hat, die dies alles im Alleingang oder durch Ausbeutung der Bevölkerung bewerkstelligen konnten, ist es doch nach wie vor die Aufgabe der Gemeinschaft, sich in diesen Dingen zu behaupten. Darin liegt ihre Freiheit, das wertvollste Gut des Menschen.

Richtig verstandene Politik leitet sich aus der Pflege nachbarschaftlicher Verhältnisse ab, und nicht aus großen Ideen, die man anderen *„ums Maul schmiert“* oder *„aufs Auge drückt“*, wie man im Alpenraum sagt. Mit den Nachbarn fängt alles an. Die *polis*, von der Aristoteles sprach, und von der sich das Wort Politik ableitet, ist die Gemeinschaft der Nachbarn, das

Dorf, der Landstrich oder die Stadt, keinesfalls das Volk, das Reich oder der Führer. Solche gigantischen Projekte bezeichnete man im alten Griechenland als *hybris*, als eine verhängnisvolle Selbstüberschätzung, die stets böse Folgen nach sich zieht, weil sie das Schicksal herausfordert. Richtig verstandene Politik bleibt bescheiden und kleinräumig, wahrt die Traditionen und macht *keinen großen Wind*. Im Idealfall wird sie von jenen betrieben, die bereits viel geplaudert haben und um die dringlichsten Aufgaben Bescheid wissen, die viele Leute gut kennen und wegen ihrer Tüchtigkeit beliebt sind. Das müssen nicht immer die klügsten Köpfe sein, wenn sie nur reinen Herzens und guten Willens sind. Klugheit ist in politischen Angelegenheiten immer recht gefährlich, weil man auf dumme Gedanken mit ihr kommt, während der Gutwillige und Treuherzige sich ganz in der Sache verliert, was heißt: für Gottes Lohn und Respekt in der Gemeinschaft einen Teil seiner Lebenszeit dienend hingibt. Das Wichtigste ist, der Gemeinschaft einen Dienst erweisen zu wollen und sie dabei weder zu belasten noch ihr zu schaden.

Beim Plaudern entdecken wir die Vorstellungen, Wünsche und Bedürfnisse unserer Nachbarn.

Vorherige Seite: Talschaften im Alpen- und Voralpenraum erlangten oft die Rechtsfreiheit.

WER VIEL GEPLAUDERT HAT, hat sich ein Bild gemacht; er kann in der Versammlung, im Rat oder einfach bloß am Wirtshaustisch seine Vorschläge unterbreiten. Oft zeichnen sich die Geeignetsten, die von der Gemeinschaft als ihre Beamten gewünscht werden, dadurch aus, dass sie sich um Ämter nicht sonderlich reißen, weil sie etwas Besseres zu tun haben, das heißt, weil ihnen das Amt nicht das ganze Leben bedeutet. Doch höhere Fähigkeiten ziehen auch höhere Verpflichtungen nach sich, wie eine alte Weisheit lehrt. Und so wird sich der Nachbar, wenn er guten Willens und treuen Herzens ist, vielleicht doch erweichen lassen, Obmann des Eisstockvereins oder gar Bürgermeister zu werden.

Seit dem 12. Jahrhundert sind im gesamten Alpen- und Voralpenraum – ausgehend von der Schweiz, in ganz Frankreich bis hin zu den Pyrenäen, vom Schwarzwald bis in die Steiermark und nach Südtirol – sogenannte *Talschaften* nachweisbar. In den Quellen werden die Begriffe *tal* (*vallis*) und *lant* synonym verwendet. Es waren ländliche Verbände in Gebirgsgegenden, bei denen es Talgemeindeversammlungen und Vorgesetzte für das Verwaltungs- und Gerichtswesen gab. Sie verfügten über wesentliche Hoheitsrechte, die in Talbüchern festgeschrieben waren, und erlangten dabei oft die Reichsfreiheit. Bereits früh galten diese Tal- und Berggemeinschaften, im Unterschied zu den europäischen Monarchien, als ein Modell der Freiheit. So lässt auch Friedrich Schiller in seiner *Braut von Messina* das Lob anstimmen:

Auf den Bergen ist Freiheit! Der Hauch der Grüfte
Steigt nicht hinauf in die reinen Lüfte;
Die Welt ist vollkommen überall,
Wo der Mensch nicht hinkommt mit seiner Qual.

Während in ganz Europa ein Netz von despotischen Flächenstaaten entstand, blieben die Täler weitgehend unabhängig – und sind es teilweise bis heute, so wie in der Schweiz. Der Schweizer Vordenker Robert Nef sieht hier eine besondere Kombination des anarchistischen „Prinzips Tell" mit dem kommunitaristischen „Prinzip Rütlibund". Der Schweizer Historiker Adolf Gasser sprach in diesem Zusammenhang von „Gemeindefreiheit", und warnte, dass Europa nur dann gerettet werden könne, wenn es sich auf dieses Grundprinzip besinne. Im Alpenraum hat sich eine besondere Form staatsfreier Gemeinschaftlichkeit entwickelt. In den totalitären Flächenstaaten gelten Staat und Gemeinschaft als dasselbe. Ein hoher Gemeinschaftsgrad bedeutet da meist völlige Gleichschaltung. Im Alpenraum hingegen hat sich eine ungewöhnliche Dichte und Vielfalt flexibler Gemeinschaftsformen entwickelt, die ohne Zwang auskommen. Neben der engeren Dorfgemeinschaft bestehen unzählige Zweckgemeinschaften. Ein typischer Alpenbauer in traditionellem Umfeld ist Mitglied bei zig Gemeinschaften: Weggenossenschaften, Almengenossenschaften, Leitungsgenossenschaften, Zuchtverbänden, Musikvereinen, Freiwilligen Feuerwehren und so weiter. Die Genossenschaften und Vereine bieten Gemeineigentum und gemeinschaftliche Entscheidungen, ohne dabei die Freiheit aufgeben zu müssen. Kaum irgendwo ist die gemeinsame Nutzung von Grund und Boden (Wald und Almen) so ausgeprägt wie im Alpenraum, und dennoch bilden der private Hof und der Stolz auf das Eigene den Kern alpiner Wirtschaftskultur. Daher wird die „Scholle" auch nicht ideologisch überhöht zu einem Blut-und-Boden-Kult, wie er nur in Flächenstaaten mit entwurzelten Massen gedeihen kann. Der Schweizer Volkskundler Richard Weiss schließt: *„Das ganze Gebiet alpiner Hirtenkultur von den französischen Alpen bis nach Tirol hat im Mittelalter politische Zusammenschlüsse der Bauern, ‚Eidgenossenschaften' hervorgebracht, denen aber weniger Erfolg und Dauerhaftigkeit beschieden war als der urschweizerischen. Die Naturnotwendigkeit der gemeinsamen Nutzung, Verwaltung und Verteidigung der Alpen und Allmenden zwang zum genossenschaftlichen Zusammenschluss, und dieser konnte eine Vorschule des politischen Zusammenschlusses im Kampf gegen die Feudalgewalten sein."*

Beim alpinen Freiheitsdrang hat wohl auch die Landschaft eine gehörige Rolle gespielt. Gebirgsgegenden schaffen meist deutlichere Identitäten. Jared Diamond weist in seinem Buch *Arm und Reich* darauf hin, dass große Höhenunterschiede und große Landschaftsvielfalt auf kleinem Raum die Entwicklung von Kulturen stark zu befördern scheinen.

Der Alpenraum ist ein Zentrum der Vielfalt, was sich schon alleine im unglaublichen Dialektreichtum zeigt. Vielfalt wiederum gebiert Freiheit und setzt Freiheit voraus.

In den flachen Ländern Nordosteuropas wie auch im Süden Italiens und Spaniens dominierten wenige Gutsherrn, die auf ihren oft gigantischen Latifundien Legionen von Landarbeitern beschäftigten, die zeitlebens von ihnen abhängig blieben und niemals lernten, auf eigenen Füßen zu stehen. In den Alpen hingegen waren die Acker- und Weideflächen immer schon kleinteiliger. Die vielen Kleinbauern standen im Wettbewerb miteinander und mussten sich gleichsam unternehmerisch behaupten. Hatten sie viele Kinder, so wurde das Erbe geteilt, sodass es für den Einzelnen bald nicht mehr zum Überleben reichte. Dies hatte zur Folge, dass viele ein Handwerk erlernten, sodass bald eine reichhaltige Gewerbekultur entstand. Dies erklärt auch den bis zum heutigen Tag beachtlichen Wohlstand des Alpenraums, die prachtvollen Bauwerke, die sich dort finden lassen, sowie den stark ausgeprägten Mittelstand, der auf Tradition große Stücke hält, weil er diese Welt schließlich mit eigenen Händen mitaufgebaut hat. Wer für sein Leben selbst verantwortlich ist, bewältigt seinen Alltag ganz anders als ein Arbeiter oder Angestellter. Proletarier gab es im Alpenraum kaum.

Frische Bauernkrapfen mit Marmelade werden bei Festen aufgetischt.

Der Wohlstand einer Region zeigt sich nicht bloß an den schmucken Häusern und einem gepflegten Landschaftsbild, sondern auch auf den Marktplätzen, die eine Art Werkschau der arbeitenden Menschen sind. Die Vielfalt und Qualität der Güter, die sich auf den Wochenmärkten finden lassen, ist gerade im Alpenraum beeindruckend. Besonders erfreulich ist die Begeisterung der oft noch jungen Produzenten, die ihre hervorragenden Lebensmittel und handwerklichen Erzeugnisse mit Liebe und Stolz präsentieren. Dabei geht es den wenigsten darum, bloß schnelles Geld damit zu machen, sondern sie sehen ihren Lebenssinn darin, den Menschen zu zeigen, was sie alles versäumen, wenn sie ihre Einkäufe nur in den Supermärkten und Großwarenlagern tätigen. Manche dieser jungen Leute sind ursprünglich Städter gewesen, sind aufs Land gezogen, haben Gründe und Betriebsobjekte erworben und alte Produktionstechniken erlernt, weil sie sich von der Handarbeit ein sinnvolles Leben versprachen. Ihnen ist Erfolg zu wünschen. Möge der Sinn stets bei ihnen bleiben. Zu gratulieren ist ihnen ebenso, weil sie der Stubenhockerei und dem Großraumbüro entkommen sind.

Die Wochenmärkte sind gerade in letzter Zeit zu kulinarischen Schatztruhen und Wunderkammern geworden. Offensichtlich wollen sich immer mehr Menschen dem Diktat der Supermärkte entziehen. Endlich weiß man wieder, wie ein Speck zu schmecken hat, und bemerkt, nachdem man ihn reichlich verkostet hat, dass das übliche Sodbrennen oder das lästige Magendrücken, das man von der Industrieware her kennt, ausbleibt. Brot und Butter schmecken plötzlich wieder so, wie es die Älteren unter uns noch aus ihrer Kindheit kennen. Fruchtsäfte haben ein liebliches Aroma, eine unverfälschte Farbe und keinen ätzenden Beigeschmack. Das Obst und Gemüse ist zwar kleiner und wirkt auf den ersten Blick auch nicht wie ein Model auf dem Laufsteg, dafür kann man es mit geschlossenen Augen am Geschmack erkennen. Und nachdem man einen Käse, der in seiner Schlichtheit im ersten Augenblick nach nicht viel zu schmecken scheint, erst einmal am Gaumen hat wirken lassen, fällt einem auf, dass bei der üblichen Billigware vom Käsearoma nur mehr der Salzgeschmack und ein wenig Sockenduft übrig bleibt.

„Was der Bauer nicht kennt, das frisst er nicht", verrät uns eine Weisheit der Alpen.

Wer sich diese Bauernweisheit zu Herzen nimmt, muss auf die bunten Packungen, aus denen wir unsere Mahlzeiten heute zubereiten, gänzlich verzichten. Was diese Packungen enthalten, darüber können wir uns kaum eine Vorstellung machen. Wenn die Bauern, denen wir vertrauen – alleine deshalb, weil sie mit ihrer Arbeit nicht wirklich reich werden können und daher gewissen Verführungen gar nicht ausgesetzt sind, weil sie ihre Kunden nächste Woche wiedersehen und von ihnen persönlich zur Rechenschaft gezogen werden würden – nicht in die Städte kommen würden, wären wir mit unserem Vorsatz dem sicheren Hungertod geweiht. Mittlerweile gibt es sogar Leute, die zwischen den Bauern und jenen Städtern, die gut essen und trinken wollen, vermitteln, indem sie in den Städten Bauernläden einrichten, das heißt, die Waren von einer Vielzahl kleiner Bauern beziehen und an die Kunden weitergeben. Einer dieser Läden befindet sich im Herzen von Wien, in der Schlösselgasse. Wer dort regelmäßig einkauft, hat nicht nur ein exquisites kulinarisches Leben, sondern wird überdies bemerken, dass er, über die Zeit gerechnet, nur unmerklich mehr Geld für Lebensmittel ausgibt als früher. Dies verwundert auf den ersten Blick, weil die Preise für gute Lebensmittel aus kleinen Familienbetrieben im Schnitt deutlich höher als die Preise der Supermärkte sind. Mit der Zeit beginnt man jedoch zu verstehen: Zum einen gibt es gewisse Dinge, die in Supermärkten sogar viel teurer sind als bei den Bauern. Zum anderen wirft man weniger von diesen guten Dingen weg. Nicht, weil sie länger haltbar wären, sondern weil man sich um diese Lebensmittel gleichsam bemüht, sich mit ihnen beschäftigt, sogar den einen oder anderen der Produzenten persönlich kennengelernt hat. Das verbindet und löst sparsames und ressourcenschonendes Verhalten aus: Man kauft sorgfältiger ein und isst auch unter Umständen weniger, weil die Nahrungsmittel einfach „mehr hergeben".

Die Heumilch sorgt für das besondere Aroma der Almbutter.

Neben den Wochenmärkten gibt es noch Handwerks- und Kunsthandwerksmärkte, Vieh- und Kleintiermärkte, Leistungsschauen und Fachmessen, die in ihrer Gesamtheit einen Großteil des Gepräges einer Region ausmachen. Jeder, der raschen Einblick in die Eigenheiten eines Landstrichs wünscht, ist gut beraten, neben den Friedhöfen und Kirchen auch einige der Märkte zu besuchen. Marktplätze waren immer schon Orte, an denen die Menschen zusammenkamen, auch um miteinander zu plaudern. Im Grunde ist der Marktplatz, so wie es bis heute im Orient üblich ist, der Inbegriff eines Treffpunkts, das Zentrum öffentlichen Lebens, gleichermaßen geeignet für Jung und Alt, Arm und Reich. Deswegen hat der gute Sokrates, der bis heute der Inbegriff und das Urbild eines Philosophen ist, auch ausschließlich am Marktplatz philosophiert, weil

dort die Menschen und das Leben waren, weil dort Öffentlichkeit erst entstand und weil Philosophie Öffentlichkeit braucht, wenn sie wirksam sein will. Jedenfalls ist ein Marktplatz der denkbar beste Ort, um Menschen kennenzulernen, ein Ort der Geselligkeit, an dem man sich mit einem Glas Wein niederlassen kann, um über *„Gott und die Welt“* zu plaudern, wie man im Alpenraum sagt. Neuigkeiten werden ausgetauscht. Gerüchte verbreiten sich in Windeseile – schneller als einem lieb ist. Der Marktplatz ist wie eine Zeitung, nur ist alles real zum Anfassen, man hat die Themen vor Ort und die handelnden Personen leibhaftig vor sich. Was dort besprochen wird, hat Bezug zu konkreten Dingen, zu Verträgen, zu Geschäften, zu Personen, die man persönlich kennt. Wenn man am Marktplatz war, diese Zeitung gelesen hat, konnte man mitreden. Bei dem, was wir heute Zeitung oder die Medien nennen, glaubt man bei Dingen mitreden zu können, die man weder gesehen hat noch persönlich kennt. Dafür ist man auch nicht am Marktplatz gewesen. Man war überhaupt nirgends, sondern bloß in Gedanken versunken.

Doch es gibt sie noch, die echten Marktplätze und auch die großen Volksfeste – und sie werden immer populärer. Die Menschen beginnen sich offensichtlich immer weniger für ihre Heimat zu genieren. Besonders die Jüngeren tragen in einer Ungeniertheit Dirndl und Lederhosen, als ob nichts gewesen wäre. Daraus lässt sich der Schluss ziehen, dass der jüngeren Generation tatsächlich etwas gelungen ist, um das sich die ältere Generation seit Jahrzehnten vergeblich bemüht hat, nämlich die politische Vergangenheit „zu bewältigen“. Was auch immer das im Konkreten bedeuten mag, eines heißt es mit Sicherheit nicht: dass damit ein politischer Gedanke verbunden gewesen wäre. Viel eher ist es ein Prozess des tatsächlichen Vergessens und Verdrängens, weil man sich der Ver-

gangenheit weder wiedererinnern noch Anteil an ihr nehmen will. Man kann es auch gar nicht mehr. Der emotionale Bezug ist zerbrochen. Die Jugend hat im Alpenraum zu diesem Thema nichts mehr zu sagen. Und sie will auch nichts mehr davon hören. Das hat viel Gutes. Und fürchten braucht man sich schon gar nicht. Es ist ja nicht so, dass jetzt alle Nazis geworden wären. Freilich ist es eine Rückkehr zur politischen Naivität, aber im besten Sinne: dass man sich aus Politik ganz generell nichts mehr macht. *Stell dir vor, es gibt Wahlen, und keiner geht hin.* Es kann gut sein, dass der Alptraum der Politiker bald wahr werden wird. Was den Politikern in den Städten ein Alptraum ist, könnte jedoch für die Alpenraumbewohner sein Gutes

Der Marktplatz ist der denkbar beste Ort, um Menschen kennenzulernen.

haben. Vielleicht gibt es bald wieder Talgemeinschaften, die sich ihre eigenen Regeln geben, und die Tributpflicht an die Städte verweigern. In diesem Fall haben die Politiker Pech gehabt und werden unehrenhaft ins Großraumbüro entlassen. Den Speck werden ihnen die Bauern schon bringen. Aber schenken werden sie ihn ihnen nicht.

Feste gab es im Alpenraum stets reichlich und es gibt sie bis heute: Volksfeste, Jahrmärkte, kirchliche Hochfeste, Hochzeiten und Begräbnisse, wenn man denn letztere ebenso zu den Festen zählen will. Alle haben sie gemeinsam, dass es sich um Gelegenheiten handelt, sich einer begrenzten oder unbegrenzten Öffentlichkeit zu stellen und mit dieser in regen Austausch zu treten. Gelegenheiten zum Plaudern gibt es bei Festen ohne Ende. Demnach haben sie auch eminent politischen Charakter, wenn man „politisch" richtig versteht, nämlich als die erweiterte Pflege nachbarschaftlicher und freundschaftlicher Verhältnisse. Wenn die Rede davon ist, dass die Festkultur im Alpenraum wieder an Qualität gewinnt, wenn wahr ist, dass die Menschen, so wie sie wieder mehr Wert auf gutes Essen, traditionelle Kleidung und Volksmusik, auch wieder mehr Wert auf gesellschaftliche Zusammenkünfte legen, wäre die These vom psychischen Verfall vor den Bildschirmen widerlegt. Die Welt wird nicht autistischer, sondern womöglich bricht eine Zeit der *neuen Geselligkeit* an, bei welcher der Bildschirm bloß als untergeordnetes Werkzeug dient.

Dass die Geselligkeit im Alpenraum im 20. Jahrhunderts schon bedrohlich im Schwinden war, beweisen die Erinnerungen des Salzburger Philosophen Leopold Kohr: *„Zu den Verlusten, die wir erlitten haben, gehört der Verlust der Gemeinschaft oder, konkreter gesagt, das Verschwinden des traditionellen Dorfes und damit einhergehend das Schrumpfen der Großfamilie. Wir fühlen uns nicht mehr zu Hause, und das Gefühl, beschützt zu sein, ist uns genommen worden. Die einst wichtige Rolle der Religion ist verblasst, und das bedeutet, dass wir kaum noch ein Gefühl haben für den Zweck oder den Sinn des Lebens und für lebendige Werte, die eine höhere Ordnung repräsentieren. Das bedeutet aber auch, dass die Fülle von Ornamenten und Ausschmückungen, die unser Leben in vergangenen Zeiten reicher und farbenprächtiger gemacht haben, verschwunden ist. Zusammen mit vielem anderen sind fast alle Rituale aus unserem täglichen Leben verschwunden. Weihnachten ist zu einem Einkaufsmarathon verkommen.*

Ich selbst empfinde das Verschwinden der Rituale besonders stark, denn in dem österreichischen Bergdorf, in dem ich aufgewachsen bin, dauerte ein Begräbnis, an dem im Übrigen das ganze Dorf teilnahm, drei Tage, und die Weihnachtszeit erstreckte sich über gute sechs Wochen." Die Bedeutung der Feste lässt sich in einer Welt, die von künstlichem Licht und maschineller Rundumversorgung angetrieben wird, kaum nachempfinden. Im Alpenraum hing das Überleben vom Lauf der Jahreszeiten ab. Diese existenzielle Erfahrung drückte sich im Feiern jenes natürlichen Zyklus aus, das die Grundlage der meisten Feste darstellt. Die Feste und Bräuche nehmen diesem Ablauf ihren Schrecken und binden ihn in ein lebendiges Kunstwerk ein. Letztlich geht es um ein Feiern des Lebens, des Überlebens, eine Bekräftigung der Lebensfreude und ein Stiften von Schönheit, ohne die das Leben in der rauen Welt der Alpen gänzlich unmöglich wäre.

Ist die Wiederentdeckung der Feste und Rituale bloß ein nostalgisches Phänomen? Ist es Heimweh nach Struktur in einer Zeit, die immer mehr chaotische Umbrüche nach sich zieht? Was bewirken Rituale und Bräuche? Was geben sie den Menschen? Pater Anselm Grün gibt Antworten auf diese Fragen und fasst sie in zwölf Punkten zusammen: „*Sie sind ein Spiel. Sie sind zweckfrei. – Sie feiern unser Leben, weil es wert ist, gefeiert zu werden. – Sie zeichnen sich durch Phantasie und Kreativität aus. – Sie sind Ausdruck der menschlichen Freiheit. Sie führen zur Erfahrung innerer Freiheit. – Sie sind wichtig, um die eigene Identität zu entdecken. Wer seine Identität entdeckt hat, hat Lust am Leben. – Sie schaffen einen Raum der Stille. Sie sind Unterbrechungen des Alltags. – Sie atmen einen Hauch von Schönheit und Ästhetik. – Sie stiften Ordnung im Chaos unserer Welt. – Sie verbinden die Menschen miteinander. – Sie haben heilende Wirkung. – Sie stiften Sinn.*"

August

Immer noch ist Erntezeit, mehr denn je. Schon zu Monatsbeginn werden Weizen, Gerste und Hafer geschnitten. Die kahlen Stoppelfelder und großen Strohballen zeigen stolz den Ernteerfolg an. War die Ernte gut, so sind die Vorratsspeicher wieder angefüllt und sichern die Versorgung in den langen Wintermonaten. Auch in den Bauerngärten gibt es viel zu tun: Feldsalat, Kopfsalat und Wirsing, das Wintergemüse, werden gesät. Im August können bereits die ersten Erdäpfel ausgegraben werden. Auch Lauch, Zwiebeln, Sommerkohl, Hülsenfrüchte, Äpfel und Birnen stehen zur Ernte bereit.

Hoch oben wird das heitere Blau des Himmels von den Schlieren der Düsenflieger durchzogen. Die kleinen Bergseen sieht man am schönsten von der Luft aus. Dann zeigen sie sich in der reinsten Farbe des Azurits, auch in Grünblau bis hin zu einem edlen Saphirton. Schimmernde Spiegelungen bewegen sich auf dem Wasser, das leicht von sanften Luftschauern erzittert. Ist es windstill, so ist die Wasseroberfläche derart glatt, dass das an ihr gespiegelte Bergpanorama wie ein Originalbild anmutet. *„Hoch oben in den Bergen/ Da liegt ein schwarzer See/ Umhaust von Elfen und Zwergen/ Und kalt wie Gletscherschnee"*, dichtet Max Haushofer und klagt zugleich um eine verlorene Liebe. Eisig kalt ist es in diesen Gewässern, selbst bei Sommerhitze. Und es findet sich kaum Leben in ihnen. Wenn es Fische oder Krebse gibt, so bleiben sie winzig klein. Empfindsame Gemüter können hier das Mystische erleben, das man der Natur so gerne nachsagt. Das könnten sie aber genauso gut unten im Tal, an den Rändern der Flussläufe, wenn sie die rund- und blankgewaschenen Kieselsteine ins Wasser tauchten und zusähen, wie mit einem Schlag leuchtend marmorierte Oberflächen entstehen, wunderschön und in allen Farben. Wer ein Auge dafür hat, dem liegen die Wunder auf Schritt und Tritt zu Füßen.

Die Hitze des Augusts bringt es mit sich, dass die kleineren Bäche völlig austrocknen. Auf den Lichtungen und Almen des Hochlands, die zuneh-

mend staubig werden, ragen von der Sonne versengte Äste empor, die seltsame Schattenfiguren auf den Boden werfen. Mit den Bewegungen des Lichts, das den Wolken folgt, verschwinden diese Bilder wieder, und neue entstehen, um ebenso rasch und für immer zu vergehen. Wer dieses Schauspiel sieht, der weiß, dass es einzigartig ist, als hätten Sonne, Wolken, Wind und Sträucher sich zu einem Ensemble zusammengetan, nur, um eine einmalige Aufführung für einen einzigen Besucher zu geben.

Arnika aus den Alpen besitzt besondere Heilkräfte.

Am 15. August feiern die Christen *Mariä Himmelfahrt*. Von diesem Tag an bis zum 9. September sollen gepflückte Blüten und geerntete Kräuter ganz besondere Heilkräfte besitzen. In Büscheln zusammengefasst, schützen diese Kräuter auch vor Blitz und Hagel, wie alte Überlieferungen berichten. Der Volksmund gab dieser Zeitspanne den Namen „Fraudreißiger". Am Bartholomäustag, dem 24. August, auch *Barthel* genannt, galt der Sommer früher als beendigt: *„Zu Barthelmei ist der Sommer vorbei"*. Immer noch hält sich die Wärme im Boden und bestrahlt uns bei nächtlichen Spaziergängen. Und dann verabschiedet er sich, der Sommer, mal mit tosenden Gewittern, mal ganz sanft mit nachsichtiger Wärme.

Herbst

Lebenszyklus: **Reife**

„In der Natur heißt Vollendung einfach Reife". Dieser Satz wird Aristoteles zugeschrieben. Was ist die Vollendung eines Apfelbaums? Dass er blüht und reichlich Früchte trägt. Was ist die Vollendung eines Menschen? Folgt man Aristoteles, so muss das, was für die Natur gilt, auch für den Menschen gelten. Freilich gibt es beim Menschen mehr Diversität, das heißt im Vergleich zum Apfelbaum mehr Möglichkeiten des Blühens und Früchte-Tragens. Doch unterm Strich betrachtet geht es auch beim Menschen um nichts anderes: Wie bei den Apfelbäumen sehen wir solche Menschen als gelungen, reif geworden oder vollendet an, die zur Blüte gekommen sind und in der Folge etwas aufzuweisen haben: Werke, Taten oder Leistungen, die uns als Früchte gelten.

Vorherige Seite: Wie bei den Apfelbäumen sehen wir jene Menschen als vollendet an, die etwas aufzuweisen haben.

Mit dieser Vorstellung verbunden ist die Frage nach dem Sinn des Lebens. Von dieser Frage nehmen die meisten Menschen an, dass sie in das Gebiet der Philosophie fällt, ja sogar die Hauptfrage der Philosophie ist. Doch die Philosophie kann diese Frage nicht beantworten. Es ist ihr nicht möglich, den Sinn, den Wert oder die Bedeutung des Lebens zu ermessen und abschließend zu bestimmen. Diese Hürde kann das menschliche Denken aus technischen bzw. logischen Gründen nicht nehmen. Kein Denken wie auch kein realer Mensch kann eine Position einnehmen, die außerhalb des Lebens stünde, in der es möglich wäre, das Leben als Ganzes zu überblicken und einer objektiven Beurteilung zu unterziehen, die ja die Voraussetzung dafür ist, die Frage nach dem Sinn des Ganzen zu beantworten. Das Denken ist selbst Teil des Lebens – wollte es zu einer Erklärung des Lebens ansetzen, müsste es sich mithilfe seiner selbst erklären, was ein logischer Zirkelschluss ist. Zum Leben gehört die gesamte Natur, also alles, was lebt. Auch die Steine, Mineralien und Elemente, das Wasser und die Luft, die selbst nicht lebendig sind, gehören zum Leben, weil ohne sie kein Leben möglich ist. Das Leben ist schlichtweg alles, was der Fall ist, alles, was existiert. Sich über alles, was es gibt, ein gehöriges Urteil zu bilden, ist eine Aufgabe, welche die menschlichen Möglichkeiten übersteigt. Jeder Philosoph, der hier meint, Antworten zu haben, begibt sich auf Glatteis und muss in der strengen Debatte scheitern.

Darüber hinaus ist die Frage nach dem Sinn des Lebens auch unsinnig, nämlich dann, wenn man sich eine allgemeingültige Antwort erwartet. Denn wenn es einem Menschen auch gelänge, diese Frage zu beantworten – etwa wenn er plötzlich Gott werden würde bzw. telepathisch dessen Standpunkt einnehmen könnte – dann bliebe seine Antwort subjektiv und wäre nur für ihn selbst gültig, und nicht auch gleichzeitig für alle anderen Wesen, die sich diese Frage stellen. Sinn ist eine subjektive Zuschreibung, die man an die Dinge und Sachverhalte heranträgt. Was für den einen sinnvoll ist, muss für den anderen noch lange nicht sinnvoll sein. Wenn mehrere Götter über den Sinn des Lebens philosophieren würden, wären sie mit Sicherheit nicht einer Meinung – außer sie wären ein und dieselbe Person, die in verschiedenartiger Gestalt gleichzeitig

Die Frage nach dem Sinn des Lebens ist unsinnig, wenn man eine allgemeingültige Antwort erwartet.

auftritt. Dann wäre es aber ein Selbstgespräch und keine philosophische Debatte mehr.

Doch abgesehen davon, dass das Denken an dieser Frage notwendig scheitert, müssen wir uns fragen, welche Menschen sich diese Frage überhaupt stellen. Wer fragt nach dem Sinn des Lebens? Oder anders: In welchen Situationen taucht die Frage nach dem Sinn des Lebens auf? Folgt man dem Philosophen Friedrich Nietzsche, so werden jene Menschen, die diese Frage stellen, keineswegs von ihrem philosophischen Erkenntniswillen angetrieben. Vielmehr ist diese Frage ein Symptom, ein Hinweis. Wer sich diese Frage stellt, so Nietzsche, hat kein philosophisches, sondern ein psychisches Problem. Einem psychisch intakten Menschen stellt sich diese Frage nicht. Sie ist stets Ausdruck einer Krise, dass man *„an etwas kiefelt“*, wie man im Alpenraum sagt.

„Kiefeln" kann man an vielem im Leben, keine Frage. Aber woran „kiefelt" man am meisten? Was ist das Bitterste, das man im Leben eventuell verkraften muss, die schwerste Niederlage, die man erleiden kann? Die Antwort ist: dass man gar nicht oder nicht genügend zur Blüte gekommen ist oder gar keine oder nur unreife oder unbrauchbare Früchte produziert hat. Das ist wirklich bitter. Und in diesem Fall drängt sich die Frage nach dem Sinn des Lebens geradezu auf, aber deshalb, weil man ihn verloren hat. Der dänische Philosoph Sören Kierkegaard bringt dieses „Kiefeln" des Menschen auf den Punkt, indem er es mithilfe eines Bibelzitats in seiner äußersten Radikalität, nämlich vom menschlichen Ende, vom Tod her denkt: *„Die Ungewissheit besteht in jedem Augenblick, das Ungewiss-Sein, wann der Hieb fällt – und der Baum. Wenn er aber gefallen ist, so ist es entschieden, ob der Baum gute Frucht gebracht oder faule Frucht."*

Früchte tragen kann der Mensch viele. Es gibt fruchtbare Menschen in großer Zahl. Sie haben insgesamt so viele unterschiedliche und auch wohlschmeckende Früchte hervorgebracht, dass es müßig wäre, diese Früchte alle aufzuzählen. Außerdem wollen wir jetzt nicht vom Penizillin sprechen oder von Waschmaschinen, von Theaterstücken oder kunstvoll gezimmerten Holzhäusern, sondern von dem, was dem Menschen unmittelbar gegeben ist und seinem natürlichen Verhalten am nächsten liegt. Wenn wir bei unserem Apfelbaum-Beispiel bleiben, so liegt es in Analogie zu den Äpfeln nahe, Kinder als die natürlichen Früchte des Menschen zu bezeichnen. Sie sind dem Menschen gleichsam in die Wiege gelegt. Sie entsprechen am klarsten seiner Natur wie seinen natürlichen Verhaltensweisen. Und mit ihnen reiht sich der Mensch ein in die Kette der Lebewesen, die, ganz gleich, ob Pflanze oder Tier, auch allesamt nichts anderes tun, als dass sie ihr Leben der Vermehrung und dem Nachwuchs widmen.

Somit wäre auch die Frage nach dem Sinn des Lebens beantwortet, oder besser: Sie stellt sich erst gar nicht. So wie ein zur Reife gekommener Apfelbaum trägt auch ein reif gewordener Mensch Früchte. Er bekommt Nachwuchs. Aber nicht, weil er über den Sinn des Lebens philosophiert hätte. *„Wer lang fragt, geht lang irr"*, lautet eine Weisheit der Alpen. Wer hier endlos abwägt, alle Vor- und Nachteile durchdenkt, alle Eventu-

Kinder zu bekommen, hat viel mit dem Sinn des Lebens zu tun.

alitäten vorwegnehmen will und seine Ängste und Zweifel ins Spiel bringt, kommt auf keinen grünen Zweig. Wer hingegen der Konvention folgt, übt Verhaltensweisen, die sich wie ein roter Faden durch alles Leben ziehen, ja im Grunde *das* Kennzeichen allen Lebens sind. Jeder Bauer, dessen Vieh sich nicht mehr vermehrt, macht sich große Sorgen und holt den Tierarzt. Noch größere Sorgen muss er sich machen, wenn er selbst keinen Nachwuchs hat. Wem soll er seinen Hof übergeben, wenn er einmal alt ist? Wer führt die Arbeit fort, die Jahr für Jahr getan werden muss, um alles in Schuss zu halten? Dasselbe gilt auch für die Handwerker. Wer soll den Betrieb einmal übernehmen? Wofür plagt man sich und baut etwas auf, wenn man es dann niemandem vertrauensvoll in die Hände legen kann? Das sind Fragen, die vielen Menschen, die keine Kinder haben, auf dem Herzen liegen. Und sie haben viel mit dem Sinn des Lebens zu tun, der so ins Wanken kommt.

Im Unterschied zu den Tieren und Pflanzen steht es den Menschen freilich frei, auf Nachwuchs zu verzichten. Abgesehen von körperlichen Gebrechen sowie Ängsten und Neurosen, die das Kinderkriegen unmöglich machen und für sich genommen eine Tragödie sind, kann es sein, dass man schlichtweg nicht den passenden Partner findet oder einfach zu wählerisch ist. Inwiefern man hier von einem Verzicht sprechen kann, ist allerdings fraglich.

Echter Verzicht besteht darin, dass man das Kinderkriegen zugunsten von etwas anderem, das man höher bewertet, hintanstellt, um sich diesem voll und ganz widmen zu können.

Diesen Gedanken findet man vor allem unter Mönchen und Nonnen, im Schulwesen, aber ebenso in der Mystik sowie bei den Wissenschaftlern, Philosophen und Künstlern, freilich mit ganz unterschiedlichen Stoßrichtungen und Schwerpunkten. Bei den Mönchen und Nonnen äußert sich der Gedanke im Zölibat. Im Schulwesen war es bis vor 80 Jahren im Alpenraum noch üblich, dass Lehrerinnen nicht heiraten durften. Wenn sie ein Kind bekamen, wurden sie entlassen. Man glaubte damals zu wissen, dass eine Frau sich nicht hinreichend auf eine Schulklasse konzentrieren könne, wenn sie selbst Kinder hat – was die heutige Praxis natürlich widerlegt. In der Mystik ist es die extreme Lebensweise, meist eine Weltflucht und Versenkung, die den Verzicht auf Nachwuchs nach sich zieht und rechtfertigt. Bei den Wissenschaftlern und Philosophen ist es die erhöhte Konzentration, die für die Arbeit unbedingt notwendig ist, woraus sich bei manchen von ihnen ein Junggesellenleben mit Hauspersonal ergibt. Hier ist vor allem Kinderlosigkeit und nicht geschlechtliche Enthaltsamkeit gemeint. Bei den Künstlern ist es oft eine anders geartete Ästhetik, die ihnen die Muse und nicht die Ehefrau als Ideal vorhält, woraus sich eine Art lebenslange Promiskuität bzw. Offenheit ergibt, die auch Kinderlosigkeit nach sich ziehen kann. Jedenfalls ist es so, dass die genannten Personengruppen, wenn sie in ihren Berufungen nicht scheitern, durchaus nicht in eine Lebenskrise geraten, wenn sie keine Früchte in Form von Kindern produzieren. Sie haben andere Früchte vorzuweisen. Die quälende Frage nach dem Sinn des Lebens trifft nur jene, die keine Kinder bekommen konnten oder beim Zeugen von Kindern zu zögerlich waren und gleichzeitig keine anderen Werke vorzuweisen haben, die imstande sind, den Verlust oder Verzicht zu rechtfertigen.

Wenn ein Mensch ins Alter der Reife gelangt – und hier ist die Bandbreite sehr groß; dies kann im Extremfall mit 14 Jahren oder auch niemals der Fall sein –, so merkt er es daran, dass man ihm Respekt entgegenbringt. Respekt ist ein Mittelding zwischen Liebe und Furcht. Die Liebe äußert sich in Bewunderung und Dankbarkeit, die Furcht in einer Furcht vor Kritik und Entzug des Wohlwollens. Es ist ein Zustand der Schwebe, in dem derjenige, der respektiert werden will, sich diesen Respekt ständig erwirtschaften muss. Auf dem Spiel stehen hier nicht bloß sein Wissen und seine Werke und Taten, sondern auch sein Charakter, das heißt seine Lebensführung und seine Moral. Respekt, der nicht nur aus Furcht oder blinder Liebe entsteht, tritt niemals spontan auf, sondern muss sich entwickeln, das heißt, sich in der Zeit bewähren. Hat er sich bewährt, muss er laufend durch Worte und vor allem Taten am Leben erhalten werden, kann jedoch bei großen Verfehlungen sehr schnell wieder zugrunde gehen. Furcht alleine ist für den Respekt zu wenig, da diese bei grob ungerechtem oder amoralischem Verhalten sehr schnell in Hass umschlagen kann. Liebe alleine ist ebenso zu wenig, vor allem, wenn sie blind ist und sich in ei-

ner naiven Jüngerschaft äußert. Da kann es leicht sein, dass die Jünger aus ihren Träumen erwachen und denjenigen, der um ihren Respekt buhlt, in die Wüste schicken. Um dieses fragile Gebilde, das wir Respekt nennen, am Leben zu erhalten, ist eine gewisse Reife unabdingbar. Und eins ist gewiss: Es kann nie genug Leute geben, die wir respektieren. Je mehr es sind, umso besser. So haben wir nämlich Vorbilder, an denen wir uns orientieren können. Und wenn wir Vorbilder haben und tüchtig sind, werden wir auch bald zu jenen gehören, die man respektiert.

Ohne Respekt vor der Natur wird es gefährlich.

Ein Zeichen der Reife ist ebenso, wenn der Mensch Verantwortung übernimmt, zuerst für sich selbst und sein eigenes Leben, und dann auch für andere Menschen und Dinge. Das Urbild der Verantwortung ist die Familie und insbesondere das Kind. Bis zu dessen Volljährigkeit in einem

Die Bewohner des Alpenraums haben wenig Lust auf Märtyrertum.

strikten Sinn und im höheren Alter dann in moralischer Hinsicht sind wir für unsere Kinder verantwortlich. Wenn wir es sind, können uns die Kinder vertrauen. Und haben sie Vertrauen in ihre Eltern, dann werden sie in der Regel auch Vertrauen ins Leben haben, was enorm wichtig für die jungen Leute ist. Verantwortung für die Familie bedeutet ebenso, Güter und Voraussetzungen bereitzustellen, damit es eine hinreichende

Wohnmöglichkeit und genügend zu essen gibt, was aber nicht heißt, dass materielle Armut mit Verantwortungslosigkeit einhergeht. Dies ist am ehesten noch im proletarischen, nicht jedoch im bäuerlichen und handwerklichen Milieu der Fall, das im zentralen Alpenraum vorherrscht und das maßgebliche ist.

Das Wichtigste bei der Verantwortung ist jedoch die Liebe, die das eigentliche Band der Familie ist. Ohne Liebe wird Verantwortung zur reinen Pflicht und damit zur Last, die dann nur widerwillig oder gar nicht getragen wird. Dies gilt nicht bloß für die Familie, sondern auch für den Hof, die Werkstatt oder den Betrieb. Wer seine Arbeit nicht liebt und seinen Mitarbeitern keine Wertschätzung entgegenbringen kann, der kann auch keine Verantwortung übernehmen. Dabei darf nicht vergessen werden, dass man prinzipiell nur für diejenigen Verantwortung übernehmen muss, die nicht für sich selbst Verantwortung übernehmen können. Das sind vor allem einmal die Kinder sowie die Kranken und Gebrechlichen, und in weitere Folge dann auch Menschen in Krisen oder gescheiterte Existenzen, die jedoch liebenswürdig und hilfreich genug sind, dass man sich ihrer annimmt. Alle anderen, das heißt alle zurechnungsfähigen, mündigen und geistig orientierten Erwachsenen sind für sich selbst verantwortlich, sodass niemand für sie Verantwortung übernehmen muss.

Die neumodische Sitte, zu meinen, dass der Staat für all jene, die ein Problem oder bloß Wünsche haben, verantwortlich sein soll, bringt den Begriff zu Recht in Verruf. Der Staat liebt niemanden. Er lebt vom Geld anderer Leute, das er ihnen unter Androhung von Gewalt Monat für Monat abknöpft. Das allein macht ihn verdächtig. Dass es dann so aussieht, als ob er Verantwortung übernehmen würde, etwa indem er Menschen finanzielle Zuwendungen zukommen lässt, ist blanke Berechnung, sonst nichts. Hier geht es um Wählerstimmen und damit um politische Macht. Und es entsteht ein Heer von Menschen, die von diesem Geldhahn abhängig sind und die es mit der Zeit verlernen, Verantwortung für sich selbst zu übernehmen. Wer jemanden Verantwortung lehren will, kann dies nicht dadurch tun, dass er ihm die Verantwortung abnimmt. Das ist ein *„Schuss ins Knie"*, wie man im Alpenraum sagt.

Ist der Alpenmensch einmal ordentlich durchpolitisiert, schluckt er seinen subversiven und störrischen Charakter herunter. Dabei erhält sein Grant eine politische Färbung. Er fängt an zu nörgeln, zu sudern, hat aber wenig Lust auf Märtyrertum. Die Alpenbewohner sind zwar alles andere als feige, aber für Ideen riskieren sie nicht gerne ihre Köpfe. So tritt insbesondere im Alpenraum der schizophrene Typus des unwilligen Mitläufers auf. Auch viele Österreicher, die den Nationalsozialismus eigentlich verachteten, wurden aus Pragmatismus zu Mittätern. Die typische Devise überliefert der österreichische Historiker Erik von Kühnelt-Leddihn: *„Wenn's halt wollen, heb' ich's Pratzerl!"*

Doch das *Sudern* hat eben auch eine positive Seite. Zwar ist es das nötige Ventil für eine *gschamige* Untertanenmentalität, doch immerhin gibt es ein solches Ventil. Es schützt die Menschen davor, an die politischen Illusionen, die sie untertänig mittragen, auch tatsächlich und von ganzem Herzen zu glauben – so bewahren sie sich zumindest ein wenig Freiheit in ihrem Herzen, wenn sie diese schon im Leben abgeben. Der Grant des Untertanen hat etwas zutiefst Subversives, er stellt gewissermaßen ein grollendes Gewissen der Machthaber dar. Die Angst, die es erzeugt, mildert ein wenig die Angst der Untertanen vor der Obrigkeit. Wie heißt es so schön: Nicht die Menschen sollten Angst vor ihrer Regierung haben, sondern die Regierung Angst vor den Menschen. Der österreichische Satiriker Karl Kraus hat dem Nörgler im positiven Sinne, als kritischem Gewissen der Macht, ein literarisches Denkmal errichtet. In den *Letzten Tagen der Menschheit*, einem Werk der für Wien so typischen „heiteren Apokalypse", entgegnet ein Nörgler einem vermeintlichen

Optimisten, der sich in der besten aller Welten wähnt und die Machthaber seiner Zeit in Schutz nimmt: *„Der Optimist: Aber bedenken Sie, er ist doch nicht verantwortlich – Der Nörgler: Nein, nur wir sind es, die es ermöglicht haben, dass solche Buben nicht verantwortlich sind für ihr Spiel. Wir sind es, dass wir in einer Welt zu atmen ertragen haben, welche Kriege führt, für die sie niemanden verantwortlich machen kann. Verantwortlich für das einzige, was wirklich verantwortet werden muss: die Verfügung über Leben, Gesundheit, Freiheit, Ehre, Besitz und Glück des Nebenmenschen. Größere Kretins als unsere Staatsmänner sind doch – Der Optimist: – die unserer Feinde? Der Nörgler: Nein, wir selbst. […] Was die Staatsmänner der Feinde betrifft, so können sie nicht dümmer sein als die unseren, weil es das in der Natur nicht gibt. Der Optimist: An den unseren lässt sich allerdings die Wahrnehmung machen – Der Nörgler: – dass wir uns die Kriege ersparen würden, wenn wir sie an die Front schickten […]. [Die Spartaner …] setzten ihre Kretins […] aus, während wir sie an die Spitze des Staats und auf die verantwortlichen diplomatischen Posten stellen."*

Im Herbst des Lebens wird man sich der Grenzen bewusst.

Die nörgelnde Grundhaltung wird manchmal als Konservatismus gescholten, dabei ist es bloß Mangel an naiver Fortschrittsgläubigkeit.

Im Alpenraum hofft man auf Wunder, aber nicht auf dauernde Unabhängigkeit von den Gesetzmäßigkeiten der Natur.

Allzu große Versprechen werden als „faustisch“ bezweifelt, nach der tragischen Gestalt von Goethe, der selbst seinen „Zufluchtsort“ in den Schweizer Alpen suchte. Den großen Reden gegenüber sind die Menschen zu Recht skeptisch und sehen auf das Handeln:

Er (der Mensch, der kleine Gott der Welt)
nennt's Vernunft und braucht's allein,
nur tierischer als jedes Tier zu sein. (Faust I)

So überrascht es nicht, dass am Rande des Alpenraums auch die Österreichische Schule der Ökonomik entstand, die sich von allen unrealistischen Annahmen lösen möchte. Als einzig wissenschaftliche Grundlage bleibt das tatsächliche Handeln der Menschen, das sich beobachten lässt – die „demonstrierten Präferenzen“. Die „ausgedrückten Präferenzen“ jedoch, das, was die Menschen den lieben langen Tag so von sich geben, wird der Psychologie überantwortet. Die Reden entsprechen eben selten dem Handeln. Im Alpenraum spricht man vom *Hättiwari* und meint die allgegenwärtigen Konjunktive und das Gerede von „man sollte“ und „man müsste“.

Im Herbst des Lebens wird man sich der Grenzen bewusst. Man hat gelernt, dass das Handeln viel schwieriger ist als das Reden. Daher kommt dann auch die Wortkargheit der Alpenbewohner. Die Philosophie des Alpenraums ist still, eher tiefe Bedächtigkeit und leises Summen als laute Ansprachen. Die Alpen sind ein natürliches Grenzgebiet, in dem die Begrenztheit des Menschen alltägliche Erfahrung ist. Daraus erklärt sich nach Hans Haid auch die „konservative“ Grundtendenz, die freilich mit einem ideologischen Konservatismus gar nichts zu tun hat: *„Durch ihre ausgeprägte Abhängigkeit von einer drohenden, gefährlichen Natur haben sie es auch verstanden, diese Natur schrittweise mit Erfindungsgabe, List und Zähigkeit für sich zu gewinnen. Nicht ohne Vertrauen auf überirdische Kräfte, auf Götter, Heilige und Mächtige über ihnen. Kaum eine Lebensweise ist so abhängig und zugleich so ausgeliefert wie die in den Bergregionen. Deswegen hat sich dort eine eigentümliche Arbeits- und Überlebenstechnik entwickelt. Deswegen galten jahrhundertelange Erfahrung und Erprobung mehr als Technikgläubigkeit. Deswegen sind sie im ureigenen Sinn des Wortes konservativ geblieben. Sie mussten es notgedrungen bleiben, weil sie ihre Ausgesetztheit in den Bergen, ihr kleines Stück Wissen, Acker und Besitz bewahren müssen.“* Ohne das bewahrende Element ist ein Besiedeln der Alpen undenkbar. Aufgegebene Siedlungen holt sich die Natur sofort zurück.

Die Grenzen haben im Alpenraum etwas Organisches, sind keine Diktate von Linealen und Ideen. Anderswo trennen die Grenzen die Menschen, im Alpenraum hingegen vereinen die Grenzen. An den Grenzen kommen die Menschen zusammen, sie teilen sie sich und bemühen sich gemeinsam um ihren Erhalt. Grenzen stiften Nachbarschaft. Zäune und Wege sind Ordnungsversuche, Arbeiten der Landschaftspflege, die meist genossenschaftlich erfolgen. Weil man sich die Nachbarn nicht beliebig ausgewählt hat, ist die Nachbarschaft eine Schule des Sich-Vertragens, des Friedens. Völlig selbstgewählte Gemeinschaften halten kaum länger als eine Generation, darum eigneten sie sich weniger zur Besiedlung des Alpenraums. Diese Besiedlung war ein generationenübergreifendes Abstecken von Grenzen, das sich der Grenze mit viel Respekt nähert und sich behutsam an sie schmiegt.

An der Grenze tritt man sich auf Augenhöhe gegenüber. Je höher in den Alpen, desto weniger herrschen höfische Formen vor und desto schneller duzt man sich. Der Gruß *„Servus“* drückt dieses Gegenüber auf Augenhöhe besonders gut aus: Er setzt das Du-Wort voraus, doch tut er dies mit einem Wort des Respekts: Keine Sorge, ich duze dich nicht, weil ich mich zum Herren über dich aufschwinge. Ich bin dir zu Diensten! Es ist aber kein untertäniger Dienst, sondern ein gemeinsamer, an den

Grenzen, welche die Natur absteckt – eben ein Dienst auf Augenhöhe. Dienst ist Ausdruck von Verantwortung, des Sich-verantwortlich-Fühlens. Dienst stiftet Gemeinschaft, aber nicht Gleichheit, sondern geschichtete Vielfalt.

Die alpinen Gemeinschaften sind nicht egalitär. Der Egalitarismus als Ideologie kann im naturnahen Leben nicht aufkommen. Der Alpenraum bietet nicht die *tabula rasa*, die leere, beliebig beschreibbare Tafel des anonymen Großstadtlebens. Lebt man in einem Alpendorf, so muss man auch damit leben, dass die Mitmenschen die eigenen Vorfahren und Verwandten kennen und ständig vergleichen. Die Verschiedenheit der menschlichen Veranlagungen, ihre teilweise Erblichkeit, aber auch die verblüffende Bandbreite menschlicher Entwicklung ist unmittelbare Lebenserfahrung, die man nicht einfach wegdozieren kann, so unangenehm das auch sein mag.

Wer der Familie entkommen will oder muss, geht in ein Kloster oder versucht sich gar als Einsiedler. Eine Einsiedelei kann später selbst wieder zum Kern eines Klosters werden. Bei der Einsiedelei des Heiligen Gallus, eines irischen Mönchs und Alpenmissionars, nach dem das Schweizer St. Gallen benannt ist, gründete 719 der Alemanne Otmar ein Benediktiner-Kloster. Die Alpen und ihre Wälder zogen stets Eremiten an. Diese sind meist Sonderlinge, oft stille Philosophen. Diese Eremiten sind wahrscheinlich der reale Hintergrund vieler Alpenmythen, die sich um seltsame Wesen in Menschengestalt drehen, die sehr scheu, aber wissend und weise sind. Da ist die Rede von Wildmännern, Wildfrauen, in Tirol von Holledirnen und in Kärnten von den Saligen. Geheimnisvolle Helferinnen dieser Art finden sich in Erzählungen des gesamten Alpenraums.

In den Bergen sieht man das Alleinsein als nötige Voraussetzung der Weisheit an. Neue Einsichten entstehen selten im engen Beieinander, denn dort herrscht das Gruppendenken vor, die Last der Gewohnheit und Gefälligkeit. Die enge Gemeinschaft mit ihrer ständigen Überwachung lässt kaum Raum für Querdenker und Neuerungen, für Zweifel und Muße. Viele Mythen beziehen sich daher auf geheimes Wissen, das sich fern der Gemeinschaft an den stillen Orten finden lässt. Einer dieser stillen Orte

ist die Alm, die den Menschen ein vorübergehendes Einsiedlerdasein erlaubte. Hans Haid, auf dessen Beobachtungen und Gedanken die folgenden Absätze beruhen, schildert, wie dort die Menschen hadernd und eigensinnig mit den überirdischen Kräften ringen: *„Das prägt den Menschen, wie er in der Einsamkeit auf der Bergmahd oder in der Alm zum Sinnieren beginnt. Es sind die vielen unbekannt gebliebenen Denker und Philosophen, denen wir viel von der Großartigkeit dieser alpinen Kultur verdanken.“* Die Hirtenkultur bringt nach Haid Querdenker und Rebellen hervor.

Eremiten sind stille Philosophen, die sich aus der Gesellschaft zurückgezogen haben.

Die Alm gilt als Ort der Freiheit, die als Kontrast zur oft als „knechtisch“ angesehenen Arbeit auf dem Feld dient. Auf die Alm geht man nicht, um zu arbeiten (wiewohl es viel Arbeit ist), sondern um durch Freiheit und Härte stark zu werden. Mit Romantik hat es wenig zu tun, auch die Not treibt eigentlich nicht auf die Höhen. *„Rechnen tut es sich nicht“*, aber das Almgras hat eigene Qualitäten, die sich die Alpenbewohner zu eigen machen wollen. Die Almvegetation zeichnet sich durch intensiveren Energieumsatz aus, aufgrund der intensiveren Sonneneinstrahlung in

Die Heumilch macht den Almkäse reichhaltiger.

der dünneren Luft. Der Milchertrag ist niedriger, aber die Bergmilch ist reichhaltiger: Sie enthält etwa 30 Prozent mehr Fett.

Die Technik der Käseherstellung wird in den Mythen stets auf die Eingebungen eigenwilliger, scheuer Bergfrauen und Bergmännlein zurückgeführt. Ein Beispiel für die Rolle der weisen Helferinnen auf den Almen ist das Lied *Sontga Margriata,* das sich auf die Heilige Margaretha bezieht – die Schutzpatronin der Bauern, Jungfrauen und Schwangeren. Als Mann verkleidet arbeitet sie sieben Sommer lang auf einer Alm. Eines Tages stolpert sie und ein Hirtenbub erblickt ihren Busen. „Das muss unser Senne wissen, welch glückselig Maid wir besitzen!", ruft er aus. Sontga Margriata aber will dem Senn gegenüber unerkannt bleiben. Sie ahnt, dass die Weisheit von einsamen Männern auf der Alm durch allzu dringliche Bedürfnisse bedroht ist. Eine andere Erzählung deutet deren geheime Vergnügungen an – *„auf der Alm gibt's ka Sünd!"* In dieser Sage vom „Sennentuntschi" bauen sich Sennen aus Holz und Stofffetzen eine Puppe, um sich mit ihr zu vergnügen. Wenn man 16 Stunden am Tag harte Arbeit leisten muss, kann einem schon einmal solch ein Käse einfallen. Doch der *„Tittilog", „Toggel"* oder *„Tunsch"* – wie man im Alpenraum sagt – wird lebendig und bestraft die Strolche.

Sontga Margriata also macht dem Hirtenbuben allerlei Versprechen, damit er ihr Geheimnis bewahre: *„Und wenn der Senne es nicht muss wissen, so will ich drei schöne Hemden dir geben, die weißer werden, je mehr du sie bestäubst."* Doch der Bursche bleibt stur: *„Das will ich nicht, das nehm' ich nicht, das muss unser Senne wissen, welch glückselige Maid wir besitzen."* Sie verspricht ihm die schönsten Dinge der bäuerlichen Welt: Schafe und Kühe, die endlos Wolle und Milch geben, Ackerland, doch nichts kann ihn davon abhalten, das Geheimnis auszuplaudern. Dann schwindet der fruchtbare Geist vor der Unreife der Hirten und Sennen, und die Alm geht zugrunde:

Und wenn der Senne es wissen muss,
Dann sollst du drei Klafter versinken.
Dann scheidet die heilige Margreth schnell
Und bietet ringsum Lebewohl.
Leb wohl, du mein guter Senne!
Lebe wohl, du mein Alpkessel,
Lebe wohl, du mein Butterfass,
Lebe wohl, du mein kleiner Herd,
Allwo ich die Schlafstatt hatte,
– Warum tatest du das, guter Hirtenknabe?
– Lebt wohl, meine guten Kühe.
Euch wird die Milch vertrocknen,
Ach, lebe wohl, lebe wohl ringsumher!
Weiß Gott, wann ich einmal wiederkehr!

Die Geister des Alpenraums zeichnen sich meist durch einen eigenen Willen aus. Sie helfen den Menschen nur, wenn es ihnen gefällt. Beobachtet werden wollen sie dabei nicht. Die Magie des Alpenraums entzieht sich den Menschen. In den Erzählungen wird jedes menschliche Nutzen dieser Magie bestraft – wenn der Mensch den Geistern seinen Willen aufzwingen will. Diese Sehnsucht nach von Menschen vollbrachten Wundern, so schildern die Mythen, birgt stets die Gefahr in sich, böse Energien zu entfesseln. Goethe kam die Eingebung zu seinem *Faust* wohl auf seinen Wanderungen durch die Alpen. Die Mythen warnen die Menschen vor einer Entzauberung und Verzweckung der Welt. Der Schweizer

Psychologe C.G. Jung bestätigt diese Warnungen und sieht verheerende Folgen der Vertreibung der Geister und Fabelwesen aus der Natur: *„Das Ergebnis dieses Prozesses ist die allmähliche Auflösung der Projektion und die Zurückziehung der projizierten Inhalte in die menschliche Psyche. Was es also früher draußen an spukhaftem Gelichter gab, das hat sich jetzt in die Seele des Menschen gesetzt, und indem wir die ‚reine' das heißt entseelte Natur bewundern, geben wir* nolens volens *ihren Dämonen Herberge [...].“*

Die magische Perspektive ist im Alpenraum kein religiöser Glaube an Magie, sondern ein Erleben. Daher stand sie auch nicht im Widerspruch zur Religion. Der Schweizer Historiker Anselm Zurfluh beschreibt diese Weltsicht so: *„Körper und Seele sind eine untrennbare Einheit. Die Welt verändert sich ständig, Objekte, Menschen, Tiere wandeln sich unvorhergesehen. Der Mensch schafft durch seine Gegenwart einen gewissen Halt, der sich aber durch den kleinsten Frevel auflösen kann.“*

Die Geister des Alpenraums sind auf Tuchfühlung mit den Menschen. Sie dienen gewissermaßen als kommunizierende Gefäße ihrer Seelen.

Wenn die Seelen an den Ärgernissen und Unglücken, an den Härten und Überraschungen der Welt überzulaufen drohen, nehmen die Naturdämonen als Projektionsflächen den Druck auf. Einigen Erzählungen zufolge liegt es in der Natur dieser mystischen Wesen, sich von den Gefühlen und Emotionen der Menschen zu ernähren, von ihren Ängsten und Alpträumen, von ihren Begierden und ihrer Wut, aber auch von ihrem Glück, ihrer Liebe und ihrer Energie.

Die Weisheit der Mythen des Alpenraums ist schwer zugänglich. Die Erzählungen haben selten ein Happy End oder überhaupt einen klaren Abschluss mit irgendeinem Ergebnis oder einer Moral. So sind selbst die Mythen – so paradox es klingt – von einer realistischen Philosophie getra-

gen, bei der einem oft das Gruseln kommen kann. Sie lesen sich wie reale Träume, die Bilder schlummernder Vernunft, nicht wie die falschen, konstruierten Träume der „Fantasy“, in denen sich die Vernunft eine Scheinwelt schafft. Die reale Welt entzieht sich unserem Willen. Wenn ein Mensch im Kampf gegen die Naturgewalten abrutscht und sein Ende findet, wovon die zahlreichen Marterln zeugen, mit denen die Alpen übersät sind, so kann man lange mit dem Schicksal hadern, Schuldige suchen, Gott beschimpfen, immer wieder die Gedanken um „Rekonstruktionen“ des Geschehens kreisen lassen – oder man trägt es mit der Reife und Abgebrühtheit des Alpenraums, schreibt den Fehltritt einem Teufelchen zu und verträgt sich wieder mit der Welt. Die Erzählungen des Alpenraums sind nichts für Kinder, sie sind die – oft düsteren – Ahnungen reifer Seelen.

Geheimnisvolle Sagen und Mythen sind oft zum Gruseln.

Im Herbst des Lebens sollte man mit sich selbst und der Welt versöhnt sein. Die Ernte des Lebens, der Erfolg unserer Bemühungen, ist stets von einem Geheimnis getragen, das wir nie ganz lüften können. Kein Wissen der Welt verbürgt den Erfolg; und wenn wir allzu viel mit dem Schicksal hadern, es durch Vielwisserei und präzise Pläne hintergehen wollen, entgleitet uns sein dünner Faden zwischen den Fingern.

September

Die Ernte ist nahezu eingebracht. Bleibt zu hoffen, dass weder Ratten noch Mäuse sich an ihr vergreifen. Eine letzte Heuernte gibt es noch. Der getrocknete Flachs wird zur „Röste“ auf die Wiesen und Stoppelfelder gebreitet. Jetzt ist es auch Zeit, den Winterroggen auszusäen. In den Bauerngärten kann man weiterhin nach Erdäpfeln und Karotten graben. Die Holunderbeeren – „der Holler“ – sind endlich reif und glänzen schwarz von den Bäumen. Äpfel gibt es noch zu ernten, und vor allem Birnen, die sich zusammen mit dem Holler hervorragend einkochen lassen. War das Jahr gut und ertragreich, so beginnt jetzt die schönste Zeit: all die Kisten, die Kammern und Scheunen, die Gruben und Keller, alle Tiegel, Töpfe und Fässer sind randvoll mit Futter für die Tiere und Vorräten für die Menschen. Das ist eine große Freude. Auch das Vieh kommt jetzt von den Almen zurück.

Wenn die Kühe von der Alm ins Tal getrieben werden, ist das ganze Dorf auf den Beinen.

In der Steiermark erfolgt der feierliche Almabtrieb zumeist um St. Michaeli, den 29. September. Unter den charakteristischen Muh-Rufen und dem Geräusch ihrer trappelnden Klauen ziehen die prächtig geschmückten Milchkühe von den Almen hinab ins Tal, begleitet von in feiner Tracht gekleideten Menschen. Laut ertönt dabei die große Glocke am Hals der „Glockkuh“. An St. Michaeli wird im Obersteirischen bis zum heutigen Tag auch der Anfang des Winters gefeiert. *„Bringt St. Michaeli Regen, kannst du gleich den Pelz anlegen“*, lautet eine alte Wetterregel.

Im Herbst ist es von alters her üblich, sich für die Gaben der Erde zu bedanken. Gegen Ende September, oftmals aber im Oktober, manchmal auch erst im November werden die Erntedankfeste begangen. Schon bei den Germanen ging die Erntezeit mit Opferzeremonien zu Ende. Feuer werden entzündet, Tiere geschlachtet und ein symbolischer Anteil der Erdfrüchte wird verbrannt. Bis auf den heutigen Tag werden in den Kirchen Erntedankmessen gelesen, Lebensmittel gesegnet und auf den

Für den Kopfschmuck der Kühe werden gerne Seidenblumen verwendet.

Hauptplätzen Festmärkte abgehalten, bei denen es lustig zugeht und die Musik spielt.

Für Albert Camus war der Herbst *„ein zweiter Frühling, wo jedes Blatt zur Blüte wird"*. Und in der Tat: Die bunten Blätter versammeln sich in den Baumkronen zu riesigen Blüten. Alles hat leuchtend satte Farben angenommen. Die bewaldeten Hügel der auslaufenden Alpen zeigen ihre prächtigsten Farben – von Zartgelb über Tieforange und Blutrot bis hin zu einem hellen, bald schon welken Braun. Die Grünnuancen halten sich noch lange dazwischen, als würden manche Bäume nicht einsehen wollen, dass es an der Zeit ist. Schwammerln tummeln sich im Unterholz und um dicke, gewundene Baumstämme. Dem findigen Pilzsammler ist vielleicht ein Hexenkessel voller Steinpilze gegönnt. Doch viel schöner noch leuchten die roten, weiß betupften Fliegenpilze. Eingekocht in süße Milch, die man früher in Schälchen gegossen und auf die Fensterbretter gestellt hat, ergeben sie tödliche Fliegenfallen.

Wirtschaftszyklus: **Ernte**

Die Ernte ist der Lohn der Arbeit, ihr letzter Sinn und Zweck. Damit ist sie auch der Grund dafür, warum Menschen überhaupt arbeiten. Niemand würde wohl den Boden beackern oder Bäumchen und Reben setzen, sie das Jahr über hegen und pflegen, ja seine ganze Liebe in sie setzen, wenn da nicht die Aussicht bestünde, in überschaubarer Zeit eine Ernte einzufahren. Die Ernte ist, viel mehr noch als die Jagd, der Inbegriff des strebenden Bemühens. Sie ist der Ausdruck davon, dass die Menschen es über die Jahrtausende hinweg gelernt haben, ihr Vagabundenleben aufzugeben, sich niederzulassen und ihre Zukunft ortsgebunden zu gestalten. Der Eintrittspreis in dieses Leben ist die Arbeit; der Gewinn hingegen, wenn alles gut geht, ein voller Magen, bei guter Vorratshaltung sogar über Monate hinweg. Wäre da nicht dieses Streben nach Sicherheit oder die Angst vor dem Hungertod gewesen, hätten die Menschen sich wohl niemals zivilisiert. Der Mensch ist das Tier, das arbeitet, oder besser: *arbeiten muss*, weil er sein tierisches Schicksal – die Ungewissheit – nicht mehr erträgt. Die Erkenntnis, dass die Zukunft zwar ungewiss ist, aber gestaltet werden kann, ist der entscheidende Moment: die Fähigkeit, im Unterschied zu den Tieren, sich eine Zukunft auch *ausmalen* zu können. Dadurch kommt die Angst ins Spiel, die in ihrer reinsten Form die Angst vor der Zukunft, vor dem Ungewissen ist. Diese bleibt dem Tier unbekannt, weil es nur Furcht vor dem Konkreten kennt. Es ist letztlich das Denken, die Gabe, sich etwas vorzustellen, die den Menschen durch die Nebel seiner Ängste treibt und damit zur Bewältigung seiner Zukunft, das heißt zur Arbeit zwingt.

Im Herbst bedankt man sich für die Gaben der Erde

Folgt man dem Alten Testament, der berühmten Passage aus der Genesis, in der von Adam und Eva berichtet wird, so war es in der Tat das Denken – das Essen vom *Baum der Erkenntnis* –, das die Vertreibung aus dem Paradies und damit den Beginn der Arbeit markiert. Dieses Denken hatte zur Folge, dass die Menschen sich ihrer selbst bewusst wurden. Sie erkannten nicht nur, dass sie nackt waren, und wurden von ihren Ängsten gebeutelt, sondern sie konnten sich nun alles ausmalen, was sie wollten. Sie wurden frei für diese Welt. Somit wäre ihnen auch ohne den Fluch ihres zürnenden Gottes – *„Im Schweiße deines Angesichts sollst du dein Brot essen!“* – nichts anderes übrig geblieben, als mit der Arbeit zu beginnen. Wie hätten sie das, was sie sich nun vorstellen konnten, denn auch anders erreichen können? Und wer hätte ihnen dabei geholfen? Den Fluch hätte Gott sich durchaus sparen können.

Zukunft lässt sich nicht anders als durch Arbeit gestalten. Jene, die nicht bloß einen Job, sondern eine Aufgabe im Leben haben, sind keineswegs verflucht, auch wenn sie sich plagen und manchmal recht verzweifelt sind. Wer seiner Berufung folgt, entwickelt mit der Zeit viel Freude. Wer die Früchte seiner Arbeit wachsen sieht, wischt sich den Schweiß von der Stirn und arbeitet weiter. Und wer dann eine Ernte einzufahren hat, wird mit ausreichend Gütern versorgt, sodass auch die Angst zu schwinden beginnt und sich ein Wohlgefühl der Zufriedenheit über die Seele legt. Das Warten und die Hoffnung haben sich gelohnt. Da ist die Freude groß. Deswegen werden nach der Ernte auch so viele Feste gefeiert.

Die Ernte ist der Höhepunkt der Arbeit. Rasch müssen die reifen Früchte geborgen, verarbeitet und gelagert werden, damit nichts verdirbt. Zu früheren Zeiten halfen alle mit. Anders ließ sich die viele Arbeit auch nicht bewältigen. Nach der Kraut- und Rübenernte im Unterinntal in Tirol etwa wurden die Krauthäupl sowie die gewaschenen und geputzten Rüben zusammengetragen und gemeinsam gehackt, bis in die späte Nacht hinein. Die Nachbarn brachten ihre Messer mit und hackten gemeinsam im Takt, bis alles kurz und klein war. Der Kraut- und Rübensaft, der dabei anfiel, wurde aufgefangen, mit Hefe versetzt und zu Schnaps gebrannt, der als hervorragende Medizin für Bauchleiden galt. Das Kleingehackte wurde in Fässern, Bottichen oder Gruben zu Sauergemüse vergoren. So hatte man den Winter über bis ins Frühjahr hinein vitaminreiche Vorräte, die der Gesundheit sehr zuträglich waren. War die Ernte ein Erfolg, so hatte jede Familie eine gut gefüllte Krautgrube. Aus dem Kraut ließ sich jederzeit, in Kombination mit einem Stück Fleisch, eine hervorragende Mahlzeit zubereiten. Fleisch war zu früheren Zeiten durchaus ein Ausdruck von Reichtum.

An den vielen Lebensmitteln und Gütern, die sich in den Gruben und Kellern, Kästen und Scheunen, den Truhen und Fässern befanden, und besonders an den Viehherden und Stallungen, den gepflegten Wiesen, Äckern, Wäldern, Wegen und Zäunen, ließ sich der Reichtum einer Familie deutlich erkennen.

Was ist Erfolg? Wenn man in einer stillen Stunde freudig bemerkt, welche Ziele man bereits erreicht hat, und sich erinnert, in welcher Situation man noch vor ein paar Jahren war. Wenn man sich auch einmal zurücklehnen und entspannen kann, weil man seine Sache gut gemacht hat und keine Sorgen haben muss. Was würde uns denn der Erfolg auch nützen, wenn wir uns niemals zufriedengeben würden? Und doch ist es so, dass wir niemals erfolgreich geworden wären, wenn wir keine Ziele gehabt und bloß in den Tag hinein gelebt hätten. Auch in diesen Dingen gilt es, das rechte Maß zu finden. Gerade erfolgreiche Menschen sind oft Getriebene, die wie gepeitschte Pferde den Karren ihrer Wünsche und Hoffnungen ziehen, bis ihnen der Schaum vor dem Mund steht. Vor allem in den Städten, in denen ein Konkurrenzkampf unter den Besten tobt, der sie frühzeitig ernst, alt und hart werden lässt, ihnen jede Kindlichkeit und Unbefangenheit raubt und nur mehr die Berechnung übrig lässt, gehen die Menschen in vielerlei Hinsicht zugrunde. Die Karriere, das unentwegte Laufen und Betteln, lässt ausgebrannte Leute zurück, die außer für die Arbeit, zu der

sie sich notgedrungen noch aufraffen können, zu nichts mehr zu gebrauchen sind. Dieses fahrige Gehabe, der ewig schweifende Blick, der nichts mehr fokussieren kann, keine Gegenwart mehr kennt, sondern bloß in der Vergangenheit und in der Zukunft sein Unwesen treibt, bloß bei den Meinungen der Menschen ist, denen man es recht machen will oder die man zu übervorteilen gedenkt, ist kein schöner Anblick.

In dieser Gefahr befinden sich vor allem jene Leute, die nur einen „Job" haben. Einen Job zu haben heißt, sich des Geldes wegen Zwecken hinzugeben, die für einen selbst keine tiefere Bedeutung haben. Solche Menschen gibt es heute auch im Alpenraum in allen Einkommensklassen und in einer Menge, die für alle anderen, die einer Berufung folgen, zur Bedrohung wird. Warum? Weil jene, die sich mit Geld abspeisen lassen, sehr leicht zu lenken sind, und dadurch eine Politik verursachen, die jenen, die einer Berufung folgen, ungemein schadet. Diese Politik besteht darin, das Geld als Steuerungsinstrument zu missbrauchen, um damit das menschliche Verhalten zu manipulieren. Dadurch werden immer mehr Menschen von dem Geld, das man ihnen in immer höheren Dosen verabreicht, abhängig. Sie können sich gar nicht mehr vorstellen, was es bedeutet, aus freien Stücken am eigenen Grund und Boden oder in der eigenen Werkstatt Dinge zu tun, die ihnen wirklich Freude bereiten und sie mit tiefem Sinn erfüllen. Die anderen hingegen, die dies alles tagtäglich tun, weil sie ihrer Berufung folgen, werden durch Vorschriften, Abgaben und Steuern derart geschröpft, dass ihnen nach und nach die Luft wegbleibt und die Kraft ausgeht. Sie müssen ein immer größeres Heer an Menschen, die einen Job machen und mit der Zeit immer unproduktiver und leistungsunfähiger werden, miterhalten. Dieser Klotz am Bein, zu dem zu einem guten Teil auch die Politik selbst gehört, die dieses böse Spiel ja betreibt und am Leben hält, bremst die Freiheit der Berufenen und macht ihnen Angst. Die Folge ist, dass die einen oder anderen das Handtuch werfen und sich ihrerseits einen Job suchen. *„Es is eh schon wurscht"*, heißt es dann.

Früher gab es in jedem Dorf eine Schmiede.

Wer seiner Berufung folgt, sucht nicht Geld, sondern Anerkennung – zuerst einmal die Anerkennung seiner selbst. Wer sich selbst anerkennt, bleibt seinen grundsätzlichen Werthaltungen, tieferen Einsichten und guten Vorsätzen treu, sodass er sich in der Folge auch nicht verbiegen und damit kaufen lässt. Wer sich selbst anerkennt, lernt sich selbst gut kennen, sodass er über seine Talente, seine Stärken und Schwächen Bescheid weiß. So können ihn jene Menschen, die es nicht gut mit ihm meinen, auch nicht mehr verunsichern. Wer sich selbst anerkennt, lernt sich selbst lieben und schätzen, sodass er Kraft für sein Leben gewinnt. Dazu braucht es auch Muße, das heißt Zeit für sich selbst, die durchaus auch mit Tagträumen verbracht werden darf. Wenn die Muße dazu führt, die Träume letztlich zu verwirklichen, dann war sie nicht umsonst. All das bedeutet oft auch eine Phase der Entbehrung und materiellen Kargheit, die vor allem psychisch zu überwinden ist. Die Angst, die sich gerade bei jenen, die ohne Netz ihrer Berufung folgen, bedrohlich auszubreiten pflegt, muss in Schach gehalten werden. Wer all das meistern kann, wer durchhält und nicht kopflos wird, wird schließlich aus freien Stücken Dinge oder Handlungsweisen entwickeln, die anderen Menschen dann in der Tat sehr nützlich sind oder echte Freude bereiten. Doch vorher, bevor dies alles der Fall ist, heißt es tüchtig zu sein und sich wirklich anzustrengen. Wer Vertrauen in sich selbst hat, dem fällt dies auch nicht schwer. Dem ist der Fleiß bloß Mittel zum Zweck und weder eine Last noch eine bürgerliche Tugend. Dem liegt der Ehrgeiz regelrecht im Blut. Wer sich berufen fühlt, bleibt offen und neugierig, will wissen, wie es weitergeht und wie die Dinge sich entwickeln. Dann allerdings winkt ihm das Glück der Tüchtigen, dann stellt sich auch der Erfolg ein, der die Anerkennung der anderen bedeutet und es mit sich bringt, dass einem jemand auf die Schulter klopft.

Wenn alles mit rechten Dingen zugeht, sind Armut und Reichtum kein Zufall, sondern – unverschuldetes Unglück oder höhere Gewalt mit abgerechnet – die direkte Folge des eigenen Handelns. Wenn Menschen ein Dienst erwiesen wird oder ihnen Dinge angeboten werden, die sie auch ablehnen können, die sie aber trotzdem kaufen, aus freien Stücken, dann kann man sagen, dass dieser Vorgang rechtens war. Freilich braucht man, damit dies gelingt, auch eine gehörige Portion Instinkt – und vor allem Glück. Und ob dieser Weg zu Reichtum führt, sei dahingestellt, wenn er nur dazu führt, das Leben einigermaßen sorgenfrei bestreiten zu können.

Darüber hinaus stellt sich die Frage, was denn der Sinn des Reichtums ist. Im Alpenraum, in den Bergen, wo die Selbstständigkeit traditionell bis heute weiter verbreitet als im Flachland ist, verstand man unter Reichtum stets üppige Herden, gut gefüllte Kammern und Speicher, gepflegte Wiesen und Wälder sowie eine Schar von Knechten und Mägden, die einem zu Diensten waren. Oder man meinte eine gut gepflegte Werkstatt, ein Lager mit reichlich Rohmaterialien von bester Qualität, hervorragendes Werkzeug und einen gepflegten Kundenstock, vielleicht sogar ein Haus in der Stadt. Reichtum bedeutete, über die nötigen Mittel zu verfügen, seiner Arbeit ungestört nachgehen zu können und Krisen, Notzeiten und Pechsträhnen halbwegs sorgenfrei überstehen zu können. Vor allem aber bedeutete Reichtum, die überschüssigen Mittel gekonnt zu investieren, vielleicht eine zusätzliche Scheune zu bauen, den Stall zu vergrößern, einen Zuchtstier oder einen Wald zu kaufen, eine Werkstatt in der Stadt zu

beziehen oder gar eine günstige Gelegenheit zu nutzen, um ein Geschäft zu machen, Handel zu treiben, wer weiß.

Reichtum bedeutet, überschüssige Mittel klug zu investieren z.B. in Mühlen oder Scheunen.

Um Handel zu treiben, das heißt, tauschen zu können, braucht man entweder Geld oder Güter, die sich gut tauschen lassen. Geld hat den Vorteil, dass es von allen Gütern am leichtesten zu tauschen ist. Jeder nimmt es, wenn er dafür nur Dinge oder Leistungen bekommt, die ihm im Augenblick wertvoller erscheinen als der Preis, den sie haben. Zu früheren Zeiten war es vor allem das Silber und auch das Gold, das man als Geld betrachtete. Es war nahezu unbegrenzt haltbar, konnte jederzeit eingeschmolzen und in Schmuck- oder Gebrauchsgegenstände umgewandelt werden. Es war schön anzusehen, glänzte verführerisch, war schwer, lag gut in der Hand und hatte, wenn man es über den Tisch rollen ließ, auch einen guten Klang. Vor allem aber konnte man es nicht beliebig vermehren, außer man log bei der Reinheit des Metalls, was sich aber, selbst vor Hunderten von Jahren, schon relativ einfach erkennen ließ. Wurde man in Metallgeld bezahlt, mit Silber oder gar Goldmünzen, so konnte man sicher sein, dass dieses Geld stets seine Dienste tat. Niemand musste um Wirtschaftskrisen fürchten, die erst in jenen Zeiten auftraten, in denen man Papiergeld, Anleihen, Aktien und dergleichen benutzte. All die schlimmen Dinge, die mit diesem Papier heutzutage geschehen, wären

mit Silber und Gold schlichtweg unmöglich gewesen. Nicht, dass es nicht immer auch schon Münzfälscher gegeben hätte. Diese Betrugsfälle waren jedoch, im Vergleich zu dem, was heute alles mit Papiergeld getrieben wird, fast lächerlich kleine Gaunereien. Betrug in großem Stil wurde erst durch das Papiergeld möglich – sowie durch die Umlaufmittel aller Art, zu denen nicht nur Anleihen, sondern auch Kredite zählen.

Nur Bares ist Wahres: Im Alpenraum gibt es eine uralte Münztradition.

Im Alpenraum hasst man das Geld nicht; so einfältig sind die realistischen Menschen hier nicht. Tatsächlich gibt es eine uralte Münztradition im Alpenraum, bei der sich Naturschätze und technisches Genie in wunderbarer Weise verbanden. Die Münze Hall ist ein Beispiel dafür. Dort wurden aus dem Silber der Berge mittels Wasserkraft schöne Münzen großer Zahl geprägt. Die höchst innovative Haller Münzwalze wurde in alle Welt exportiert, im 16. Jahrhundert sogar bis ins ferne Bolivien. Der Tiroler Guldiner von 1486, die erste hochwertige Silbermünze in Unzengröße, stammt aus Hall. Später wurde auch der Maria-Theresien-Taler, die erfolgreichste Silbermünze aller Zeiten, dort geprägt. Sie wurde sogar im Orient und in Afrika zum Zahlungsmittel.

Diese Münze war deshalb weltweit so hoch geachtet, weil sie eine der ganz wenigen Münzen ist, bei der das Vertrauen der Menschen nicht durch Senkung des Feingehalts missbraucht wurde.

Sonst haben Politiker das Münzregal stets zur Bereicherung durch Inflationierung ausgenutzt.

Die Münzwalze aus Hall ist typisch für die ausgefeilten Maschinen, die im Alpenraum entwickelt wurden. Dabei handelt es sich um eine Technologie, die bis heute im Einsatz ist und einen schönen Kontrast zu den Schloten und Kanälen der Hochindustrie bietet. Die typisch alpine Technologie ist die Wasserkraft. Im Gegensatz zu modernen Wasserkraftwerken, die durch ihre gigantischen Staumauern den einst großen Fischreichtum heimischer Flüsse abfangen, ist die alte Wassertechnik klein und naturnah, aber umso beeindruckender. Durch brillante Schaufelradkonstruktionen konnten selbst kleine Bäche mächtige Sägen, Hämmer und Mühlen antreiben, ohne den Wasserfluss zu unterbrechen. Eine besonders beeindruckende Wassermaschine hat im steirischen Sensenwerk überlebt und wird dort durch private Initiative gepflegt. Das größte dortige Wasserrad ist so leistungsstark wie 50 Pferde. Im 19. Jahrhundert erreichte der Export von Sensen in alle Welt seinen Höhepunkt, wodurch die „Hammerherren“ – die Unternehmer der damaligen Zeit – zu beachtlichem Reichtum kamen. Das Verblüffende daran: Die mit der alten Technik geschmiedeten Sensen sind heutigen Industriesensen weit überlegen. Da sie in 23 Arbeitsschritten aus einem Stück geschmiedet und einem besonderen Härtungsverfahren unterzogen wurden, haben sie eine höhere Bruchfestigkeit. Wie stets beim alten Handwerk treffen hier Qualität und Ästhetik zusammen: Die alten Sensen hatten auch einen viel schöneren Klang. Anhand des Klanges nämlich erfolgte die Qualitätsprüfung; daraus kann ein musikalisches Ohr den optimalen Spannungsgrad der Sense heraushören. Die alte Wassertechnik erfordert aber – wiederum typisch für das alpine Wirtschaften – ständige Reinvestitionen. Die Bauteile, die vorwiegend aus Holz bestehen, müssen alle zehn Jahre ersetzt werden. Natürlich geschieht dies nach und nach, sodass der Betrieb niemals unterbrochen werden muss.

Das alte Alpengeld waren also vorwiegend Silbermünzen, im Großhandel Goldmünzen. Die Münzen versteckte man gerne im Federkiel-bestickten Leibgurt *(Fatschen)*. Geld aus Edelmetall hat den Vorteil, dass es keinen Vertrauensvorschuss erfordert, sondern einen direkt fühlbaren Realwert trägt. Die Münzen nutzte man, um anzusparen und aus der Stadt zuzukaufen, was im Dorf fehlte. Echtes Geld, das sein Versprechen hält, schätzte man. Doch man liebte es nicht so sehr, sich dafür zu prostituieren. Peter Rosegger lässt seinen *Jakob, den Letzten* im Zorn ausrufen: *„Das Geld, und jetzt auf einmal das Geld! [...] Haben wir Altenmooser jemals nach Geld soviel gefragt? Haben wir ein's, ist's gut, haben wir kein's, leben wir auch so, arbeiten vielleicht lieber und schlafen besser. Was wir brauchen, das wachst auf unserem Grund: das Brot auf dem Feld, Milch und Butter auf den Wiesen, die Leinwand auf dem Flachsacker, die Wolle auf den Schafen und das Leder auf den Rindern. Was braucht man da Geld?"* Die Menschen wählten die wirtschaftliche Autonomie nicht, um sich von anderen abzuschotten, wie das moderne Protektionisten gerne täten. Im Alpenraum waren immer gute Händler daheim, und die Märkte waren stets Anlässe der Freude. Die Selbstversorgung folgte zum Teil ökonomischer Notwendigkeit, aber zunehmend auch dem Eigensinn und Stolz der Menschen.

Im Spätmittelalter und in der frühen Neuzeit entwickelten sich im Alpenraum die Wandergewerbe. Handwerker und Hausierer, auch saisonale Wanderarbeiter, kamen auf verschlungenen Wegen, die Täler entlang und über die Pässe hinweg, auch zu den entlegensten Höfen der Bauern, wo sie ihre Produkte und Dienstleistungen anboten. Die Vertreter des Baugewerbes, von den Architekten und Stuckateuren bis hin zu den einfachen Maurern, stammten meist aus den italienischsprachigen Tälern. Diesen Leuten ist es zu verdanken, wenn wir etwa in Kärnten bis heute noch architektonische Details bewundern können, die sonst nur in Italien zu finden sind, wie etwa die mit schönen Mustern durchzogenen Ziegelgitter, die sich als Lüftung der gemauerten Speicher und Ställe bis heute gut bewähren. Die Rauchfangkehrer, für die man besonders kleine und schlanke Burschen brauchte, kamen ebenso meist aus dem Süden. Die Chocolatiers und Zuckerbäcker hingegen, die ihre Luxusgüter über die Berge transportierten, stammten im Regelfall aus der Schweiz. Aber es waren vor allem die Tischler und Schuster, die Weißnäherinnen, Barbiere und Bader, die zu den Höfen der Bauern kamen, auch Leute, die mit Watte, Germ (Hefe) und Sauerteig sowie mit Gewürzen handelten. Es gab Scherenschleifer und Kesselflicker, die so gut wie alles reparieren konnten, das aus Metall war, Leute, die Wetzsteine für die Sensen, Schnürsenkel, Zündhölzer, Bibeln und Heiligenbilder verkauften. Wer zu früheren Zeiten auf einem Bauernhof lebte, war dankbar, dass er den Hof nicht verlassen musste und die Waren geliefert bekam. Die fahrenden Handwerker und Händler hingegen konnten, wenn sie wollten, ihr fröhliches Wanderleben auf den gesamten Alpenraum ausdehnen. Freilich war es bitter, dass sie einen guten Teil des Jahres von ihren Frauen und Verwandten, die sich daheim um die Landwirtschaft kümmerten, getrennt leben mussten. Doch dafür pflegten sie intensiven Briefverkehr, was einer raschen Alphabetisierung Vorschub leistete. Im Herbst kamen die Ausgezogenen meist zurück, mit den Münzen, die sie sich in der Ferne vom Munde abgespart hatten, oft eine durchaus ansehnliche Summe, mit der Schulden, zunehmend aber auch Steuern bezahlt werden konnten. Auch manche Kinder wurden auf solche Wanderschaft geschickt, insbesondere als Hütekinder und Kindermädchen ins Schwabenland. Als *Schwabkinder* zogen sie um *Josefi*, den 19. März los, und durften im Spätherbst wieder heim. Ältere Burschen aus Vorarlberg zogen mit ihren Vätern in die Schweiz oder an den Bodensee, um sich dort als Maurer zu verdingen. Diejenigen, die schon ein *Gspusi* hatten, wurden am ersten Stück des Weges noch von ihrer Liebsten begleitet. Bei der ersten Kapelle am Weg wurde *pfüatet*.

Das „Pfüat di Gott", ein schöner alpiner Abschiedsgruß, wünscht dem Dahinziehenden wortwörtlich, dass ihn Gott behüte.

Jene Kapellen in Dorfnähe nannte man in Vorarlberg *Reahrkappala,* weil der Abschied meist tränenreich war (*reahra* bedeutet weinen). Die Wandergesellen vertrauten sich nun ihrem Schutzpatron, dem Heiligen Christoph, an. Meist arbeiteten sie jedes Jahr beim selben Meister; oft diente der Sohn im selben Betrieb, in dem schon der Vater gedient hatte. Gewandert, gegessen und geschlafen wurde in größeren Gruppen, die eine Ersatzfamilie bildeten, um das Heimweh zu mildern.

Oktober

Der Weinmonat ist angebrochen. Prallrund und voll hängen die Trauben an den Stöcken. Mit kleinen Scheren werden sie sorgsam von den Reben geschnitten und in Bottiche geworfen, die man zu den Presshäusern bringt. Trauben werden *„gelesen"*, wie der Winzer sagt, das heißt gesammelt, wie ja auch das Lesen von Büchern ein Sammeln von Buchstaben ist.

In manchen Jahren ist die Weinlese ein regelrechter Wettkampf. Besonders die Stare, die sich zur Erntezeit in riesigen Schwärmen über den Weingärten sammeln, können die Ernte binnen Stunden vernichten. Sie müssen mit Schreckschusskanonen oder Netzen abgewehrt werden. Wenn alles gut geht, gibt es nach dem Pressen den ersten Most, der *„es kann"*, wie man im Alpenraum sagt, womit man die *„schnelle Katharina"* meint, ein Phänomen, das all jene heimsucht, die es mit dem ersten Most übertreiben. Rasch gärt der Most zum Sturm, der die Kraft hat, beachtliche bis gewaltige Räusche zu erzeugen. Etliche Wochen später legt sich der Sturm wieder und wird zum „Staubigen", wie man den jungen, noch trüben Wein nennt. In die Zeit des Lesens und Pressens fällt auch das Erntedankfest. Mit Musik und Tanz werden die Erträge des langen Arbeitsjahres gefeiert, bis die Wangen glühen und die Rüschen der Unterröcke zu sehen sind.

Im Oktober lassen sich schöne Spaziergänge unternehmen. Ist der Himmel wolkenlos, so hat die Sonne in den Mittagsstunden noch die Kraft, uns bis in die Knochen zu erwärmen. Doch der Boden kühlt zunehmend aus und beginnt sich zu verhärten. Die Wiesen werden fahl und braun. Der Sommer geht eindeutig zu Ende. In den Gärten liegen von weißem Schimmel und schwärzlicher Fäulnis durchzogene Früchte, die nur mehr den Würmern und Insekten dienen. Orangerote Vogelbeeren leuchten von den Waldrändern her. Sie ergeben einen wertvollen Schnaps – wenn man ihn zu brennen versteht und bereit ist, für einen Liter 40 bis 60 Kilo der steinharten Früchte zu pflücken. Eicheln und Nüsse findet man zu-

hauf, auch Brombeeren und mit Glück wilde Birnen, die eine wahre Delikatesse sind.

Im Oktober verfärben sich die Blätter.

Wenn wir in den Wald hineinschlüpfen, empfängt uns ein dichter Blätterteppich, den wir mit den Füßen rauschend durchpflügen. Ein *Oachkatzl* mit weißem Bauch und buschigem *Schwoaf* huscht über den ausgetretenen Forstweg und erklimmt im Galopp den nächsten Baum. Auch Spuren von Wildtieren sind zu bemerken. Mit sehr viel Glück lässt sich ein Fuchs erspähen. Geißböcke grasen im Schutz der Dämmerung an den Ausläufern des Waldes. Der federnde Waldboden führt uns zu einer kleinen Kapelle aus weißem Stein, geschützt von einem breitkronigen Baum. Verwildert und zugewachsen ist dieser Ort, und doch hat dort jemand einen Strauß Blumen niedergelegt. Im „Rosenkranzmonat" Oktober hat, wie es aussieht, jemand den Weg zum Gebet gefunden. Am glutroten Abendhimmel steht ein schwankender Drache im lauen Wind.

Die Hauptarbeit im Oktober war für unsere bäuerlichen Vorfahren das Erdäpfelgraben. Was man nicht selbst in den Erdkellern einlagerte, wurde auf den Märkten verkauft. Für Obst und Gemüse galt dies ebenso. Den besten Absatz erzielten Erdäpfel und Mais, Äpfel, Birnen und Quitten, Zwetschgen und Nüsse sowie Gewürz- und Heilkräuter. Im Oktober wurde der Winterweizen gesät. Auch war es nun Zeit, den Dreschflegel zu schwingen und das Getreide auszuarbeiten. In den Wäldern hört man das Schallen des Jagdhorns. Es ist der Jäger, der Wildhüter und Beschützer des Waldes, der seine wichtige Aufgabe erfüllt:

Das ist des Jägers Ehrenschild,
das er hegt und schützt sein Wild,
Waidmännisch jagt wie sich's gehört,
den Schöpfer im Geschöpfe ehrt.

Sozialer Zyklus: **Hineingehen**

Bis heute bleiben die meisten der Höfe, Häuser oder Hütten in den Alpen aus Prinzip unversperrt. Je höher die Berge, je unwegsamer das Gelände, desto fester kann man damit rechnen. Diese Sitte findet sich auch im hohen Norden, in den Berg- und Waldlandschaften Finnlands, Norwegens und Schwedens, ebenso in Kanada, überall dort, wo das Gelände unwegsam und einsam ist. Wer in Not geraten ist und dringend schützende Wände braucht, soll nicht vor verschlossenen Türen stehen. Wer sich verlaufen oder verletzt hat, wer durchnässt ist oder friert, und ein rettendes Haus vor Augen hat, soll wieder Hoffnung schöpfen und guten Mutes sein: Schutz und Hilfe gibt es für jeden, auch für den unbekannten Fremden. Selbst wenn niemand zu Hause ist, darf er das Haus betreten, sich aufwärmen, satt essen und in Geborgenheit ausschlafen. Das gebietet das Gastrecht. Deshalb ist es auf den Bergbauernhöfen des Alpenraums bis heute üblich, im Flur, unweit der Eingangstür, eine Truhe oder einen Kasten aufzustellen, in dem sich Brot und Speck, ein Schneidbrett und ein Messer befinden.

Niemand, der in Not geraten ist, soll dazu verführt werden, zu allem Überdruss auch noch zum Einbrecher und Dieb zu werden. Unglück soll kein Unrecht nach sich ziehen. Jedenfalls berührt es uns Heutige, die wir die späten und allzu aufgeklärten Erben eines alten Europas sind, in der Seele und gibt uns neue Zuversicht, wenn wir sehen, dass dort, wo die Menschen ein hartes Leben führen und selbst hart geworden sind, es diese Form der universalen Güte noch gibt. Härte, richtig verstanden, kann ohne Zweifel eine Tugend sein – Härte zu sich selbst und auch anderen gegenüber. Aber die äußerste Härte, die gilt es zu brechen.

Diese tiefe, aus dem Leben gegriffene Einsicht findet sich bereits in Homers *Odyssee*, einem der ältesten und schönsten Bücher unserer Kultur. Homers Welt ist der urtümlichen Welt der Alpen, die vor nicht einmal hundert Jahren noch weitgehend in ihrer ursprünglichen Form erhalten war, nicht unähnlich. Archaische Strukturen, Familienverbände und Selbstverwaltung, wenig Herrschaft und viel freies, gefährliches Leben – das gab es da wie dort. Wer in diesen dünn besiedelten Gegenden über lange Strecken unterwegs war, hatte keine andere Möglichkeit, als dann und wann auch vor fremden Türen zu stehen. Um diesem Umstand Rechnung zu tragen und ihm moralisch richtig zu begegnen, gab es im antiken Griechenland die Institution der Gastfreundschaft, die als heilig galt, und die, wie man annahm, von Zeus persönlich gestiftet wurde. Steht ein Fremder vor der Tür, ist er als Gastfreund zu behandeln und vorübergehend ins eigene Haus aufzunehmen. Wie dies vonstattenging, lässt sich aus verschiedenen Passagen der *Odyssee* rekonstruieren: Zuerst begrüßen sich Gastwirt und Gast per Handschlag. Dann übergibt der Gast seine Waffen. Anschließend wird er gebadet, ge-

Meist bleiben die Türen unversperrt.

Gelebte Gastfreundschaft: Erst nach der Mahlzeit beginnen die Gepräche.

salbt und zum gemeinsamen Mahl mit den Hausbewohnern geführt. Vor der Mahlzeit wird gemeinsam ein Opfer dargebracht. Erst nach der Mahlzeit beginnen die Gespräche, bei denen der Gast nach seiner Herkunft und nach seinem Namen gefragt wird: *„Jetzt ist endlich die schönere Stunde zu fragen, zu forschen, wer denn die Fremdlinge sind; sie genossen ja freudig die Mahlzeit“*. Bei Sonnenuntergang wird die Tafel aufgelöst und dem Gast ein Bett bereitet. Mehrere Tage kann das Gastrecht in Anspruch genommen werden. Zum Abschied wird dem Gast ein Gastgeschenk überreicht. Wie kein anderer ist gerade Odysseus auf seinen Irrfahrten auf das Gastrecht angewiesen. Immer, wenn ihn das Schicksal an fremde Küsten treibt, stellt er sich dieselbe Frage: *„Weh mir Armen! Ins Land welcher Sterblichen bin ich gekommen, wiedereinmal? Sind's Frevler, Wilde? Kennen das Recht nicht? Sind es wohl gastliche Leute mit gottesfürchtigem Denken?“*

Das Wort *Freund* geht wie *Friede* und *frei* auf die indogermanische Wurzel *fryo* zurück, die so viel wie *lieben* oder *hegen* bedeutet.

Unter einem Freund verstand man ursprünglich einen Blutsverwandten, Anverwandten oder Genossen in einem Friedensbund, dem man Schutz und Beistand gewährte, besonders in der Fehde.

Auf den Freund konnte man zählen, selbst dann, wenn das Recht nicht mehr imstande war, einen vor Übergriffen zu schützen. Ja gerade dann, wenn die Gerechtigkeit versagt, schreibt Aristoteles in seiner *Politik*, braucht es als Gegengewicht die Freundschaft. Demnach steht sie auch über der Gerechtigkeit. Denn unter wahren Freunden, so das Argument, bedarf es keiner Gerechtigkeit, da die Gerechtigkeit ja zum Wesen der Freundschaft gehört. Das Ideal der Gerechtigkeit hingegen bedarf noch zusätzlich der Freundschaft, damit die Gerechtigkeit auch Bestand hat und verwirklicht werden kann. Es gibt so viele Formen der Freundschaft: Jugendfreundschaft, persönliche Vertrautheit, Kameradschaft, Reisebekanntschaft, Gastfreundschaft, Vereinsleben, politische Freundschaft – und doch lassen sich all diese Freundschaften ohne eine Praxis der Gerechtigkeit weder denken noch leben. Somit erfüllt die Freundschaft erst den Sinn der Gerechtigkeit – und ist folglich selbst das Gerechteste.

Epikur, der letzte der griechischen Philosophen, der mit Aristoteles der gefühlten Philosophie des Alpenraums noch am nächsten steht – gemeinsam sind hier die Nüchternheit und das realistische Menschenbild, die Abwesenheit von überstiegenen idealistischen Vorstellungen und die Orientierung an der unmittelbaren Lebenswirklichkeit –, hält die Freundschaft für die wichtigste Garantie der persönlichen Sicherheit. Wer Gerechtigkeit will, kann freilich Verträge schließen, was Epikur auch eindringlich empfiehlt. Doch ohne Freundschaft ist jeder Vertrag nur das Papier wert, auf dem er geschrieben steht. Am besten und am sichersten lebt man dann, wenn man Freunde hat, auf die man sich verlassen kann. Der Ursprung oder der Anlass der Freundschaft, so Epikur, liegt im wechselseitigen Nutzen. Niemand ist mit jemandem befreundet, von dem er keinerlei Nutzen hat, nicht einmal ein gutes Gespräch führen kann oder niemals einen guten Rat oder ein gutes Wort bekommt. Hinsichtlich der Freundschaft bloß von „Uneigennützigkeit" und vom „Guten", „Edlen" und „Schönen" zu reden, wie Epikur dies etwa Platon vorhält, ist reine Heuchelei. Wenn die Freundschaft durch den wechselseitigen Nutzen aber erst einmal gestiftet ist, kann ihre Fortdauer durchaus auch von anderen Motiven bestimmt sein.

Bis heute gibt es im Alpenraum ein reges Vereinsleben, das seinen Ursprung im wechselseitigen Nutzen hat. Nahezu jeder ist in eine Vielzahl von Gemeinschaften eingebunden. Stets geht es um gemeinsame Interessen, um Fragen der Sicherheit und Ordnung sowie um Belange des öffentlichen Lebens und der Kultur. Dass es in den ländlichen Regionen Österreichs etwa ein flächendeckendes Netz an Feuerwehren gibt, ist nur dem freiwilligen Engagement von Tausenden von Menschen zu verdanken, die neben Beruf und Familie auch noch die Zeit finden, auf Abruf für Notfälle in der Gemeinschaft zu stehen. Ganz ähnlich ist es bei der Bergrettung, die sich noch dazu mit den Unfällen leichtsinniger Touristen herumschlagen muss. Bergbauern bilden mit ihren Nachbarn Eigentümergemeinschaften, um die Straßen zu erhalten, die zu ihren Höfen führen. Wer Bienen hält, ist Mitglied einer Imkervereinigung und tauscht bei den Vereinssitzungen mit Freunden und Kollegen wertvolles Wissen. Jeder Landwirt ist Mitglied von Einkaufsgenossenschaften, um die Kosten für die Verbrauchsgüter möglichst niedrig zu halten, ebenso von Vieh- und Kleintierzuchtverbänden. Hier geht es darum, gemeinsam die wertvollsten Zuchtlinien herauszubringen, die den höchsten Ertrag versprechen, aber ebenso um den Erhalt der alten Rassen, die dann bei jährlichen Leistungsschauen mit volksfestlichem Charakter stolz präsentiert werden. Jeder Handwerker ist Mitglied seiner Innung und darüber hinaus noch bei diversen Vereinigungen, die der Material- und Werkzeugkunde, den Produktionstechniken und den Qualitätsstandards gewidmet sind. Wer gerne das Tanzbein schwingt oder schauspielernd auf der Bühne steht, ist Mitglied einer Volkstanzvereinigung oder einer Laienschauspielgruppe. Für Kulturbeflissene gibt es Vereinigungen zur Pflege alten Brauchtums und zur Wiederbelebung der ursprünglichen Volksmusik. Gerade die musikalische Jugend hat im Alpenraum die besten Möglichkeiten. Aus den kleinen Musikschulen und Blaskapellen Niederösterreichs etwa stammt ein Gutteil jener Bläser, die in den großen Orchestern Wiens – die, wie man sagt, zu den besten der Welt gehören – ihren Dienst versehen.

Die Schützen gehören zu den ältesten alpinen Vereinigungen.

Zu den ältesten und traditionsreichsten Vereinigungen des Alpenraums gehören die Schützengilden, wie etwa die Tiroler Schützen, die ursprünglich, einer Urkunde von 1511 zufolge, zur Verteidigung ihres Landes verpflichtet waren, sich heute hingegen der Vermittlung von Werten widmen, die der geistigen Verteidigung von Landesinteressen dienen. Ebenso seit der frühen Neuzeit besteht in Scheibbs in Niederösterreich die sogenannte Schützengemeinschaft, die jedoch keine militärische Vereinigung war, sondern sich dem Kranzl- und später dem Scheibenschießen widmete. Diese Fertigkeit im Gebrauch ihrer Waffen kam den Scheibbsern bei den Türkenangriffen freilich sehr zugute. Ihre Stadt wurde niemals eingenommen. Bis heute lassen sich im dortigen Schützenscheibenmuseum rund 250 historische Holzscheiben bewundern, die prächtig bemalt sind und die weltweit größte Sammlung dieser Art darstellen.

Als weitgehend gesichert gilt, dass das Schützenwesen ursprünglich aus dem sogenannten Vogelschuss entstand, einem Ritual, das Glück und Gesundheit für die Gemeinschaft bewirken sollte.

Ob Trachtenmusikkapelle oder Obstbauverein: Bunt und vielfältig ist das Vereinsleben im Alpenraum.

Dabei wurde ein Vogel, später ein Holzvogel, den es mit Pfeil und Bogen zu treffen galt, auf einer hohen Stange befestigt. Wer ihn herunterschoss, hatte den Vogel abgeschossen und war der Sieger. Später dann, als das Gewehr aufkam, wurde auf Holzscheiben gezielt, auf denen anfangs noch ein Vogel abgebildet war.

Das Vereinsleben findet im Alpenraum gerne im Wirtshaus statt: an den reichlich verzierten Stammtischen, an denen kein Fremder sich ungestraft niederlassen darf, oder in den holzgetäfelten Extra- und Hinterzimmern, wo man sich vor neugierigen Blicken in Sicherheit wähnt. In den Dörfern sind die Wirtshäuser die Zentren des öffentlichen Lebens.

Wer einen Toten zu beklagen hat, hängt den „Partezettel“ auch an die Anschlagtafel des örtlichen Wirtshauses. Wer etwas kaufen oder verkaufen will oder etwas verloren hat, hinterlässt dort ebenso Nachricht. Nach einer Taufe, Firmung oder Hochzeit lädt man ins Wirtshaus zum

Essen ein, auch zu den runden Geburtstagen und nach einem Begräbnis. Gerade der Leichenschmaus wird im Alpenraum oft mit seltener Ausgelassenheit gefeiert. Da kann es schon sein, dass neben der trauernden Witwe der sturzbetrunkene Schwager den Tisch erklimmt, um mit lautstarker Stimme vor allen Trauergästen seine ordinären *Gstanzln* zu singen. Und nachdem sich nach einigen Schrecksekunden bald niemand mehr des Lachens erwehren kann, macht sich zum ersten Mal auch auf den Lippen der Witwe ein Lächeln breit, das man ihr in dieser schweren Zeit herzlich vergönnt.

Bei den Gstanzln handelt es sich um eine besonders weise Verbindung von Musikalität und Streit, die Frieden stiftet. Diese gesungenen Verse wirft man sich im musikalischen Wettstreit im Wirtshaus an den Kopf. Die Gstanzln werden spontan gedichtet und sind oft sehr derb. Der friedliche Gstanzl-Wettstreit kann als die Vorform heutiger „Rap-Battles“ angesehen werden. Zum Gstanzldichten braucht man viel Witz und Improvisationskunst. Hier einige Beispiele:

Und s Dirndl hat a Zidan
und da Bua hats net gwisst,
bis dass er mitm Zithernschlüssl
as Stimma kemma is.

Geh, dalkater Vata,
geh schimpf net auf d' Letzt,
gangst selber zum Dirndl,
wanns d' Muatta net hättst.

Und die richtign Dirndln,
die toan halt so gern,
und wia öfter dass toan,
um so besser toans werdn.

Dann packt auch vielleicht jemand seinen *Fotzhobel* aus, das einfachste Instrument des Alpenraums, das jedermann schnell beherrscht: je nach Region entweder Maultrommel oder Mundharmonika. Die Zeit vertreibt man sich mit Kartenspielen, früher auch mit verschiedenen Brett-, Würfel- und Tischkegelspielen. Dabei handelt es sich eher nicht um Glücksspiele. Die alpinen Kartenspiele werden vom Locken, Erschrecken und Irreführen dominiert. Dabei schulen sie das Gedächtnis und die Menschenkenntnis, was sie besonders bei den Älteren so beliebt macht – sie halten den Geist jung.

Meist finden sich in den Stuben und Gängen der Wirtshäuser auch kollektive Erinnerungsbilder, wie alte Ansichten vom Dorfplatz und vom Wirtshaus selbst, Bilder von großen Überschwemmungen oder Hagelschäden und Bilder von sportlichen Erfolgen der lokalen Jugend. Ebenso ist das Wirtshaus aber auch der Ort des vertraulichen Gesprächs. Wer Sorgen hat oder einsam ist, dem ist der Wirt oder die Wirtin oft ein rettendes Ohr. Wer seine Frau nach 40-jähriger Ehe einfach nicht mehr durchgängig erträgt, dem bleibt noch der Wirtshaustisch als sein Refugium erhalten, wo er sich den Frust so richtig von der Seele saufen kann.

Im Gasthaus vertreibt man sich die Zeit mit Kartenspielen.

Jedes Wirtshaus hat seine Alkcholiker. Dem einen ist der Hof abgebrannt, dem anderen die Frau gestorben. Andere haben es schlichtweg zu nichts gebracht, was sie sich verübeln und mit Weinbrand sanktionieren. Wieder andere haben schon derart früh mit dem Saufen begonnen, dass sie schlichtweg nicht mehr aufhören können. Das sind oft jene, die irgendwann einmal, stumm auf ihrem Stammplatz vor sich hinbrütend, unbemerkt die Augen schließen und ihr Leben aushauchen oder im Winter beim Heimweg im Rausch erfrieren. Tragödien sind oft mit dem Wirtshaus verbunden, zum einen, weil öffentliche Orte stets auch die Schauplätze skurriler oder gescheiterter Existenzen sind, und zum anderen, weil der Alkohol erheblich dazu beiträgt, dass jemand, der in Rage ist, auch einmal das Messer oder die Pistole zückt. Wären da nicht die guten Freunde, die es verstehen, die Streithähne zu trennen, hätte sich schon so mancher von seiner Familie verabschieden und den Rest seines Lebens im Gefängnis zubringen müssen.

Besonders im Herbst und Winter, wenn es draußen schon bitterkalt wird, trifft man gerne am Stammtisch seine Freunde, um über Gott und die Welt zu philosophieren. *„In vino veritas"*, hieß es schon bei den alten Römern. Und bis heute gilt, dass Alkohol, in Maßen genossen, die Zunge lockert, nicht bloß für Frechheiten, sondern auch für das ernste Gespräch, das in besonderen Stunden zu tiefen bis fundamentalen Einsichten führt. Mag der akademisch geschulte Philosoph auch dreimal die Nase rümpfen, wenn seine geputzten Ohren beim Stammtisch einmal mitlauschen sollten: mithalten können wird er in den seltensten Fällen. Alleine deshalb, weil er durch die Isolation der Bücher die Sprache der Menschen weitgehend verlernt hat oder sich durch linkische Bewegung und übertriebene Höflichkeit von vornherein verdächtig macht. Und was hätte ein Akademiker von heute auch zu den Problemen der Menschen zu sagen? Die Trostfunktion, die der Philosophie von alters her ins Stammbuch geschrieben war, ist weitgehend verloren gegangen. *„Ois hoib so wüd"*, bekommt man von seinen Freunden zu hören, wenn einem die Tränen in den Augen stehen, weil die Freundin oder gar die Frau mit einem anderen durchgebrannt ist. *„Andere Mütter habm a schöne Töchter"* ist der Trost, den die Philosophie in der Regel nicht kennt, weil ihr das Blendwerk der Tugend den Blick verstellt, sodass sie die Logik des Fleisches gar nicht in Betracht zieht. Wer hingegen vor einer schwierigen Situation steht, sei es, dass er eine Prüfung bestehen muss oder sich Menschen gegenüber durchzusetzen hat, bekommt von seinen Freunden ein herzhaftes *„Scheiß da nix, sunst reißt a nix"* zu hören. Eine ewige Wahrheit, die den Philosophen alleine deshalb nicht eingefallen ist, weil sie den reinen Willensaspekt im menschlichen Handeln unterschätzen und meinen, dass das Gute stets aus vernünftiger und sittlich richtiger Überlegung stammt – ein uralter Fehlschluss, der auf Platon zurückgeht, und der bis heute in den philosophischen Köpfen spukt wie die Ahnfrau im verstimmten Klavier.

„Lieber reich und gsund, als arm und krank“ ist eine Einsicht, die man Freunden am Stammtisch lachend vor die Füße wirft, eine Wahrheit, die zwar auf den ersten Blick wie ein Scherz anmutet und den Pechvögeln zu Recht als Schweinerei gelten muss, die aber ebenso imstande ist, drastisch auf die Bedeutung der Willenskraft hinzuweisen. Indem diese Einsicht das Schicksal als Entscheidung präsentiert, ist sie in ihrer Wirkung subtiler als das bekannte *„Reiß di zamm“*, das undefiniert bleibt und so weit weniger geeignet ist, unter die Haut zu gehen und Langzeitwirkung zu zeigen. Ebenfalls in die Kategorie der philosophischen Mutmacher und Trostspender gehört das berühmte, auch christlich zu verstehende *„Jeder hat sein Pinkerl zu tragen“*, das die Einsicht enthält, dass einem letztlich nichts anderes übrig bleibt, als die Lasten, die einem das Leben und man selbst sich aufgebürdet hat, tapfer auf die Schultern zu nehmen, so man nicht untergehen will. Also besser, man schleppt sich ab, als dass man von der Last erdrückt wird. Diese Erkenntnis steht in engem Zusammenhang mit *„Das Leben ist kein Wunschkonzert“*, *„Man kann im Leben nicht alles haben“* und *„Es ist nicht aller Tage Abend“*, wobei Letzteres wieder die Hoffnung betont, das heißt, die verborgenen Chancen bedenkt, welche die ungewisse Zukunft stets ebenso für uns bereithält.

Wer Sorgen hat, dem schenkt der Wirt ein rettendes Ohr. Diese Funktion übernimmt hin und wieder auch der Alkohol.

Wirklich eindrucksvoll zeigt sich die Weisheit der Alpen in einem scheinbar beiläufigen Hinweis, der auf eine erstaunlich große Palette von Problemen passt: *„Wer weiß, für was es gut ist"*. Diese Einsicht lässt sich beispielsweise all jenen mit auf den Weg geben, die sich über die Folgen ihrer Handlungen allzu sicher sind und immer gleich wissen, wie der Hase läuft, oder auch jenen, die meinen, *alle* Auswirkungen ihrer Handlungen vorhersehen zu können. *„Wer weiß, für was es gut ist"* findet seine Anwendung selbst bei härtesten Problemen, weil in der Tat nicht sicher ist, welche Effekte gewisse Ereignisse in der Verkettung der Umstände letztlich noch bewirken werden, sodass erst am Ende oder niemals abschließend beurteilt werden kann, wohin eine Entwicklung tatsächlich führt. Diese Einsicht, die alles Wissen und Handeln relativieren kann, aber selbst kein Relativismus, sondern eine Lebensweisheit ist, die das Denken, das sich in seinen absoluten Ansprüchen verfangen hat, wieder zurechtrückt und ihm

„Wer höher steigt, sieht weiter", besagt eine alte Weisheit.

Bescheidenheit lehrt, passt sehr gut in den Alpenraum – und am besten zu den Großmüttern und Großvätern, die von der Ofenbank aus menschliches Treiben wie aus dem Jenseits kommentieren.

Das Glück ist a Vogerl
Wenn's fliagt, dann is recht
Doch wenn sas zuwepracht zu an Fösn
und owefoit
is schlecht

Im Alpenraum gibt es freilich auch Städte, von denen bislang kaum die Rede war. Wenn die Menschen die Ernte eingefahren haben, nutzen sie gelegentlich das städtische Kulturangebot. Dieses ist die Existenzberechtigung der Stadt. Als Lebensraum ist die Stadt dem Alpenbewohner eher zuwider – die Tiroler in Wien klagen stets, wie sehr ihnen „ihre" Berge fehlen. In Innsbruck sind sie zumindest unmittelbar vor der Haustüre. Dennoch haben auch Städte in den alpinen Randlagen, wie Wien, ein eigenes Gepräge, das sich dort freilich mit den Einflüssen des Flachlands und des Auslands mischt. Leopold Kohr schildert die Bedeutung der Stadt für den Alpenbewohner:

„Das Dorf gibt uns Identität, Qualität, Solidarität, Sicherheit. Aber der Mensch braucht noch eine weitere Dimension zur Erfüllung seiner gesellschaftlichen Wünsche – eine geistige, eine künstlerische Dimension. Und dazu braucht man nicht ein vergrößertes Dorf, sondern mehrere kleine Dörfer, deren Produktionsüberschüsse es möglich machen, ein Städtchen, eine Stadt zu bauen, die schon bei 20.000 Einwohnern, wie im alten Griechenland, oder bei 100.000, wie im Falle des Fürsterzbistums Salzburg, imstande ist, dem Menschen alles zu geben, was sein Herz begehrt – an Kunst, Musik, Architektur, Dichtung, Theater, Philosophie und Cuisine."

In der Stadt ist es nicht so leicht, seinen Stammtisch, seine kleine Gemeinschaft, in der man kein Blatt vor den Mund nehmen muss und so angenommen wird, wie man ist, zu finden.

Die Alpenstädte sind aber oft berühmt für ihre Ersatzstuben: die Kaffeehäuser und privaten Salons.

SCHON IM 15. JAHRHUNDERT lobte der spätere Papst Pius II. bei einem Wienbesuch: *„Die Wohnhäuser der Bürger sind groß, reichlich ausgeschmückt und gut gebaut, mit breit gewölbten Hausfluren. An Stelle der Halle hat man hier heizbare Zimmer, welche ‚Stuben' genannt werden; denn nur auf diese Weise erwehrt man sich der strengen Winterkälte. Überall gibt es Glasfenster und eiserne Türen […]. Wenn man irgend jemandes Haus betritt, meint man in das eines Fürsten zu treten."* Ein wenig erschrocken war er nur über Trinkfreudigkeit und lockere Lebensfreude der Wiener: *„Fast alle halten Weinschenken, da heizen sie die Stuben, sorgen für die Küche, locken Säufer und leichtfertige Frauenzimmer an, denen sie etwas warme Speisen umsonst vorsetzen, damit sie mehr trinken, doch schenken sie ihnen schlechter ein. […]. Ein lockeres und schlampiges Volk[!]"*. Später setzte in den Wiener Salons allerdings eine gewaltige Explosion des Geistes- und Kulturlebens ein, von dem wir heute noch zehren – auch wenn kaum ein Salon überlebt hat. Die Autoren dieses Buches sind die Gastgeber eines der letzten in Wien. Die Alpenromantik wurde allerdings auch vorwiegend in solchen städtischen Salons erdacht. Wir geben ganz freimütig zu, dass die Alpensehnsucht gewiss ein Phänomen überdehnter Städte ist, die ihr rechtes Maß überschritten haben. Darum kann die Stadt auch nicht im Mittelpunkt einer Alpenphilosophie stehen. Das Land nährt die Stadt – im buchstäblichen, aber auch im übertragenen Sinne. Die Alpenstädte würden ohne den Zustrom von kreativen, energiegeladenen, „urigen", originellen Köpfen aus dem Bergland bald geistig vertrocknen und zu bloßen Verwaltungszentren verkommen. Verständlich ist daher die große Skepsis gegenüber den Städtern, wenn sie in die Berge kommen: Oft handelt es sich nämlich um anmaßende Kontrolleure, machtgierige Vorschriftenerfinder und von der Arbeit anderer lebende Konsum- und Systemtrottel.

November

Braun gewordenes Laub weht in tänzelnden Kreisen über den Boden. Verschrumpelt und erfroren hängen die Hagebutten müde an ihrem Strauch. Ein einsamer Steg, an den ein mit glitzerndem Raureif überzogenes Ruderboot gekettet ist, ragt in den in Nebelschwaden getauchten See. Des frühen Abends schon lugt der Mond hinter den Bergen hervor. Häuserfassaden verschwinden im kalten Dunst. Schon erstarren die Tropfen an den Zweigen zu Eis, wenn sich der Nachtfrost über die Landschaft legt. Selbst die noch grünen Äste sind mit Eiskristallen umsäumt. Raben und Krähen ziehen über den abgeernteten Feldern schreiend ihre Runden. Ihre gefiederten Kollegen, die Zugvögel, haben sich längst in wärmere Gefilde auf- und davongemacht.

Im November war es für unsere Vorfahren an der Zeit, einen Teil ihres Viehs zu schlachten. So hatten sie reichlich Vorräte für die kalte Zeit und mussten die Tiere nicht durch den Winter füttern. Bei den Schlachtfesten, beim Verarbeiten des Fleisches und Genießen der kostbaren Speisen vollzogen sie magische Rituale und gedachten dabei ihrer Ahnen, denen sie Opfergaben widmeten. Dies hat sich im christlichen Glauben erhalten. Bis heute ist es üblich, zu Allerheiligen und Allerseelen am 1. und 2. November der Toten zu gedenken und an den Gräbern der Anverwandten Kerzen anzuzünden. Traditionsgemäß war der Novemberbeginn auch ein Fest für die Armen. In diesen Tagen bekamen sie, gemeinsam mit den Knechten und Mägden, von den bäuerlichen Hofgemeinschaften besondere Gaben zugeteilt. „Allerheiligenstriezel“ nannte man das zopfförmige Brotgebäck in der Steiermark.

Für die Kinder hält der November das Sankt-Martins-Fest bereit, das am 11. des Monats gefeiert wird. Mit Gesang und selbst gebastelten Laternen wird zu *Martini* dem barmherzigen Martin gedacht, der nach der allseits bekannten Legende seinen Mantel mit dem Schwert in zwei Hälften teilte, um eine davon einem frierenden Bettler zu geben. Traditionsgemäß

gibt es in diesen Tagen auch feinen, knusprigen Gänsebraten mit Erdäpfelknödeln und Rotkraut. Solch üppige Speisen passen gut in den November, weil es nun schon bitterlich kalt werden kann. Auf den Wiesen bringt man jetzt zum letzten Mal Dünger aus. Kraut und Futterrüben sind die letzte Ernte. Ist alle Feldarbeit getan, gehen die Männer wieder in die Wälder, um dort Holz zu schlagen und Einstreu für die Viehställe zu sammeln. Auch die Wurzelstöcke der gefallenen Bäume müssen ausgegraben werden, was zu früheren Zeiten wohl die schwerste aller Arbeiten war. In den Bauerngärten kann man bereits den ersten Winterlauch sowie den Herbst- und Grünkohl ernten. Das viele Obst und Gemüse, das sich seit Herbstbeginn in den Vorratskammern, Erdkellern und Gruben angesammelt hat, musste von unseren Vorfahren ständig kontrolliert und aussortiert werden. Nur so bestand die Chance, durch den Winter zu kommen.

Im November legt sich Frost über die bunte Landschaft.

INRI
R.I.P.
FAM. PRAMSOHLER
Josef Pramsohler
Paul Pramsohler

Winter

Lebenszyklus: **Alter**

Vor etwa 60.000 Jahren, zur Zeit des mittleren Paläolithikums, als Neandertaler lebten, die vollkommen behaart waren und das Aussehen eines Gorillas hatten, wurden die ersten Gräber angelegt. Während ringsum die Tiere weiterhin verendeten, einfach liegen blieben und verwesten, wenn ihre Zeit gekommen war, begann der homo neanderthalensis die Leichen seiner Anverwandten zu beschützen, das heißt die Toten zu bestatten. Es waren Akte der Fürsorge und der Liebe, denn die Verstorbenen wurden geschmückt und ihre Gräber gekennzeichnet.

Dies wird wohl der entscheidende Wendepunkt gewesen sein, der die geistige Entwicklung erst in Gang brachte. Denn wer für seine engsten Vertrauten Begräbnisse abhält, das heißt ihrer Sterblichkeit Ausdruck verleiht, wird sich dabei notwendig auch seiner eigenen Sterblichkeit bewusst. Erst wer das irritierende wie inspirierende Faktum des Todes zu begreifen versucht, erlernt – durch den Schmerz hindurch – das Denken. Der Tod ist der Wegweiser der Philosophie.

Vorherige Seite: Gerade im Alpenraum werden Friedhöfe besonders liebevoll gepflegt.

Zu früheren Zeiten, als im Alpenraum die Mortalitätsrate bei Kindern noch um ein x-faches höher war und die durchschnittliche Lebenserwartung der Erwachsenen unter der Hälfte der heutigen lag, war der Tod allgegenwärtig. Damals, als an den Wänden der Kirchen noch die Skelette tanzten und unter den Kanzeln Kränze von Totenköpfen hervorlugten, konnte es geschehen, dass Pest und Cholera ganze Landstriche verwüsteten, sodass ein unerträglicher Gestank über allem lag und die Ernte auf den Feldern zurückblieb. Damals lag der Tod noch in der Luft. Heute führt er ein Schattendasein und ist die Angelegenheit der Spitäler geworden. Begräbnisse, die früher über Tage hinweg inszeniert wurden und reichlich Gelegenheiten boten, still in sich zu gehen, beschränken sich heute nur mehr aufs Notwendigste, nämlich, dass der Tote unter die Erde kommt, sodass dann jeder möglichst rasch wieder zur Tagesordnung übergehen kann. Nirgendwo im Alltag, außer im Fernsehen, ist mehr eine Leiche zu sehen, geschweige denn, dass es nach Leiche riechen würde. So wie wir es verstanden haben, unsere Fäkalien weitgehend geruchlos zu entsorgen, haben wir auch den Tod aus unserem Alltag verbannt. Doch auch heute haben wir nicht alle Zeit der Welt, obwohl es geradezu so aussieht, als wäre dem so.

Wer *„der Welt einen Haxen ausreißen"* könnte, wie man im Alpenraum sagt, wer mitten im Leben steht und voller Tatkraft ist, denkt nicht ans Sterben. Warum auch, wenn nichts in ihm am Sterben ist, sondern bloß wächst, blüht und gedeiht? Wer sich entwickelt und die Aufgaben, die ihm das Leben bietet, freudig annimmt, wer noch dazu jederzeit über Schmerzmittel und Antibiotika verfügen kann, bemerkt das Ende einfach nicht. Und doch ist alles auf dieses Ende hin angelegt, strebt alles auf

Im Alter wird einem die Endlichkeit bewusst.

ein Ende zu. Bis heute – und wie sollte sich das jemals ändern? – gewinnt das Leben erst im Hinblick auf den Tod sein volles Gewicht. Die Uhr tickt. Und sie hört niemals auf zu ticken, bis sie tatsächlich einmal stehenbleibt. Wer dann, angesichts des Todes, von sich sagen kann, dass er ein gutes Leben hatte, wenig Schaden angerichtet hat und einigen Menschen liebenswert und vielen förderlich war, kann beruhigt die Augen schließen. Das ist jedem zu wünschen. Doch nicht jeder wird das von sich behaupten können.

Von seinem Ende her betrachtet zeigt sich das Leben als begrenzte Zeit, die noch dazu ihre Richter hat. Der strengste Richter sitzt in uns selbst. Das wird wohl mit ein Grund dafür sein, dass manche Menschen, denen der Tod in den Knochen sitzt und das Sterben eine Erleichterung wäre, einfach nicht sterben können. Wer Schuld auf sich geladen hat und zeitlebens nicht fähig war, die Dinge wieder ins Lot zu bekommen, der hat es am Ende, wo alles daniederliegt und der Selbstbetrug keine Zukunft mehr hat, in der Tat sehr schwer. Damit uns dieses Schicksal erspart bleibt, macht es Sinn, die Dinge zügig anzugehen. *„Was du heute kannst besorgen, das verschiebe nicht auf morgen“* ist eine Weisheit, die man zwar meist Kindern an den Kopf wirft, die ihre Spielsachen nicht wegräumen wollen, doch die erst recht im Alter gilt. Denn erst dann wird die Zeit zu einem fühlbar knappen Gut, was den inneren Richter an seinen Schiedsspruch denken lässt.

Zu früheren Zeiten, als es noch nicht so viele alte Menschen gab, sprach man dem Alter Weisheit zu. Wer es verstand, steinalt zu werden, musste wohl etwas richtig gemacht haben – er hatte ein Geheimnis, das die Jungen interessierte. Wer so viele Generationen überlebt hatte und der Letzte seiner Art war, der konnte sich auch erinnern, wie es früher war, konnte seine Nächsten an die Traditionen gemahnen und ihnen gute Ratschläge erteilen. So hatte man vor den alten Menschen auch Respekt, und die Alten hatten ihrerseits eine Aufgabe, die niemand anderer erfüllen konnte. Heute, da die Jungen, nicht zuletzt dank der Segnungen des Internets, fast durchgängig das Bewusstsein haben, es besser als die Alten zu wissen, kommen den Alten kaum mehr geistige Aufgaben zu. Ihnen droht heute mehr denn je die Gefahr, sich dem blanken Materialismus zu ergeben, ins sinnlose Leben abzugleiten, depressiv zu werden oder gänzlich zu verblöden. Fast scheint es, als wäre auch im Alpenraum das Band der Generationen zerrissen. Auch in den Bergen werden immer mehr Altersheime gebaut, in denen ein strenges Regiment herrscht und die niemand gerne betritt – weder der, der dort wohnen muss, noch der, der auf Besuch kommt. Die kleinen niedlichen Häuschen, die unsere Vorfahren im Alpenraum für ihre Alten errichteten, die *Ausgedinge*, die eng an die Höfe geschmiegt waren, sodass kaum ein Tag vergehen konnte, an dem es keine Zeit für ein gutes Wort oder eine notwendige Hilfeleistung gab, stehen heute meist leer oder werden zu Partyräumen für die Jungen umgebaut.

„Alter schützt vor Torheit nicht" kann auch als Hinweis darauf verstanden werden, dass es heute keineswegs selbstverständlich, nicht einmal sonderlich wahrscheinlich ist, dass Menschen im Alter weise werden.

Die Altbauern lebten früher in den Ausgedingehäuschen neben den Höfen.

Im Schnitt findet man unter den Alten heute genauso viele Weise wie in allen anderen Altersklassen, wenn man sich denn in solchen Dingen überhaupt ein Urteil anmaßen will. Der Unterschied ist, dass Torheit im Alter weniger entschuldbar ist, weil man sich zu Recht den Vorwurf gefallen lassen muss, dass man es hätte besser wissen müssen. Doch zum einen ist es das Kennzeichen der Torheit, es eben *nicht* besser zu wissen, und zum anderen wachsen sich Charakterfehler im Alter eher aus, als dass sie abgeschliffen werden. Wer sein Leben lang ein Quälgeist, Nörgler oder Tyrann war, dem legt man die Liebenswürdigkeit im Alter zu Recht als Schwäche aus. Wenn ein Hund keine Zähne mehr hat, braucht man ihm keineswegs dankbar zu sein, dass er nicht mehr beißt. Ähnlich steht es um jene, die im Alter zu Kreuze kriechen und so dem inneren Richter ein Schnippchen schlagen wollen – als ob Gott einem verzeihen würde, wenn man sich selbst nicht verzeihen kann. Wer Respekt von anderen einfordert, muss ihn sich schon verdient haben. Das Alter *per se* ist kein Verdienst, gerade heute nicht, wo einem kaum mehr etwas anderes übrig bleibt, wo man sich in den Augen anderer fast strafbar macht, wenn man sich nicht den Segnungen der Apparate und der Medikamente ergibt.

Aus all diesen Gründen berührt es uns, wenn wir in die guten und neugierigen Augen von schönen Seelen sehen, die trotz all der Falten, die ihre Hülle zeigt, noch in voller Blüte stehen. Menschen, die keine Bühne mehr für ihre Eitelkeiten brauchen, die nicht mehr argwöhnisch bedacht sind, dass man ihnen recht gibt, sondern zuhören können, haben etwas unglaublich Schönes an sich. Wenn alles Körperliche in den Schatten tritt, hat der Geist, so er reif und mild wie guter Cognac geworden ist, die Möglichkeit, umso heller hervorzutreten. In welchem Alter bekäme man eine bessere Chance, der Wahrheit, falls man sich lebenslang um sie bemüht hat, auch tatsächlich näherzukommen? Deshalb war Platon, der größte Dichter unter den griechischen Philosophen, auch davon überzeugt, dass die wahre Liebe stets eine solche sein müsse, die der Seele mehr als dem Körper zugetan ist. Denn der Körper verfällt und hat im Alter keine Chance, die Blüte seiner Jugend wieder zu erreichen. Die Seele hingegen hat die Möglichkeit, ihre Schönheit im Alter noch zu vervielfachen. Innere Ruhe, Gelassenheit, Besonnenheit im Leiden und klare, um die Wahrheit bemühte Worte machen die Zierde des Alters aus.

Was ist Weisheit? Dass man sich verziehen hat, ein Mensch zu sein, und zu sich steht. Oder all jene Dinge, für die man in der Tat um Vergebung betteln müsste, einfach nicht gemacht hat – sei es aus Instinkt oder aus Vernunft, ganz einerlei. Mehr Möglichkeiten gibt es nicht, und alles, was da so lauwarm dazwischen liegt, ist ein rechter Krampf. Weisheit hat viel mit Entkrampfung zu tun, was dem Körper geschuldet ist. Die Weisheit des Körpers ist, ihn ständig im Fluss zu halten, gut zu atmen, reichlich zu trinken, mäßig zu essen und die Körpersäfte fließen zu lassen. Das stärkt die Abwehrkräfte, das Selbstbewusstsein, ist eine Grundbedingung der Ehrlichkeit und hat zur Folge, dass psychische Abwehr, die das seelische Pendant des körperlichen Krampfes ist, gar nicht erst aufkommt. Das ist die Voraussetzung für den zweiten Schritt, der die philosophische Grundtugend ausmacht, die, eingraviert in den Tempel von Delphi, zum Wappenzeichen der Philosophenzunft wurde: *„Gnothi Seauton, erkenne Dich selbst!“* Denn die Alten wussten, dass niemand Philosoph, das heißt ein Liebhaber der Weisheit werden kann, der nicht die Selbsterkenntnis bis in die tiefsten Winkel und den äußersten Schmerz hinein betrieben hätte, sodass er mit seiner Seele im Einklang steht und nicht mehr mit ihr hadert, das heißt tut, was er will, aber es nachher nicht bereuen muss und in der Tat nicht bereut. Erst dann nämlich ist der Geist frei, wenn er sich nicht mehr nur im notwendigen Zusammenhang mit seinen unbewussten Wünschen, verpassten Chancen und verkappten Wesenszügen bewegen kann, sondern tatsächlich mit offenen Karten spielt. So wird der Geist zwar verwundbar, entkommt aber der Feigheit, besiegt seine Angst, schmückt sich immer weniger mit fremden Federn und erreicht in der Folge eine Qualität, die man von alters her Wahrhaftigkeit nennt. Denn keine Erkenntnis, die von Angst getrieben ist, kann je etwas wert sein. Wer solcherart ein Fakir der Philosophie geworden ist, den kann man zu Recht weise nennen.

Allgemein gesprochen, bedeutet der Tod das Aufhören individuellen Lebens, das Ende der organischen Tätigkeit. Im engeren Sprachgebrauch bezeichnet er jedoch ein Sterben – das Sterben eines Menschen. Im Akt des Sterbens erscheint uns der Tod als ein Moment, als Übergang des Lebens zum Nicht-mehr-Leben. Doch in der Folge, nachdem der Akt vorüber ist, muss uns der Tod auch als ein Zustand gelten – als jener Zustand, der nach dem Leben und dem Sterben folgt. Streng genommen kann der Tod nur als Moment Gegenstand der Philosophie sein. Als Zustand ist er nicht mehr Angelegenheit der Philosophie, sondern Gegenstand von Mythologien, Religionen und der Metaphysik, die freilich auch Gegenstand der Philosophie ist, diese aber letztlich überschreitet.

Was immer Philosophen auch über den Tod geschrieben haben, in einem Punkt sind sie sich einig:

Der Weise wird den Tod weder fürchten noch ersehnen, sondern ihn als natürlichen Schlusspunkt des Lebens betrachten und gelassen erwarten.

Der Weise wird weder jeden Gedanken an den Tod verdrängen, noch ständig an ihn denken, sondern vor allem ein rechtes Leben zu führen versuchen, weil er weiß, dass nur ein gut verbrachtes Leben dem Tod den Schrecken zu nehmen vermag. Die Kunst des Lebens ist so mit der Kunst des Sterbens identisch. *„Carpe diem, nutze den Tag"*, denn die Zeit drängt, und der Tod ist ein Dieb.

Im Hinblick auf den Tod lassen sich zwei Grundhaltungen unterscheiden – eine *philosophische* und eine *philosophisch-religiöse*, die sich im Grunde gut miteinander vertragen und unter ernsthaften Menschen keine Konkurrenz darstellen. *Einerseits* kann gesagt werden: Der Tod ist ein naturgemäßes und unveränderliches Faktum. Dieses ist aber, weil es unser Ende bedeutet, hochgradig bedrohlich. Das Bedrohliche wird durch die Rätselhaftigkeit des Todes zusätzlich verstärkt. Daher gilt es, den Tod im Laufe unseres Lebens auf rationalem Weg zu bewältigen, quasi gedanklich zu neutralisieren, und zwar mittels einer Philosophie, die den Menschen dazu befähigt, sich mit der Realität zu arrangieren. Das ist die Trostfunktion, welche die Philosophie angesichts des Todes zu bieten hat, und sie gilt für jene, die mit dem Denken nicht auf Kriegsfuß stehen. Philosophie ist so auch als Seelsorgerin zu betrachten, die in Zeiten existenzieller Verzweiflung Denkfutter für religiös Indifferente liefert und auf diese Weise imstande ist, ein Gegengift gegen die Resignation und die Lähmungen der Melancholie zu sein. *Andererseits* kann gesagt werden – und dies ist die *philosophisch-religiöse* Grundhaltung: Der Tod ist zwar ein Faktum, aber nicht das Ende des Lebens, weil unsere Seele unsterblich ist. Der Tod ist der Anfang eines neuen Lebens, ein Übergang in eine andere, bessere Daseinsform. Philosophie zeigt sich hier in Form von metaphysischer und christlich-religiöser Tiefe, die auf eine künftige, transzendente und qualitativ hochwertige Daseinsform verweist und so, wenn auch auf Umwegen, ihrer angestammten Rolle als Trösterin und Seelsorgerin ebenso gerecht wird.

Wie uns Platon in seiner *Apologie* berichtet, lässt Sokrates beide Grundhaltungen gleichermaßen gelten. Das Totsein, meint er, *„ist nämlich eines von beiden: entweder wie ein Nichts-Sein, sodass der Tote auch keine Wahrnehmung mehr von irgendeiner Sache hat; oder dann ist er, wie die Überlieferung sagt, ein*

Übergang und eine Übersiedelung der Seele von dieser Stätte an eine andere." Die Überzeugung der Leute, dass der Tod das schrecklichste Übel sei, ist für Sokrates geradezu das Paradebeispiel für eine Haltung, die zu wissen glaubt, was sie in Wahrheit nicht weiß. In beiden Fällen, so Sokrates, hat der Tod nichts Schreckliches an sich: Wäre er ein Nichts-Sein, so sei er bloß ein traumloser Schlaf, ein Ausruhen von diesem Leben – und damit angenehm. Wäre der Tod hingegen die Umsiedlung der Seele an einen anderen Ort, bedeute dies ewiges Glück und Seligkeit. Man könne mit all den berühmten Gestorbenen den ganzen Tag philosophieren und sein neues Leben in vollen Zügen genießen. In beiden Fällen also sei der Tod etwas Wünschenswertes und Gutes, womit Sokrates wieder einmal den Vogel abschießt – was uns noch besser verstehen lässt, warum gerade er zum Rollenmodell der Philosophen geworden ist.

Glockenklang ist typisch für den Alpenraum.

Im Alpenraum haben sogar die Begräbnisse etwas Heiteres. Man würdigt *„a schene Leich'"*, und die Gemeinschaft kommt zum Leichenschmaus zusammen. Die Glocken erklingen – jenes markante Symbol, das die religiöse Bedächtigkeit und den regen Lauf der Zeit verbindet. Irgendwann hat für jeden die letzte Stunde geschlagen. Im „Übers-Grab-Läuten" drückte man früher durch die Anzahl der angeschlagenen Glocken aus, wie *„groß die Leich'"* – wie groß das Einzugsgebiet der Trauergemeinde – war.

Die Glocken haben eine besondere Bedeutung im Alpenraum – sie sind noch heute sein häufigster Gesang. Immerhin ist die Glocke ein Musikinstrument, das in der Fertigung höchste Präzision erfordert: Zwischen C und Cis wird der genaue Klang nach Hundertstel-Tonschritten eingestellt, und Außenseite und Innenseite sind zum Zusammenklang von Ober- und Unterton fein abzustimmen. Zwei bis drei Monate Arbeit fließt in eine einzige Glocke, dafür halten Glocken viele Jahrhunderte – wenn sie nicht frevelhaft zu Kanonen eingeschmolzen werden, die dann auf Geheiß der Politik statt friedlichem Glockenklang Feindschaft und Zerstörung verbreiten. Bedeutende Gießereien beliefern aus dem Alpenraum die gesamte Welt mit diesen beeindruckenden Kunstwerken, in deren Fertigung das Wissen von Jahrhunderten eingeht. Eine diese Gießereien betreibt die Familie Grassmayr seit 1599 in Innsbruck – eine beeindruckende Kontinuität, die für die Bedeutung der Generationenfolge in Familienunternehmen spricht. Mit ihrer relativen Kleinheit, Flexibilität und Fähigkeit, in familiärer Solidarität harte Durststrecken auszustehen, überleben Familienbetriebe oft, während andere Unternehmen an den Wechselfällen der Geschichte, den Kriegen und Inflationen, der technischen oder politischen Veränderung zugrunde gehen.

Diese Generationenfolge ist auch der größte Trost im Alter, wenn der Senior dem Junior stolz über die Schulter blicken kann und sieht, dass sein Lebenswerk fortlebt. Daher gibt man dem Erstgeborenen häufig den Namen des Großvaters oder des Vaters – und bezieht sich so auf denselben Heiligen und hofft auf denselben Schutz. Geburtstagsfeiern sind ein Brauch aus neuerer Zeit. Einst feierte man den Namenstag. Anlässlich der Geburt wäre ja im Wesentlichen die Mutter zu würdigen – der Geborene hat sich da nicht zu brüsten. Am Namenstag aber wird er daran erinnert, dass es vor ihm andere gab: Heiligere, Bessere, Fleißigere, die er sich zum Vorbild nehmen kann. Um dieser Verpflichtung zur Weiterführung des Guten und der Besserung des Bestehenden ihre Härte zu nehmen, darf heiter gefeiert und der Träger des Namens und seines *Pinkerls* durch freundliche Worte und Geschenke ermuntert werden. Am wärmsten und großzügigsten tun dies die Alten, die ihr Pinkerl bald abgeben werden – und dies ohne Reue tun, denn sie wissen: Es kommt Gutes nach! Im Winter des Lebens sieht man, wenn man es richtig angestellt hat, überall den nachkommenden Frühling das harte Eis der Welt mit neuen Blüten durchstoßen. Wenn es den Sensenmann als Gleichmacher und Neuerer der letzten Instanz nicht gäbe, würde das Alte die Welt unterjochen und ihr das Leben aussaugen.

Jetzt, da die Alten bald nicht mehr sind, die uns mit ihren großen Dummheiten und Übertreibungen das Eigene, das Nahe und das Überlieferte so richtig mies gemacht haben, darf es eine unbelastete Jugend vielleicht zwangslos und ideologiefrei wiederentdecken. Das Heil wird sich dabei gewiss ebenso nicht finden lassen. Die heitere Kindlichkeit der wenigen verbliebenen Alten, die das letzte Jahrhundert überstanden haben, ohne Schaden an ihrer Seele zu nehmen, mag uns ein Trost sein. Sie saßen *weit weg vom Schuss* auf den Bergen, ihr *Berg heil* ist unschuldig geblieben, weil sie weise genug waren, den Heilsversprechen nicht zu folgen. Viele waren es freilich nicht, denn das weiß man im Alpenraum mit Gewissheit: Der Weise ist einsam. Diese alten Alpen-Weisen *låss'n die Leit red'n* und schweigen vergnügt dazu.

Der Dezember ist die Zeit für Ruhe und Besinnung.

Dezember

„Advent, Advent, ein Lichtlein brennt ...“ Ehe wir uns versehen, stehen auf dem Adventkranz vier brennende Kerzen – traditionell drei in Lila und eine in Rosa –, und vor lauter emsiger Geschäftigkeit inmitten der einkaufenden Menschenmassen haben wir vielleicht ganz vergessen, die Zeit für Ruhe und Besinnung zu nutzen. Dabei verbrachten unsere Vorfahren nach den langen, mit Arbeit gefüllten Sommer- und Herbsttagen ihre Winterabende gerne mit Spiel und stiller Beschäftigung im Kreise der Familie. Wer möchte nicht mit seinen Liebsten solche Stunden der Muße verbringen, wie Heinrich Hoffmann v. Fallersleben sie aus Sicht der Kinder beschreibt?

Der Winterabend, das ist die Zeit
der Arbeit und der Fröhlichkeit.
Wenn die andern nähen, stricken und spinnen,
dann müssen wir Kinder auch was beginnen;
wir dürfen nicht müßig sitzen und ruhn,
wir haben auch unser Teil zu tun.
Wir müssen zu morgen uns vorbereiten
und vollenden unsere Schularbeiten
Und sind wir fertig mit Lesen und Schreiben,
dann können wir unsere Kurzweil treiben ...
Und ist der Abend auch noch so lang,
wir kürzen ihn mit Spiel und Gesang.
Und wer ein hübsches Rätsel kann,
der sagts, und wir fangen zu raten an.

Wer schaut da heimlich voller Ungeduld in das festlich geschmückte Weihnachtszimmer hinein? Der Jüngste konnte es wohl nicht erwarten. Die Zuckerl vom Nikolo sind längst schon gelutscht, das letzte Türchen am Adventkalender geöffnet und die Vorfreude auf das schönste Fest des Jahres kaum auszuhalten. Da hätte selbst der finstere Krampus ein Nachsehen gehabt. Der aufgeputzte Tannenbaum sieht dieses Jahr so

Im Winter zogen die Bauern zum Holzfällen in den Wald.

schön aus wie nie zuvor. Auch die Kekse duften himmlisch. In wenigen Stunden schon werden die Glocken zur Christmette läuten.

Zumeist wünschen sich die Menschen in den Weihnachtstagen Schnee. Zu schade, wenn Frau Holle mit dem Bettenschütteln auf sich warten lässt. *„Ist der Dezember mild mit viel Regen, hat's nächstes Jahr nur wenig Segen. Kalt mit Schnee gibt Korn auf jeder Höh!"* lautet eine alte Wetterregel aus Tirol. Ist in der Woche nach Weihnachten schon zarter Schnee zu sehen, soll dies eine gute Ernte im kommenden Jahr verheißen.

Im Dezember verbrachten unsere Vorfahren auch viel Zeit im Wald. Lag schon Schnee, spannten sie ihre Pferde vor den Schlitten. Jetzt galt es, die Bodenstreu sowie die Fichten- und Tannenäste, die im Wald schon vorbereitet waren, auf den Hof zu bringen. Die ausgegrabenen Baumstrünke wurden geteilt und zerhackt. Erst wenn sie durchgetrocknet waren, ließen sich die Herde und Öfen mit ihnen beheizen. Im Haus war ebenso viel zu tun: Jetzt wurden die notwendigen Reparaturarbeiten im Stall, in der Scheune und in den Stuben durchgeführt. Besonders wichtig war es, regelmäßig die Vorratskammern zu kontrollieren und Verschimmeltes und Angefaultes auszusortieren, damit der Rest gut durch den Winter kam. Wenn der Boden nicht gefroren war, konnte man im Garten noch Erdbirnen und Kren ernten.

Wirtschaftszyklus: **Vorsorge**

Die Welt ist kein Guckkasten. Die Alpen auf Postkarten oder bei touristischen Streifzügen zu betrachten, ist etwas gänzlich anderes, als in den Alpen zu leben. Während es unser Herz erfreut, die Bauern auf den Steilhängen arbeiten zu sehen, brennen ihnen die Hände. Während wir bloß ein Bild vor Augen haben, das unseren ästhetischen Vorstellungen und unseren moralischen Erwartungen entspricht, schwitzen sie sich das Hemd voll, bis ihnen *„der Dreck owerinnt"*, wie man im Alpenraum sagt. Das fällt uns freilich gar nicht auf, weil wir so nahe gar nicht rankommen. So genau wollen wir es auch gar nicht wissen. Hauptsache, da oben in den Bergen ist die Welt noch in Ordnung. Angeblich soll Martin Heidegger, der zeitweilig in den Bergen wohnte, sich bäuerlich kleidete und sogar eine Almhütte besaß, sich mit den Bauern gut verstanden haben. Wie berichtet wird, soll er stundenlang schweigend mit ihnen Pfeife geraucht haben. Was auch immer das konkret zu bedeuten hatte: Dem Guckkasten-Problem ist auch er nicht entkommen. In einem seiner philosophischen Radiovorträge aus den 1950er-Jahren wettert er gegen die Technik – auch gegen den Gebrauch von Traktoren – und empfiehlt, weil es doch so am besten ist, das Althergebrachte: das Pferd und den Pflug. Heidegger mag es gerne klassisch, urig und rustikal. So fühlt er sich am wohlsten, auf dem Land, in seiner Lederhose, philosophisch träumend, sodass er dann instinktiv gleich weiß, was für die Bauern das Beste ist

Plagen sollen sie sich jedenfalls, damit sie ihrem ureigensten Wesen gerecht werden. Bauernschuhe sind erst dann Bauernschuhe, wenn man ihnen die Mühsal ansehen kann. Ganz knorrig und ausgetreten müssen sie sein. Dann atmen sie den Geist der Erde. Das gefällt dem Philosophen: wenn alles echt und ursprünglich ist, damit man seinen Ruhepol hat, von dem aus sich das Denken zu ungeahnten Höhen entwickeln kann. Vielleicht war das mit ein Grund, warum die Bauern stets geschwiegen haben, wenn Heidegger das Wirtshaus betrat. Was soll man dazu auch viel sagen?

Und doch: Kaum etwas anderes hat die Lebenswirklichkeit unserer Vorfahren in den Alpen mehr geprägt als harte Arbeit und ständige Gefahr: steile, glitschige Wiesen, schmale Steige und Grate, über die man schwere Lasten zu tragen hatte, Felsabbrüche, Steinschlag, Muren und Lawinen, fallende Bäume, splitterndes Holz, enorme Schneelasten auf den Dächern, arktische Temperaturen, Hochwasser im Frühjahr, orkanartige Stürme im Herbst, Blitze, die an den trockenen Holzbalken lecken, wild gewordene Stiere, die es einzufangen gilt, dazu noch eitrige Zähne, zerquetschte Finger, Gelenkabnützungen und Blutvergiftungen, abgesehen von den Vieh- und Menschenseuchen, die immer wieder durch die Täler zogen. Ein paar Sonnentage im Jahr zu wenig, und das Getreide wurde in den Höhenlagen einfach nicht mehr reif. Die Natur war unberechenbar. Und die Menschen waren ihr völlig ausgeliefert.

Die Gesichter der Alten, die auf den seltenen Schwarz-Weiß-Fotografien noch erhalten sind, erinnern mit ihren vielen feinen und groben Furchen an die Gesichter von Indianern.

Die Augen, die schon so viel Sonne gesehen haben, bleiben auch im Schatten zugekniffen und liegen tief. Ein unmerkliches Lächeln liegt auf den Lippen und in den Augen. Es will uns sagen: *„Seht uns an, wir haben überlebt"*.

WER IN DIESER WELT ALT WERDEN WOLLTE, musste ganz besondere Arbeits- und Überlebenstechniken entwickeln. Er musste erfindungsreich, listig und zäh sein. Doch niemand kam in die Verlegenheit, das Rad gleichsam neu erfinden zu müssen. Jeder konnte auf jahrhundertealte Erfahrungen zurückgreifen – auf das, was sich bewährt hatte, und dazu tauglich war, das Leben tatsächlich zu meistern. Eine dieser Traditionen war die gemeinsame Nutzung der Wälder und Almen, die besonders in jenen Gebieten Tirols und der Schweiz häufig war, in denen sich die *Realteilung* durchgesetzt hatte. Im Unterschied zum Anerbenrecht war es bei der Realteilung üblich, den Familienbesitz bei jedem Erbgang zu gleichen Teilen unter den Erbberechtigten aufzuteilen, was zur Folge hatte, dass die Höfe und Nutzflächen oft so klein wurden, dass sie die Menschen nicht mehr ernähren konnten. Der Schweizer Volkskundler Arnold Niederer führt dies auf das Autarkiestreben innerhalb der Familie zurück, in der man Vielseitigkeit anstelle von Spezialisierung ersehnt, und zudem darauf, dass *„die Teilhabe am elterlichen Gut einen selbstverständlichen Wert darstellt"*. Um zu überleben, begann man die Almen und Wälder gemeinsam zu bewirtschaften und fand so mit vereinten Kräften sein Auskommen. Andere Traditionen bedachten eine sinnvolle Vorratshaltung und Vorsorge, die angesichts der stets drohenden Missernten und Naturkatastrophen bitter notwendig war. *„Spare in der Zeit, dann hast du in der Not"*: Darunter verstand man einer alten Regel aus den Alpen zufolge im Konkreten, dass ein vernünftiger Hausvater stets drei *Fexungen*, das heißt Jahreseinkommen, auf Vorrat haben sollte – eine auf dem Kasten, die andere im Stadel oder in der Scheune und die dritte im Beutel. Bei den Kästen handelte es sich um Häuser oder Hütten, in denen man das Getreide aufbewahrte. Im Stadel oder in der Scheune befanden sich nicht nur Heu und Stroh, sondern auch die landwirtschaftlichen Geräte. Die drei Jahreseinkommen verteilten sich also auf erwirtschaftete Güter, Betriebskapital und Geld. So konnte man auch, falls die Notfälle ausblieben, investieren, das heißt zusätzliche Nutzflächen und Gerätschaften erwerben sowie Zubauten finanzieren.

Fast alle Güter des täglichen Gebrauchs wurden selbst gefertigt.

Die alten Alpenbewohner mieden Schulden, denn sie ahnten, dass sie dafür ihre Freiheit aufgeben müssen. Ein hoher Verschuldungsgrad macht besonders empfindlich gegenüber den Schwankungen der Volkswirtschaft und Politik. Wo man natürlichen Abhängigkeiten derart ausgeliefert ist, weicht man allen künstlichen Abhängigkeiten aus. Nur in einer Blasenwirtschaft kann es Investitionen ohne Sparen geben. Dann treten eben große Versprechen und politische Pläne an die Stelle von Selbstständigen, die auf eigene Rechnung wirtschaften und für ihre Fehler geradestehen. Auf einer solchen Grundlage, die kollektive Verantwortungslosigkeit und massive Verzerrungen nach sich zieht, ist ein naturnahes Leben in den Alpen nicht möglich: Die Menschen, ihre Kreativität und Finanzmittel strömen in die städtischen Massensiedlungen, wo Anspruchs- und Wegwerfmentalität an die Stelle von Eigenverantwortung treten.

Eine zweckmäßige Form der Lebensbewältigung war es ebenso, nichts wegzuwerfen, alles Beschädigte zu reparieren, alles Zerrissene und löchrig Gewordene zu flicken, nicht nur die Wäsche, sondern auch die Kessel und Pfannen, und alles, was arg schmutzig geworden war, gründlich zu reinigen, sodass es wieder in alter Frische zur Verfügung stand. Fast alle Güter des täglichen Gebrauchs wurden selbst hergestellt, sodass man sie auch leicht wieder reparieren konnte. Hauptwerkstoff war das Holz, das in ausreichenden Mengen zur Verfügung stand, wenn man es denn aus den Wäldern holte, gut trocknete, zersägte und auf Lager hielt. Gekauft wurde an Gütern des täglichen Bedarfs nur wenig. Insofern lebten uns die Alten schon vor, was heute als vorbildlich und nachhaltig gilt. Ein anderes Leben war auch gar nicht möglich, weil man ohne den Erhalt des Bestehenden seine Lebensgrundlage verlor und einem keine anderen Quellen zur Verfügung standen, die man im Notfall hätte anzapfen können.

Freilich konnte es auch geschehen, dass man zu ungeschickt, zu gutherzig oder zu einfältig war, um das Leben aus eigenen Kräften zu bewältigen, dass man Pech hatte oder grobe Fehler beging. Dann war man darauf angewiesen, von der Gemeinde unterstützt zu werden. Neben diesen Ortsarmen, die besitzlos und arbeitsunfähig waren, gab es die bereits erwähnten Kleinhäusler und unbemittelte, einschichtig lebende Menschen, die sich für gewöhnlich selbst erhielten, die aber in Fällen von Krankheit und bei Missernten ebenso auf fremde Hilfe angewiesen waren. Der christliche Glaube, der die Caritas, die Nächstenliebe in seinem Zentrum hat, gebot es, diese Menschen zu unterstützen. Doch alles in allem war es eine harte Welt, in der es so gut wie nichts im Überfluss und demnach kaum viel zu verschenken gab.

Jeder musste sparsam sein mit dem, was er sich in der rauen Bergluft erwirtschaften konnte. Wer etwas verschenken wollte, musste es sich vom Mund absparen.

Das wahre Alpenbrot ist das Roggenbrot aus Sauerteig.

Die Erfahrung, dass das tägliche Brot karg und hart erarbeitet ist, bestimmte das Denken der Alpenbewohner. Brot ist das Lebensminimum, das niederste Lebensmittel – darum aber symbolisch höchst geachtet. *„Wer den Brotkrumen nicht ehrt, ist des Fleisches nicht wert“*, dachten sich die Menschen in den Alpen. Nicht weil sie Brot als so gesund oder lecker erachteten, sondern weil es die Hungerkost ist. Brot ist die eiserne Reserve, wenn alle anderen Lebensquellen versiegen. Das Alpenbrot ist kein lockeres Weißbrot, sondern meist dichtes Roggenbrot. Die alten Backmethoden waren zeitaufwendig: Einweichen, Keimen und Fermentieren des Getreides, Ansetzen von Sauerteig, der wie ein Lebewesen (das er tatsächlich ist) gehütet und beobachtet wird. Diese Methoden reduzierten das Gluten und machten das Brot besonders nahrhaft und lange haltbar. Einst wurde nur zwei- bis viermal pro Jahr gebacken, meist beim letzten Mondviertel. Dazu dienten steinerne Gemeinschaftsöfen, die im

Freien aufgebaut waren. Das fladenartige Brot wurde getrocknet und auf hölzernen Gestellen, *Broatrehm*, *Broatrumme* oder *Brotreite* genannt, aufbewahrt, die Schutz vor Feuchtigkeit, Ungeziefer und Mäusen boten. So konnte Brot mehrere Jahre halten – ein großartiger, effizienter Notvorrat. Die letzten, harten Reste wurden in Milch getunkt oder mit der sogenannten *Gramml* zerkleinert. Achtlos herabgefallene Krumen würde der Teufel einsammeln, so sagt man vielerorts, um sie einem ins Grab nachzuwerfen. Vor dem Anschneiden des Brotes wurde früher oft ein Kreuz eingeritzt, um die religiöse Achtung vor diesem Überlebensmittel auszudrücken. Bezog man ein neues Haus, so trug man zuerst Brot hinein – damit kein Hunger kommen wolle. Schändung des Brotes galt als einer der schlimmsten Frevel. Brot wurde langsam und bedächtig gekaut – besonders die Fastenbrezen in der Fastenzeit. Deren Teig ist besonders fest und mit Gewürzen versetzt, um den Speichelfluss anzuregen. Brot ist kein Lebensmittel, das gierig in rauen Mengen heruntergeschlungen werden soll, sondern Retter in der Not. Darum aß man es auch nicht frischgebacken. *„Warmes Brot tut dem Magen nicht gut"*, sagen die Bäcker noch heute – auch wenn sie sich dem Trend zum Aufbacken von Tiefgefrorenem kaum verwehren können.

Ein alter Bauernspruch besagt: „Ackerwarm, mühlwarm und ofenwarm/macht den reichsten Bauern arm".

Der Spruch richtet sich wohl gegen den unmittelbaren Konsum, der die gegenwärtigen Begierden höher als die zukünftigen Bedürfnisse gewichtet. Mit dem Essen kommt der Appetit, und dann sind die Vorräte zu schnell aufgebraucht. Die Sparsamkeit gebietet, zuerst die Vorräte zu überprüfen und aufzufüllen, und erst dann den momentanen Hunger zu stillen.

Die Sparsamkeit der Alpenbewohner ist allerdings keine puritanische

Minderung der freudvollen Seiten der Existenz, keine geizige Schmucklosigkeit. Ganz im Gegenteil ist den Menschen die Schönheit besonders wichtig. Es sind erst die Modernen, die scheinbar alles haben, die stets eine Überfülle umgibt, die sich mit schmucklosen und kargen Gehäusen abfinden, die in grauen Hallen in grauer Kluft graue Werkzeuge bedienen. Die neue Hässlichkeit ist ein Luxus überreizter Wohlstandskinder. Der alte Alpenbewohner wäre ohne Schönheit eingegangen wie eine Pflanze ohne Sonnenlicht. Dieser Drang zur Schönheit findet sich an allen Dingen, die durch ihre Hände gingen. Das Schmücken war ihnen der liebste Zeitvertreib. Insbesondere im Winter hatte man Zeit für Schnitzereien, Verzierungen und Handarbeiten. Die Kunst war noch nicht die Profession einer Elite, voll von Geheimnissen und mit großem Bedarf an Interpretation, geschaffen für Museen und Galerien. Dafür war nahezu jeder auf irgendeine Weise ein Künstler. Der österreichische Volkskundler Karl von Spiess schildert die Liebe zur Schönheit und die Schönheit aus Liebe: *„So verfertigt der Bursche für seine Liebste oder Braut Geräte, die sie im Haushalte dereinst brauchen wird, wie Spinnstab, Wäscheklopfholz, hölzernes Wiegenband u. dgl., und ziert sie durch Schnitzwerk in reichster Weise aus. Derartige auserlesene Stücke sind unter dem Namen ‚Minnegaben' bekannt. In ähnlicher Weise arbeiten die Mädchen an der Ausschmückung der Wäsche durch kunstreiche Stickerei.*

An langen Winterabenden ist Schnitzen ein beliebter Zeitvertreib.

Taufe, Hochzeit und Tod geben die großen Einschnitte im Leben an, denen die besonders schön gezierten Arbeiten gelten. Auch von dieser Seite zeigt sich die Bauernkunst als richtige Zweckkunst.“ Da es sich um eine Kunst für jedermann handelt, besteht sie aus dem Ausführen überlieferter Muster, die individuell angepasst und ausgeschmückt werden. Wie ein Malen nach Zahlen erlaubt die Überlieferung jedem, etwas Schönes hervorzubringen. Originalität ist den großen Meistern vorbehalten, die zu Lebenszeiten aber selten anerkannt werden – man hält sie für Narren. Dadurch geniert sich der einzelne, anonyme Schöpfer der Alltagskunst aber auch nicht für sein Werk, denn er misst sich nicht an einer Kunst, die hoch auf dem Podest steht. Er folgt seinem Empfinden und eben dem Bewährten.

Dasselbe gilt auch in der Baukunst. Der österreichische Architekt Adolf Loos schildert, was die Ästhetik des menschennahen Bauens ausmacht: *„Denn die Baukunst knüpft an Gefühle und Gewohnheiten an, die ununterbrochen von den schon bestehenden Bauwerken, die ja Jahrtausenden angehören, beeinflusst werden. Was will denn der Architekt eigentlich? Er will mit Hilfe der Materialien Gefühle im Menschen erzeugen, die eigentlich diesen Materialien noch nicht innewohnen. Er baut eine Kirche. Die Menschen sollen zur Andacht gestimmt werden. Er baut eine Trinkstube. Die Menschen sollen sich drinnen gemütlich fühlen. Wie macht man das? Man sieht nach, welche Bauwerke schon früher im Stande waren, diese Gefühle zu erzeugen. An die muss man anknüpfen. Denn der Mensch hat sein Leben lang in gewissen Räumen gebetet, in gewissen Räumen getrunken.“* Die Ästhetik, die wir im Alpenraum finden und die so viele in ihrer Seele berührt, beruht auf jahrhundertelanger Bewährung und natürlicher Alterung. Sie hat selbst eine Seele und erzählt Geschichten. Leider lässt sich in wenigen Jahren zerstören, was in Jahrhunderten gewachsen ist. Die Lücken werden in der modernen Ei.e fast ausnahmslos durch Hässlicheres gefüllt.

Die Fähigkeit, die eigene Umwelt zu verschönern, macht wesentlich die Selbstgenügsamkeit des traditionellen Menschen aus, die auch eine gewisse Unabhängigkeit und Freiheit bedeutet. Erik von Kühnelt-Leddihn zeichnet den Kontrast zum modernen Menschen nach: Menschen aus traditionellen Kulturen können vielleicht nicht lesen oder schreiben, doch *„sie können unabhängig von den künstlichen Formen großstädtischer Unterhal-*

Wer sich in eiskalte Bergseen wagt, stärkt seine Abwehrkräfte.

tung sein, weil sie singen oder dichten, schnitzen, malen oder komponieren können; sie können neue Märchen erfinden, weben, sticken, ein Instrument spielen; sie sind oft unterhaltsame Gesprächspartner und ihr Humor ist tief verwurzelt, ohne aus einem halben Dutzend von Witzblättern abgeleitet zu sein; [...] *als Handwerker kann er ein wahrer Künstler sein, der seine gesamte Persönlichkeit in das Schaffen von Kunstgegenständen einfließen lassen kann."*

Auch in der Medizin überwiegt in den Alpen das Vorsorgeprinzip. Oder negativ ausgedrückt: Die traditionelle Medizin hat wenig anzubieten, wenn den Organismus einmal eine schwere Krankheit ereilt oder ein schwerer Unfall geschädigt hat. So weit soll es erst gar nicht kommen –

und wenn es doch so weit kommt, erträgt man Schmerz und Tod mit einer gewissen Schicksalsergebenheit. So ist es dem österreichischen Psychologen Viktor Frankl vorbehalten, selbst im Angesicht des Leides einen Lebenssinn zu erkennen. Umso beeindruckender aber ist das alte Vorsorgewissen im Alpenraum. Eingeschränkt durch Lebensmittelknappheit, sind doch viele der alten Ernährungsweisen von zeitloser Weisheit.

Auch die vermeintlich neumodische *Wellness* ist stark alpin begründet. Der bayerische Priester Sebastian Kneipp hat den berühmten Kuren seinen Namen gegeben, von denen viele noch heute praktiziert werden, manches aber freilich überholt ist. Doch die Bedeutung von Bädern kennt man im Alpenraum schon viel länger. Mancherorts gibt es noch alte Bauernbäder: Dort wird Wasser in badewannengroßen Holzbottichen mit glühenden Steinen aufgeheizt. Darin nehmen die Menschen lange Bäder, wobei die Wanne mit einem Holzdeckel abgedeckt wird, sodass nur noch der Kopf herausragt. Auch Saunen gab und gibt es viele in den Alpen. Die alten Bauernsaunen bestehen aus kleinen Scheunen, die ebenfalls mittels glühender Steine aufgeheizt werden. Die heilfördernde Wirkung alpiner Mineral- und Thermalquellen ist seit der Antike bekannt. Später erkennt man die günstige Wirkung der Bergluft abseits städtischer Ausdünstungen: Weltberühmte Luftkurorte entstehen in den Alpen. Städter zieht es hinfort oft zur „Sommerfrische“ in die Berge. Freilich hat die körperliche Betätigung dabei eine mindestens ebenso große Bedeutung für die Gesundheit wie die frische Luft.

Auch das Kräuterheilwissen erreicht in den Alpen ein beachtliches Niveau. Dass gegen jedes Wehwehchen ein Kraut gewachsen sein soll, dient wohl vor allem als Trost – und damit als wirksames Placebo.

DIE SKEPSIS GEGENÜBER der Schulmedizin war in den Alpen lange groß – vielleicht scheint den Menschen der Preis für ihre Segnungen manchmal zu hoch. Künstliche Lebensverlängerung, Symptombekämpfung und bloße Aufbewahrung der Alten in Krankenhäusern sind dem bodenständigen Realismus der alten Alpenbewohner unerträglich. So ist es wohl kein Zufall, dass Karl Hermann Spitzy, der letzte Vertreter der Wiener Schule der Medizin, bei aller Anerkennung der Leistungen moderner Schulmedizin im chirurgischen und pharmazeutischen Bereich ihre Mängel als besonders schlimm empfand: das Ende der philosophischen Grundbildung der Ärzte, die Überspezialisierung und die Überbetonung des naturwissenschaftlich Messbaren anstelle einer ganzheitlichen Betrachtung des Menschen, die schwindende Bedeutung der persönlichen Beziehung zum Patienten sowie das mangelnde Erfassen der Selbstheilungskräfte des menschlichen Organismus. Diese Kenntnis der „Selbstreparatur" entspringt unmittelbar der alpinen Naturerfahrung. Spitzys Kritik wurde in ähnlicher, noch schärferer Weise vom österreichischen Philosophen Ivan Illich vorgebracht, als dieser vor einer Nemesis der Medizin warnte.

In den Alpen werden Wehwehchen mit Hilfe von Heilkräutern kuriert.

Der Alpenbewohner g'spiat si – und scheint dadurch ein besonders waches Körperempfinden zu haben. Das führt zu weisen Merksätzen wie „Wenn's Arscherl brummt, is' Herzerl g'sund."

Die moderne Medizin bestätigt dies: Können aufgestaute Darmgase nicht entweichen, besteht die Gefahr von Herzrhythmusstörungen. *Außi låssn* ist die generelle Devise, wenn dem Körper etwas nicht behagt – ob durch Hinausschwitzen, Erbrechen oder Abführen. Das ist manchmal eine rechte *Rosskur*. Ansonsten ist die Alpenmedizin aber besonders sanft: allerlei Kräuter und Gewürze von Arnika und Salbei über Distel und Kamille bis Schafgarbe und Kümmel sowie allerlei tierische Fette, auf deren Wirkung man bis heute schwört: *Murmentelschmalz* (vom Murmeltier), Hasenfett und Hirschtalg.

Diese Alpenmedizin mag im Vergleich zu modernen Geräten und Mitteln dürftig erscheinen. Doch der medizinische Bedarf war einst auch wesentlich geringer. Früh geübte Trittsicherheit, die Beschränkung auf *„konviviale Technologie"* (wie Ivan Illich sagte) und die generell niedrigere Lebensgeschwindigkeit schützte vor manchen Unfällen. Der Schutz durch Berge, die Abwesenheit von Massenansammlungen und Massenmobilität bewahrte vor manchen Seuchen. Gewiss brachte so manches, das heute einfach zu kurieren ist, den Tod, doch fehlten dafür viele andere Leiden. Zahnschäden etwa kamen kaum vor, die körperliche Verfassung war allgemein recht gut. Viel Bewegung an der frischen Luft, mit lang anhaltender leichterer Anstrengung und kurzen Phasen hoher Anstrengung, und vor allem die Ernährung – trotz ihrer Kargheit – boten Vorsorge: Milch nur als nicht-pasteurisierte, fett- und nährstoffreiche Rohmilch (hauptsächlich in Form von fermentierten Milchprodukten), einmal pro Woche Fleisch, wobei alle Teile des Tieres gegessen wurden (die Eingeweide sind nährstoffreicher), generelle Wertschätzung fetter Nahrung (Käse, Butter, Schmalz, Speck), alte Obstsorten mit geringerem Zuckergehalt, kein raffinierter Zucker. Natürlich fehlten alle modernen Zusatz- und Konservierungsmittel. Das machte die Lebensmittellogistik zu einer schwierigen Hauswissenschaft und einem ewigen Kampf gegen Verderben und Schädlinge. Das wichtigste Element der wirtschaftlichen Vorsorge war die wohlbestückte Speis bzw. ein *Troatkasten*, oft ausgeführt als kleines Häuschen auf erhöhtem Sockel ohne direkten Bodenkontakt – in fetten Jahren eine wahre Schatzkammer, in mageren Jahren eine harte Schule der Ökonomik.

Jänner

Wer im Jänner hoch oben im Gebirge steht, umgeben von leuchtenden Schneemassen, ist den himmlischen Gefilden so nah wie niemand sonst. In diesem flächendeckenden Weiß wirken die im Schatten liegenden Gipfel, als seien sie bläulich illuminiert. Auch unten im Tal pfeift ein eisiger Wind um die Häuser, zieht den Leuten durch die Mäntel hindurch und bläst den Tieren in ihr dichtes Fell. Der Winter bringt zweierlei auf einmal: weiße Tage und schwarze Nächte. Obwohl bereits kurz vor Heiligabend die längste Nacht war, merkt man die länger werdenden Tage noch kaum. Im Gegenteil, jetzt erst schlägt der Winter voll aufs Gemüt. Was Josef von Eichendorff in seiner *Winternacht* beschreibt, wenn sich die Tristesse der dunklen Jahreszeit über die Menschenseele legt, ist eine Stimmung, die wir heute gerne als Winterdepression bezeichnen:

Der Winter bringt zweierlei: weiße Tage und schwarze Nächte.

Verschneit liegt rings die ganze Welt
Ich hab nichts, was mich freuet
Verlassen steht der Baum im Feld
Hat längst sein Laub verstreuet

„Ist der Winter hart und weiß, wird der Sommer schön und heiß“ und *„Viel Schnee bringt reiche Ernte“* – die Härte des Winters ist geradezu erwünscht, vielleicht auch aus dem Bewusstsein heraus, sich die guten Dinge durch vorhergehende Drangsal und Entbehrung erst verdienen zu müssen. Im Jänner holten unsere Vorfahren das Holz aus dem Hochwald, eine Arbeit, die so mancher mit dem Leben bezahlen musste. Doch dies war die Bedingung dafür, dass sich der Reichtum der Wälder für menschliche Zwecke nutzbar machen ließ. Am Montag nach dem Dreikönigstag, dem *Pflugtag*, wurden die Arbeitsgeräte und Werkzeuge instand gesetzt. Dieser Montag galt von alters her als großer Aufräum- und Kehrtag. Zu den Aufgaben im Jänner gehörte es ebenso, die Bettwäsche, Unterwäsche und Arbeitskleidung zu flicken sowie Flachs und Wolle zu spinnen und zu verarbeiten.

Wer im Lebm strebt nach an Zü
oder ah was ändern wü,
braucht koa Silvesternacht dazua,
Gelegnheit gibt's a ganz Jahr gnua.

Unverblümt sagt es Gertrud Lahnsteiner in ihrer Traunviertler Mundart, wie es ist: All die Vorsätze, die wir uns um den Jahreswechsel vornehmen, sind wohl noch den Jänner über in unser Gedächtnis eingeschrieben, geraten im Lauf der Monate jedoch in Vergessenheit. Wie wäre es denn, wenn wir uns *jeden Tag* etwas vornehmen würden? Es muss ja nicht immer gleich etwas Neues sein. Im Grunde reicht auch das immer Gleiche: *„Edel sei der Mensch, hilfreich und gut! Denn das allein unterscheidet ihn von allen Wesen, die wir kennen.“* Dies Dichterwort trifft es genau und ist dabei so einfach.

Sozialer Zyklus: **Drinnensein**

Im Winter müssen wir drinnen sein, im Mutterschoß unserer Häuser, von denen wir Geborgenheit und Schutz erhalten, die uns wärmen und vor dem Eis bewahren. Dort können wir aufatmen, sicher sein und uns mit den Liebsten um den Herd versammeln. Der Herd ist das Herz des Hauses, weil er das Feuer für uns birgt. Nicht nur im Winter, auch im Sommer. Wäre das Feuer am Dach, so wäre es unser Feind, und wir würden es aufs Erbittertste bekämpfen. Im Käfig des Herdes hingegen ist uns sein Knistern willkommen. Es hält den Suppentopf am Brodeln und trägt uns die Wärme tief in die Knochen, sodass wir es wie einen Freund bewahren. Seine Rauchfahne zeigt weithin für jedermann an, dass wir zu Hause sind. Solange das Feuer brennt, geht es uns gut, weil wir nicht frieren und wohl auch nicht hungern müssen. Das ist im Winter das Wichtigste.

Haus und Herd sind der Inbegriff privaten Lebens, nicht nur im Alpenraum. Im Haus wird gelebt, geschlafen und gestorben. Im Haus werden die Kinder in die Welt gesetzt. Es ist eine Welt im

Im Winter hat man viel Zeit für Handarbeiten.

Kleinen, die wir brauchen, weil uns die Welt im Großen, im Unterschied zu den Tieren, nicht mehr trägt. Der Herd des Hauses gilt von alters her als heilig. Zum einen, weil er das Zentrum der Familie ist. Zum anderen, weil sich der Magie des Feuers niemand entziehen kann: So scheint es zu leben, weil es sich bewegt. Es atmet, weil es Luft braucht und erstickt werden kann. Ständig muss es ernährt werden, so ist es auch hungrig. Hauchfein sind seine wallenden Schleier, durch die man hindurchsehen kann, die aber nicht zu greifen sind, weil sie alles verzehren, was mit ihnen in Berührung kommt. Auf diese Weise ist das Feuer auch gefährlich und muss bewacht werden. Es ist imstande, die Dinge zu verwandeln, macht Holz zu Asche, und geht am Ende, nachdem es alles zugrunde gerichtet hat, selbst zugrunde. Leben und Tod sind im Feuer vereint. Wenn uns das Züngeln seiner Flammen in seinen Bann zieht, umfängt uns ein Mysterium. Unser Blick wird tief, verliert seine Fokussierung und wendet sich nach innen – dorthin, wohin auch schon unsere Ahnen sahen, als sie vor dem Feuer saßen. Es müssen wohl uralte Gefühle und Stimmungen sein, die das Feuer hervorruft. Und so erahnen wir auch, warum es immer schon ein Kultplatz war, ein heiliger Ort der Götter.

Heute ist uns das Feuer zu gefährlich geworden, zu aufwendig, zu schmutzig. Wir verwenden überwiegend Elektroherde. Damit haben wir uns von unserer Vergangenheit und unseren Ahnen entfernt. Wir haben mit dem Feuer das älteste Kulturmittel aufgegeben – einen Kultplatz, ein Symbol, ein eminent sinnliches Erlebnis und ein Medium der philosophischen Meditation.

Niemand versammelt sich heute um den E-Herd oder vermutet dort das Göttliche. Niemand wärmt sich vor dem Radiator der Zentralheizung andächtig die Knochen und versenkt den Blick in die Rippen des Blechgestells, sodass er tief wird und sich im Unendlichen verliert.

Nein, dort liest man bestenfalls die Klebeetikette der Wartungsfirma, die für die Gastherme zuständig ist. Da gibt's nichts zu philosophieren. Nichts flackert mehr und züngelt vor sich hin. Nichts streckt seine Zungen in alle Richtungen, auf der Suche nach Nahrung. Nichts strahlt in rhythmischen Wellen seinen Sonnenwind aus. Alles ist rechteckig und abwaschbar. Doch wie soll man die Welt begreifen, wie soll man Wahres über die Dinge und den Menschen aussagen können, wenn man die Dinge nicht mehr an sich heranlässt? Wenn die ältesten Gefühle und Stimmungen sterben? Wir haben das Feuer digitalisiert, das heißt in seine Einzelteile zerlegt, und können es in der Folge in beliebigen Portionen mit ähnlicher Wirkung einsetzen. Das ist praktisch, so wie das Papiergeld, das auch eine ähnliche Wirkung wie Gold und Silber hat, aber nicht mehr aus

Das Feuer ruft uralte Gefühle und Stimmungen hervor.

Zirbenstuben senken unseren Herzschlag.

Gold und Silber besteht. Dadurch hat sich das Geldwesen völlig verändert, und auch die Menschen, die das Geld benutzen. Ähnlich ist es beim Buch, das digitalisiert wurde. Dort finden wir zwar seinen Inhalt, aber gleichsam flüssig, sodass man ihn mit „copy & paste" beliebig transportieren kann. Das verändert das Denken. Es wird zum Hamster, der sich die Backen vollschlägt, aber dem die Fähigkeit zur Innenschau abhandenkommt. Wir leben in einer zunehmend künstlicheren Welt, die ihre Tiefe verliert und immer oberflächlicher wird – im wahrsten Sinne des Wortes. Der Computer ist das beste Beispiel dafür. Er ist eine neutrale Benutzeroberfläche, auf die man sich scheinbar die ganze Welt zaubern kann. Aber es ist nicht die Welt, die am Computer zu sehen ist, und demnach kann man dort auch nicht die Wahrheit über die Welt erfahren. Alles ist aus zweiter Hand, oder besser: aus gar keiner Hand, weil man dort niemandem mehr die Hand gibt. Die Folge ist, dass auch unsere Gedanken und Handlungsweisen künstlich werden, weil sie keinen echten Gefühlen mehr entsprechen, sondern eingebildeten Vorstellungen, die man sich aus Bildern macht – unpersönliche, ja sogar autistische Reflexionen über ein Nichts, dem wir Bedeutung zumessen. Der Zusammenhang mit unserem Leben ist bloß ein abstrakter, den man sich in der Vorstellung zusammenreimt, der aber niemals stattgefunden hat. Der Augenblick, das Original, ist verschwunden. Damit auch das Heilige, die magischen Momente. Die Tiefe der Gegenwart, die Sinnlichkeit des Moments und damit auch der Blitz der Erkenntnis. Das alles ist auf künstlichen Oberflächen nicht mehr möglich. Die Dinge haben dort buchstäblich kein Gewicht mehr. Und warum scheren wir uns dann um diese Dinge? Weil wir den Verführungen einer Scheinwelt erlegen sind.

Otl Aicher, der berühmte Designer, der in den Allgäuer Alpen lebte, beklagte das Schwinden des Analogen aus unserer digitalen Welt, die sich für digitalisierbare Zahlen begeistert, aber für Verhältnisse und Beziehungen, die sich nur analog erschließen, blind wird. *„Die genaue Welt ist die falsche“*, warnte Aicher, denn Liebe und Hass, Zweckmäßigkeit und ästhetische Qualität lassen sich nicht einfach berechnen oder abmessen Den Unterschied zwischen digitaler und analoger Methode illustriert er am Beispiel einer Frau, die bei der Handarbeit in der guten Stube die zwei längsten Stricknadeln aus einem Bündel heraussuchen möchte. Sie könnte jede einzeln abmessen, oder sie stellt das Bündel auf den Tisch, sodass die längsten herausstehen. Das Digitale erfasst die Quantität, das Analoge die Qualität. Der alte Alpenraum ist eine durch und durch analoge Welt, die quantitativ stets den Kürzeren zieht und allenfalls qualitativ bestehen kann. Aicher beschreibt, wie schwer es ist, sich dem Zwang der digitalen Methode zu entziehen: *„Der Wandel in unserer Kultur, in unserem Verhalten, in unserem Verständnis der Welt ist beeindruckend. Fast jeder Mensch hat bereits eine zweite Natur, seine Existenz als Größe von Zahlen und Werten. Zahlenwerte aus der Schule, biologische Größen, Zahlenwerte der Herkunft, der Familie, Zahlenwerte als Arbeitskraft, als Gehaltsempfänger, als Verkehrsteilnehmer, als Versicherungsnehmer, als Staatsbürger, als Kaufkraft.“*

Der Wert des alten Herdfeuers ist ein qualitativer. Man bemühte sich nicht um Dämmwerte, die vielleicht die Kälte aussperren, aber meist nur die krankmachenden Keime einsperren. Auch im Winter will man sich der reinen Luft der Berge nicht ganz entziehen. Die Perfektion der Heizqualität ist der Kamin, das Kunstwerk der reicheren Stuben. Die Strahlungswärme des Kamins hat heilende Wirkung, denn sie umfasst ein größeres Wellenspektrum und liefert eine gleichmäßigere Raumwärme als moderne Heizmethoden. Die Stuben der Wohlhabenden werden zudem von wunderschönen Holzvertäfelungen auch optisch gewärmt. Mit Bemalungen und Schnitzereien verzierte Möbel tragen zur berühmten Gemütlichkeit der Alpen bei, die in der guten Stube ihre volle Pracht entfaltet. Im besten Falle erzählen alte Balken mit ihren eingeschnitzten Jahreszahlen stolz von einer langen Tradition, und die Vertäfelungen sind aus Zirbenholz, um das Gemüt zu erhellen. Die Zirbe liefert das Edelholz der Alpen – ein Rohstoff, der langsam wiederentdeckt wird. Das Zirbenholz hat eine wundersame Qualität, die mittlerweile auch quantitativ bestätigt wurde: Es enthält ätherische Öle, welche die Herzfrequenz senken. Ist der Platz auf der Kaminbank in der Zirbenstube deshalb der wohl gemütlichste Ort der Welt, weil er uns unterbewusst die Sicherheit des Mutterleibs vermittelt?

In abgeschiedenen Tälern ist man im Winter noch einsamer als sonst.

Wessen Herdfeuer brannte, der wähnte sich in Sicherheit. Dem konnten, wenn das Dach und die Wände halbwegs dicht waren, Eis und Sturm nichts anhaben. Das Vieh – neben dem Haus das Wert-

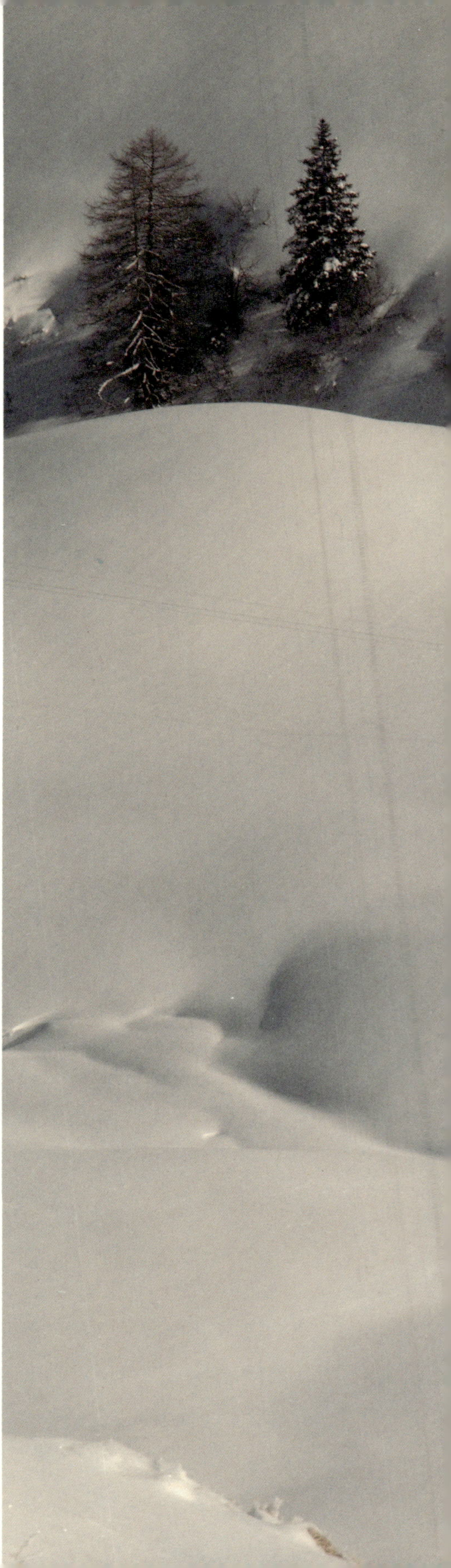

vollste, was man besaß – hatte man zu früheren Zeiten meist bei sich im Haus, sodass es ebenso sicher war. Die Bewohner des Alpenraums waren in der glücklichen Lage, dass sie außer dem oft bedrohlichen Wetter und ein paar wilden Tieren kaum Feinde hatten. Die großen Heere der Eroberer verirrten sich so gut wie nie in die Alpentäler. Für Diebe aller Art war der Anmarsch viel zu beschwerlich. Und außerdem gab es, besonders in den höheren Lagen, keine Reichtümer. So hatten die Menschen meist ihre Ruhe. Vor Krankheiten und Unfällen waren sie freilich niemals sicher. Aber es gab bewährte Hausmittel, mit denen man sich zu helfen wusste, man hielt sich stets in guter und frischer Luft auf, kleidete sich mit natürlichen Materialien, aß hervorragende Lebensmittel, die man selbst produzierte, und musste, was die stete Unfallgefahr betraf, eben auf der Hut sein. Ein gebrochenes Bein konnte einen damals das Leben kosten. Dementsprechend bewegten sich die Menschen langsamer als heute. Sie waren bedächtiger und behäbiger, überhaupt langsamer, auch beim Sprechen, wahrscheinlich auch beim Denken. Und vor allem: Die Menschen machten sich nicht so viele Sorgen wie heute. Sie hatten nicht die – eingebildete – Last der Welt, die uns heute durch die Medien aufgehalst wird, auf ihrem Rücken. Man musste sich nicht den Kopf zerbrechen über Dinge, die einem ohnehin egal sein können oder durch die das eigene Leben nicht maßgeblich bereichert wird oder die man nicht vermisst, wenn man nicht wüsste, dass es sie überhaupt gibt. So konnte man sich aufs Wesentliche konzentrieren – auf das, was unmittelbar für das Leben maßgeblich und zweckdienlich ist. Wer permanent am Rande der Existenz lebt, reift auf eine Art und Weise zum Erwachsenen heran, die mit jener Reife, mit denen die Internet-konsumierende *„Generation aus zweiter Hand“* vorliebnehmen muss, gar nicht verglichen werden kann. Man hatte ausschließlich Probleme, die mit dem eigenen Grund und Boden zu tun hatten, mit einem selbst und der eigenen Familie, mit dem eigenen Umfeld und den unmittelbaren Nachbarn, und kannte die Probleme aller anderen nicht. Somit war auch das Bedürfnis nach Sicherheit viel bodenständiger und handfester, viel weniger neurotisch. Es gab keine eingebildeten, medial gehypten Gefahren, keine drohenden Umstürze und Zusammenbrüche auf dem Weltmarkt oder in der Weltpolitik, und wenn, dann ging einem dies alles *„am Arsch vorbei“*, wie man im Alpenraum sagt. Freilich trug die Politik, besonders während des nationalsozialistischen Regimes, ihre Verbrechen auch in die Alpentäler, hetzte dort die Menschen auf, sodass sie sich ein, zwei Jahrzehnte lang gegenseitig denunzierten und ins Verderben ritten. Das war stellenweise, so im österreichischen Kärnten, derart schlimm, dass man sich darum bemühte, die eigenen Nachbarn von ihren jahrhundertealten Gründen zu vertreiben, was bis heute für böses Blut sorgt. Damals ist der Alpenraum gewissermaßen wurmig geworden – und hat die Würmer bis heute nicht ganz verloren. Der Gestank der modernen Politik hat sich gerade im 20. Jahrhundert bis in die letzten Höfe und auf die steilsten Hänge der Berge verbreitet. Sicherheit ist heute etwas völlig anderes geworden – eine künstliche Bedrohung, die von außen kommt, der man sich aus eigener Kraft nicht mehr erwehren kann, etwas, von dem man heute glaubt, dass man es von der Politik bekommt, obwohl eigentlich klar sein müsste, dass man es aufgrund der Politik verloren hat.

Allein war man im Alpenraum immer schon, oft auch einsam. Die Siedlungen waren locker gebaut, die Gehöfte oft vereinzelt und über weite Gebiete verstreut. Vor dem Feuer der Herde hatte man reichlich Gelegenheit, nach getaner Arbeit über Gott und die Welt nachzudenken, konnte über das Schicksal nachgrübeln, seinen Zweifeln, Ängsten und höchsten Hoffnungen nachhängen. Niemand konnte einen Fernseher oder ein Radiogerät einschalten, um seine Gedanken sinnlos in die Sträucher zu schicken. Wahrscheinlich war man aber meist schlichtweg zu müde, um zu philosophieren, und ging bei Sonnenuntergang schlafen, um bei den ersten Sonnenstrahlen gemeinsam mit den Hühnern wieder aufzustehen und das Tagwerk aufs Neue zu beginnen. Still war es damals. Kein Autolärm war zu hören, keine Motorsägen durchschnitten mit ihren Ketten das Rauschen der Wälder. Es gab keine Strommasten, die surrten. Nur das Brummen der Insekten war zu hören. So war man unentwegt in einem Zustand der Konzentration und Wachsamkeit. Das zarteste Rascheln im Gebüsch konnte von Bedeutung sein. Vielleicht hatte ein Muttertier dort sein Junges versteckt. Vielleicht war ein Luchs oder gar ein Bär auf der Lauer. Auch Wölfe gab es in den Bergen. Da musste man schon auf der Hut sein, besonders im Winter.

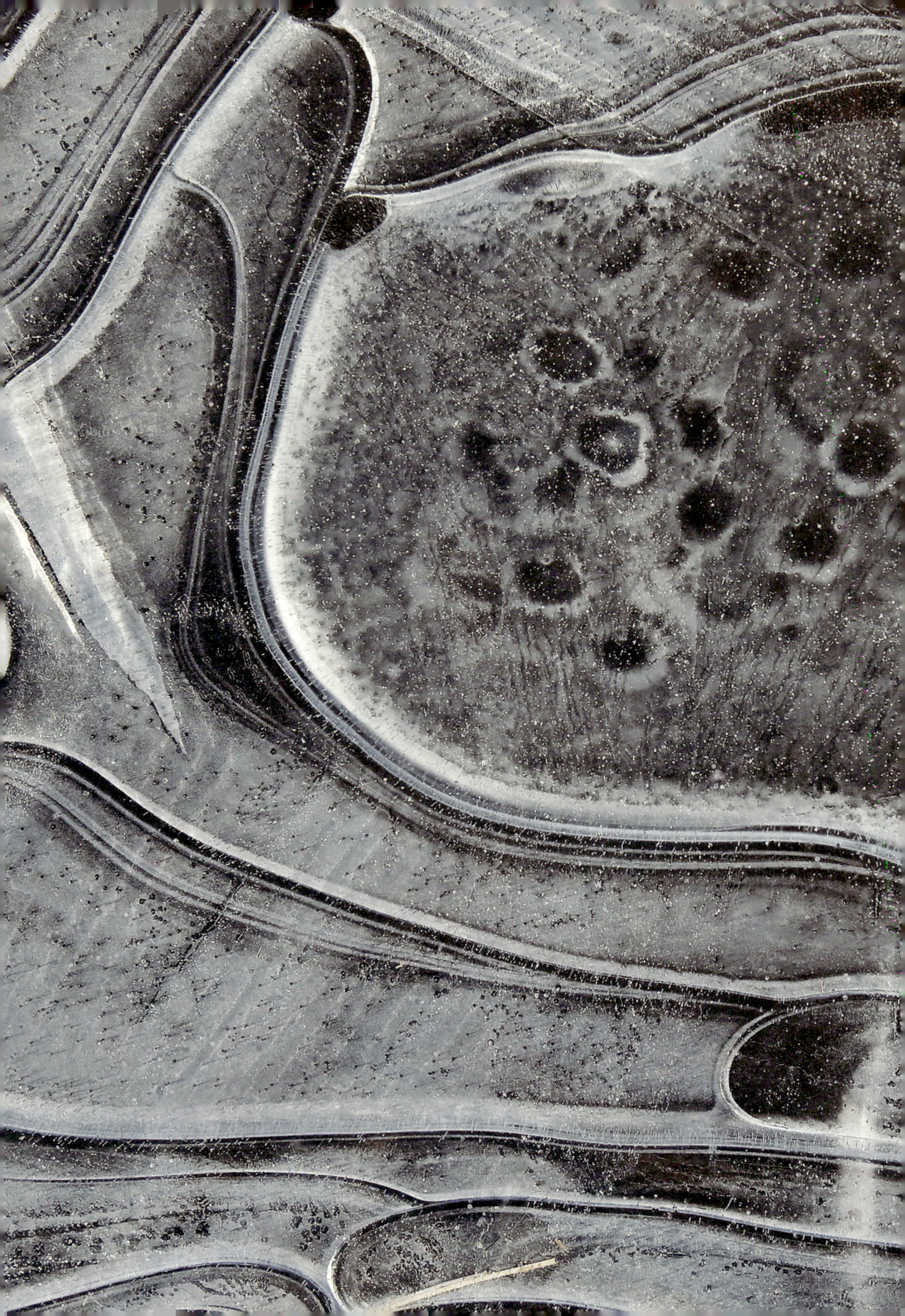

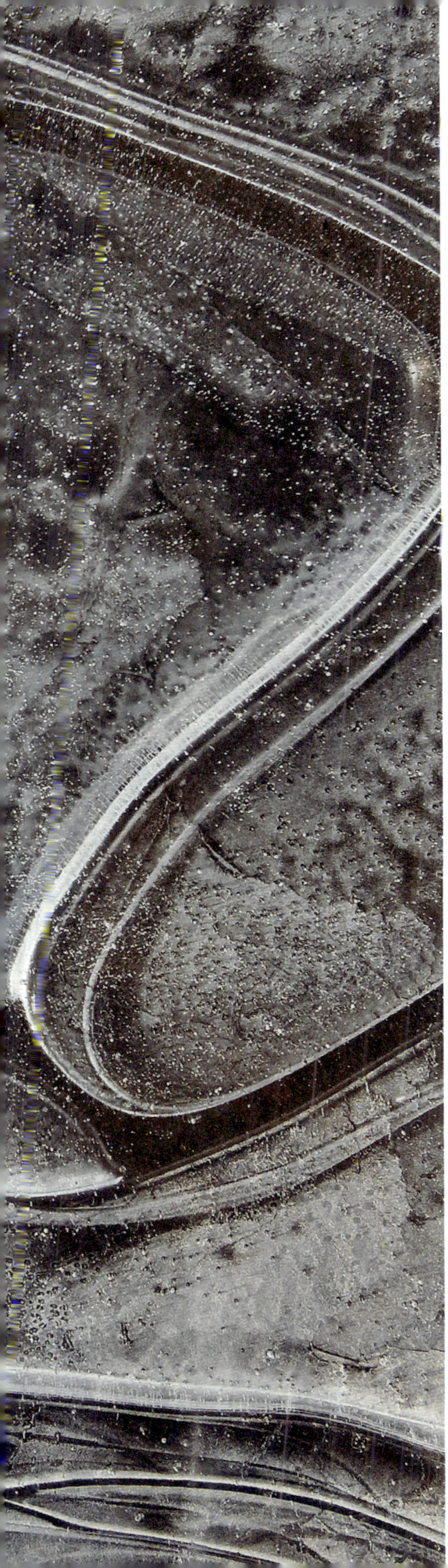

Mit Sicherheit waren die Sinne der Alpenraumbewohner damals wach und geschärft, so wie die der Tiere, mit denen sie sich den Lebensraum teilten.

Jeder Schritt sei wohlbedacht.

Die seltenen Gespräche, die man mit Fremden führte, hatten im Unterschied zu den Plaudereien, die wir heute am Telefon führen, große Bedeutung. Mit Sicherheit waren der Tonfall, die Körperhaltung, der Aufgeregtheitsgrad des Sprechenden von größerer Bedeutung als der Inhalt. Wer von den Medien noch nicht verdorben ist, wer noch nicht gewohnt ist, bloß Vermitteltes zu beurteilen, der wendet sich ganz den Menschen zu. Die Menschen selbst sind die Adressaten ebenso wie die Absender von Botschaften. Und nur in Verbindung mit den Menschen sind diese Botschaften gültig.

Besonders im Winter waren die Bewohner des Alpenraums von der Außenwelt isoliert und konnten sich oft wochenlang kaum ins Freie wagen. Jetzt war die Zeit gekommen, daheim nach getaner Hausarbeit seinen Gedanken nachzuhängen, Pläne zu schmieden, Vorsätze zu fassen und langfristige Entscheidungen zu treffen. Jetzt war auch die Zeit, vielleicht ein paar Kapitel eines Buches zu lesen – wenn man denn überhaupt eines besaß und lesen konnte. Meist war es die Bibel, die im Haus war und die man deshalb auch bis zum heutigen Tag das Buch der Bücher nennt. Die Bibel hat den großen Vorteil, dass sie wahrscheinlich das reichhaltigste schriftliche Werk ist, das sich finden lässt, sodass man zu allen möglichen und unmöglichen Themen Stellungnahmen und Ratschläge erhält. Deshalb gibt es auch in allen Buchreligionen den Brauch, mit dem Messer, das man seitlich in die Seiten schiebt, oder durch ein anderes Zufallsprinzip einzelne Stellen aufzurufen und sie als Wink des Himmels zu verstehen. Diese Übung, die gut in jedes philosophische Seminar passen würde, hat den Zweck, den eigenen Geist und Verstand an einer Außenperspektive zu schärfen. Da die Erzählungen meist mehrdeutigen oder rätselhaften Charakter haben, wird uns die Sache nicht einfach gemacht – was sein Gutes hat, weil wir so ins Nachdenken kommen, abwägen lernen und unser Verhalten an einem Maßstab prüfen können. Die Mutigen und Klugen werden wohl auch in die Versuchung geraten sein, die Maßstäbe selbst zu prüfen. Das waren dann die besten Gespräche, die man nur mit seinen Vertrauten führen konnte. Aber auch die einfältigen Gemüter hatten ihren Nutzen aus der Bibel. Sie konnten alles für bare Münze nehmen und sich schlichtweg an den Geschichten ergötzen. Und jeder hatte die Möglichkeit, sich mit einer der vielen Figuren, auch der später hinzugekommenen Märtyrer und Heiligen, zu identifizieren. Das galt für Tugendhafte wie für Sünder. Für jeden war etwas dabei – als Trost, als Ansporn, als Vorbild wie zur Abschreckung. Die biblische Härte passt außerdem gut zum Alpenraum, der eine raue Welt war, wo man mit Schwächen in der Regel hart zu Gericht ging, in der es Außenseiter, das heißt Andersdenkende und Andershandelnde, nicht leicht hatten, wo aber andererseits die Gnade Gottes dem Getauften letztlich doch das Himmelreich verspricht. In ihrer Trostfunktion ist die christliche Religion wahrscheinlich allen anderen überlegen. Einfache Gemüter können sich in Sicherheit wiegen. Tiefen Seelen kann die Religion jene Lücken ersetzen, die ihr Denken nicht mehr erreichen kann. Deshalb hat die Bibel bis heute einen hohen Stellenwert.

An den stillen Winterabenden war auch die Zeit, Geschichten zu erzählen, von seltsamen Wesen, die in den Wäldern wohnten. Manche von ihnen waren den Menschen hilfreich.

Die meisten hingegen trieben ihr Unwesen und waren unheimliche Gesellen. Sie jagten den Menschen Angst ein. In den Märchen- und Sagenwelten des Alpenraums gab es Kobolde und Elfen, Zwerge und Riesen, verwunschene Jungfrauen, Hexen, Unholde, Wassermänner, wilde Jäger und Zauberer. Was sie vereint, ist ihr oft düster-melancholisches Wesen, wie wenn sie sich in der Welt nicht zurechtfinden könnten, wie wenn da kein Platz für sie wäre.

Der Winter hat auch schöne Seiten.

Seltsame Pläne werden geschmiedet. Menschen werden auf die Probe gestellt, verführt und vor große Entscheidungen gestellt. Manche werden um ihr gesamtes Hab und Gut gebracht. Andere wiederum finden keine Ruhe mehr, irren umher, werden verrückt, verlassen das Land, werden nie wieder gesehen oder stürzen sich von einem Felsen oder in den Fluss. Wieder andere werden wider Erwarten reich beschenkt, erhalten einen Goldschatz oder, wenn sie einsam sind, einen geliebten Menschen, der ihnen am Ende der Geschichte, meist durch ein falsches Wort oder eine charakterliche Schwäche, wieder verloren geht, sodass sich das Leben in der Folge verdüstert und kaum mehr zu bewältigen ist. Die meisten dieser Wesen versprechen in der Tat nichts Gutes. Am besten man lässt sich gar nicht erst mit ihnen ein. Doch die meisten sind derart verführerisch, ziehen einen derart in den Bann, dass man wie ferngesteuert in die Falle tappt. Wer die gewohnten Pfade verlässt, ist in Gefahr.

Diese Geschichten, Sagen oder Legenden, von denen es im gesamten Alpenraum mit Sicherheit etliche Tausend gibt und die je nach Region auch ganz besondere Eigenheiten aufweisen, lassen sich in zweierlei Hinsicht deuten. Die eine Möglichkeit ist, dass es diese Wesen tatsächlich gegeben hat. Falls dem so war, sind es vermutlich Randexistenzen gewesen, die sich in die Wälder zurückgezogen haben, um vor den Menschen sicher zu sein, trotzdem aber dann und wann mit den Menschen in Berührung kommen mussten und auch wollten. Vielleicht waren es Sonderlinge, Visionäre, Eremiten, Mondsüchtige, Verwirrte, Verrückte und körperlich Entstellte, traumatisierte Mädchen, halb tot geprügelte Burschen, sexuell Abartige, besonders Bösartige, gar Monströse, die ihren Wahn nur mehr fernab ihrer Dörfer leben konnten, in denen man sie nicht mehr ertrug und davonjagte. Dass diese Verstoßenen in das Leben der Daheimgebliebenen hineinpfuschten, hineinspukten wie Gespenster, kann man sich denken. Ihre Bedürfnisse waren anderes gelagert. Sie hatten, neben ihrem Hunger und ihrer krassen Einsamkeit, auch das Bedürfnis nach moralischer Gerechtigkeit, wenn ihnen Unrecht widerfahren war. Sie waren empfindlich wie die Mimosen. Ein falsches Wort – und das Unheil war da. Sie hatten auch keine Skrupel, einen Menschen zu ruinieren, weil sie bereits ruiniert waren und nichts mehr zu verlieren hatten. Sie wollten die Menschen auf die Probe stellen, ihnen einen Spiegel vorhalten, in dem man auch die Schattenseiten sieht. Sie kitzelten diese Schattenseiten geradezu hervor: Wenn du es schon so gut hast, Bauer, wenn du schon gesunde Kinder und eine dralle Frau hast, eine volle Scheune und gesundes Vieh, dann sieh zu, dass du dich deines Glückes als würdig erweist und meiner Versuchung widerstehst. Wenn du wirklich so hervorragend bist, wie du glaubst, wirst du die Prüfung bestehen. Wenn nicht, wirst du untergehen Dann bist du meinesgleichen und bei mir, in der Schattenwelt.

Eine andere Möglichkeit der Deutung – die sich zur ersteren in keinen Gegensatz stellt, sondern die kreative Quelle all der Sagen und Legenden ist – läuft darauf hinaus, dass es sich um Träume handelt, die jedoch wie reale Erlebnisse empfunden und weitererzählt wurden. Das einsame Leben in den Bergen, die extreme Sensibilisierung für die Vorgänge in der Natur, die Härte und Kargheit des Lebens und die permanente existenzielle Bedrohung machten es schwer, Traum und Wirklichkeit zu trennen. Wer wenig spricht, hat auch wenig Kontrolle über seinen Geist. Dem beginnt die Fantasie gleichsam durchzugehen und Streiche zu spielen. Der beginnt, seinen Ängsten und Wünschen Ausdruck zu verleihen, sie zu personifizieren, in Gestalten zu fassen und mit ihnen zu sprechen. Der stellt sich, als moralische Übung, selbst auf die Probe, indem er sich mit seinem Alter Ego konfrontiert. Und wem von uns wäre es nicht schon geschehen, dass er sich tagsüber nicht mehr sicher sein konnte, ob es bloß ein Traum war oder nicht. Träume sind unwillkürliche Erscheinungen und ein Versuch der Problemlösung und Wunscherfüllung. Die Bewohner des Alpenraums, die so ungeheuer stark in der Realität verhaftet waren, sodass grobe Fehler oder Fehleinschätzungen sie das Leben kosten konnten, brauchten ein Ventil, um ihrer Realität dann und wann entkommen zu können. Das moralische Korsett, das ihnen Halt und Stütze bot, war doch recht eng geschnürt, sodass sich wohl in jedem auch Enttäuschung breitmachte. Was, wenn man sich den Vorstellungen, die man zu haben hat, nicht beugen wollte? Was, wenn man es besser wusste, andere Bedürfnisse und Ansprüche hatte, ein anderes Leben führen wollte? Man konnte aufbegehren, was in letzter Konsequenz den Ausschluss aus der Gemeinschaft bedeutete, oder man konnte seinen Träumen, seinen Wünschen und Ängsten freien Lauf lassen und damit beginnen, Geschichten zu erzählen.

Auch die Musik – die bei unseren Vorfahren im Alpenraum wie bei den alten Griechen von archaischer Einfachheit war, nur wenige und primitive Instrumente hatte, keine Akkorde, sondern nur spärliche Töne kannte, die vor allem gesungen wurden – erzählt uns ihre Geschichten. Die Lieder der Alpen, die sich ursprünglich aus den halb singenden, halb sprechenden Zurufen an die Kühe, den bereits erwähnten *Kuhreihen* entwickelten – die bis heute zur Praxis der Bauern gehören, die sich mit dem lieben Vieh ja auch verständigen müssen –, waren kraftvolle lyrische Verse, Oden auf die Natur oder Weissagungen, die kaum instrumentale Tonbegleitung hatten. Mit den Kuhreihen verwandt ist der Alpsegen oder *„Betruf"*, den der Schweizer Schriftsteller Heinrich Federer wie folgt schildert: *„In diesem beinahe beklommenen Raten unterbrach mich eine schöne, laute junge Männerstimme hoch vom Berge herab. Sie sang etwas Langsames, Tonarmes, Feierliches, etwas von urweltlicher Einfachheit, so wie etwa die Psalmen oder die ältesten Volkslieder tönen. Man verstand kein Wort, keine Silbe. Es schien eine nicht mehr gesprochene Sprache zu sein, eine Sprache, so alt wie diese Berge oder wie der Himmel über ihnen. ... Es war der uralte Betruf"*.

Für die alten Griechen, namentlich für Platon, hatte die Musik *„sittliche Bedeutung, weil Rhythmus und Harmonie am meisten in das Innere der Seele eindringen und sie am stärksten ergreifen, indem sie die rechte Haltung mit sich bringen und dem Menschen demgemäß gestalten"*. Dieses Kriterium trifft auf die Kuhreihen wie auf den Betruf mit Sicherheit zu. Im Grunde waren es Beschwörungsformeln, die in die Berge und Wälder hinausgerufen wurden – was sich in der Praxis, wenn die Sache gelingen soll, nur mit einer inneren Haltung bewerkstelligen lässt, die in die Rolle des Gerufenen schlüpft. So findet eine Verwandlung statt, wie in einem schamanistischen Ritual. Das macht auch die Wirksamkeit und Heilkraft aus, die man der archaischen Musik weltweit nachsagt. Indem sie mit ihren Schwingungen die tiefen Schichten unseres Bewusstseins erreicht, öffnet sie dem Geist gleichsam die Pforten, damit er fließen und sich fließend neu formieren kann. Dies kommt einer besonderen Art von Reinigung gleich, die auf keine andere Weise möglich ist. In dieser Hinsicht ist die Musik in der Tat das Allerunbegreiflichste – die Sprache, in der die Himmelsgeister reden.

Februar

Wenn das Gewicht des Schnees die schweren Äste schon weit hinuntergebogen hat, geschieht es bald einmal, dass sie ihre Last von sich werfen, die sich prompt mit dumpfem Geräusch über den Waldboden verteilt. Dann herrscht wieder Stille. Ist der Schnee frisch gefallen, befindet sich zwischen den Eiskristallen nichts als Luft. Dies hat die Wirkung eines Schalldämpfers. Mit Knirschen und Knarzen zerbrechen die Kristalle unter unseren Schuhen, wenn wir uns in Bewegung setzen. Auf einer Lichtung sieht man die feinen Spuren von Rehen, die sich im Winter in kleinen Gruppen zusammentun. Ganz zart und lautlos haben die schmalen Hufe sich in den Schnee gedrückt.

Hin und wieder zeigt sich ein Hirsch.

Die bizarren Eisgebilde an den Rändern eines Wasserfalls wirken wie aufgesprühter Schaum. Sprudelnd ergießt er sich, beharrlich dem Gefrierpunkt trotzend, weiterhin aus dem Berg. Dicke Flocken verschwinden im klaren Wasser, das nach dem steilen Fall in einem schmalen Rinnsal über den Waldboden läuft.

Unten im Tal ist der See schon längst zugefroren und lädt zum Schlittschuhlaufen ein. Aber Obacht!

Wir wollen ja nicht im Eis einbrechen. Wem *der Reis geht*, wie man im Alpenraum sagt, baut stattdessen einen Schneemann. Hat man ein paar Kohlestücke und eine große Karotte zur Verfügung, gleicht er den Bildern aus den Kinderbüchern, die wir von früher her kennen.

Zu Hause angekommen, tut die Wärme so wohl wie nie. Eiskalt und schon taub gewordene Glieder tauen förmlich wieder auf. Ein heißes Bad für die Füße, eine kuschelwarme Decke, frisch aufgebrühter Tee – so ein Winterabend in einer Berghütte ist schon was Feines. Wenn dann noch Eisblumen ihre fächernden Blütenblätter an die Fenstergläser zeichnen, gesellt sich wohliges Staunen zum Empfinden hinzu. Denn kein Künstler war hier am Werk, sondern die unsichtbare Hand der Natur, die uns oft größere Kunstwerke beschert als die von Menschenhand geschaffenen.

Für unsere Vorfahren endete der Weihnachtsfestkreis am 2. Februar, zu Maria Lichtmess. Ebenso in den Februar fällt zumeist auch der Aschermittwoch, der Beginn der Fastenzeit. Doch zuvor, im Fasching, durfte noch ausgiebig gefeiert werden. Dann hieß es *„carne vale – Fleisch, leb wohl!“*

Na servus, das soll Philosophie sein?

Wo bleibt denn nun die Philosophie? Ist Philosophie nicht etwas, das Philosophen erdenken? Das so tiefsinnig ist, dass kaum ein Mensch es versteht? Im Alpenraum hat man für reine Hirngespinste wenig Geduld. Dennoch oder gerade deshalb hat dieser Teil der Welt große Philosophen hervorgebracht. Insbesondere das alte Österreich und die Schweiz waren fruchtbare Böden für tiefe Erkenntnisse. Manchmal ist gar von einer „Österreichischen Philosophie" die Rede. „Österreichisch" soll hier, wie auch in der Ökonomik, einen Gegensatz zu bestimmten Strömungen ausdrücken, die auf dem „flachen Land" gediehen – insbesondere der deutsche Idealismus nach Kant, Hegel, Schelling, Fichte und Konsorten. Diese durchaus brillanten Köpfe haben der Philosophie zum Teil ihren schlechten Ruf eingebrockt. Der berühmte österreichische Philosoph Karl Popper hält im Gegensatz dazu die Verbindung zwischen Tiefsinnigkeit und Unverständlichkeit für falsch: Je tiefer die Gedanken, desto klarer sollten sie eigentlich sein; unverständlich sind halbgare, verworrene und wahnhafte Gedanken. Die Unverständlichkeit moderner Philosophie sei vielmehr eine geschickte Taktik, tieferen Sinn vorzutäuschen: Man garniere dazu voluminöse Abhandlungen schwammiger Konzepte mit gelegentlichen Einsprengseln trivialer Gedanken. Der Leser findet sich darin wieder und fühlt sich geschmeichelt, dass ein so „tiefsinniger" Kopf zu ähnlichen Schlüssen kommt wie er selbst.

Die „Österreichische Philosophie" hat zwar ebenso schwierige Lektüren hervorgebracht, doch wenn sie etwas eint, dann ein ausgeprägter Realitätssinn. Dieser mag eine Folge größerer Bodenständigkeit sein – und diese wiederum könnte tatsächlich einen alpinen Ursprung haben. Im Gebirge ist die Bodenhaftung überlebensnotwendig. Dort kann man nicht wie einst Thales mit dem Blick nach oben unachtsam herumstolzieren, sondern muss mit den Sinnen und Gedanken ganz auf dem Bo-

Gute Philosophie ist wie eine schöne Wanderung: Der Weg ist das Ziel.

den bleiben. So ist es kein Wunder, dass Aristoteles, der große Philosoph des Realismus, in Österreich stärker rezipiert wurde. Auf Raffaels Fresko in der vatikanischen *Stanza della Segnatura* sieht man Platon gen Himmel zeigen, während Aristoteles auf den Boden verweist. Die realistische Philosophie geht davon aus, dass es eine reale Welt gibt, die unabhängig von unserem Denken und unserem Verstand besteht, deren Wesen aber für unseren Verstand erkennbar ist. Das aristotelische Denken kennzeichnet der Versuch, das Maß zwischen den Extremen zu halten – nicht durch feigen Kompromiss, sondern durch Anerkennen der Vielfalt der Realität.

Neben Aristoteles prägte natürlich auch die katholische Scholastik das Denken im Alpenraum. Insbesondere der nüchterne Thomas von Aquin spielt eine wichtige Rolle für österreichische Denker. Franz Brentano, der seine meisten Schüler in Österreich fand, steht für die moderne Wei-

terentwicklung aristotelisch-scholastischer Ansätze, die eine Spannung zwischen Religion und Wissenschaft hält. Die Philosophie sollte von der Theologie emanzipiert werden und nichts „Unrealistisches“ voraussetzen, aber sich doch niemals in einen Materialismus versteigen, der das Geistige und Seelische, mit den Sinnen nicht direkt Erfassbare dogmatisch ausschließt. Gerade die Bodenständigkeit der Österreicher erlaubt einen besonders guten Blick auf geistige und seelische Phänomene.

Die „Österreichische Philosophie“ ist durch Anti-Idealismus und Anti-Irrationalismus gekennzeichnet, das heißt die Ablehnung schwärmerischer und esoterischer Zugänge, an deren Stelle die Forderung nach Wissenschaftlichkeit der Philosophie und philosophische Ernsthaftigkeit der Wissenschaft tritt. Österreichische Philosophen sind den Begriffen, den großen Worten und Phrasen gegenüber besonders kritisch. In Österreich gedeihen die Sprachkritik, Logik, der kritische Rationalismus, die Na-

Philosophen schenken auch den kleinen Dingen Beachtung.

turwissenschaft, Psychologie, Ethnologie, Ethologie und Phänomenologie. Letztere philosophische Strömung steht für eine vermittelnde Position zwischen der objektiven Realität der Welt und dem subjektiven Erleben der Einzelperson. Insbesondere in der Ökonomik gelingt diese Vermittlung dann durch die „Österreichische Schule", die sämtliche objektive wirtschaftliche Phänomene auf die subjektiven Wünsche, Erwartungen und Eindrücke der handelnden Menschen zurückführt.

Einer der typischsten österreichischen Denker war wohl Franz Grillparzer. Hugo von Hofmannsthal meinte: *„In bedrängten Epochen wird der denkende Österreicher immer auf Grillparzer zurückkommen"*. Grillparzer steht für einen politischen Zugang abseits schwärmerischer Ideologie: *„Wo die anderen Jungdeutsche, St. Simonisten, Liberale, Republikaner oder was immer Großartiges und Allgemeineuropäisches waren, war er Österreicher und gewissermaßen Realpolitiker."* Grillparzer schwelgt weder in romantisierter Vergangenheit, noch in utopischer Zukunft, sondern steht mit beiden Beinen in der Gegenwart auf dem Boden. Sein Zugang ist gekennzeichnet durch einen Humor, der heiter, aber nicht witzelnd ist, durch naive Klugheit, elegante Einfachheit, Sparsamkeit im Ausdruck, Sicherheitsabstand gegenüber der breiten Masse und dem Zeitgeist, Ablehnung von Phrasen und Modewörtern, Sinn für das Gemäße und Maßvolle, sowie duldsame Großzügigkeit gegenüber dem Anderen und Fremden. Er lebt die Freiheit, überhöht sie aber nicht als Verantwortungsflucht und Schrankenlosigkeit. Im Drama „Libussa" erklingt die Warnung: *„Wer seine Schranken kennt, der ist der Freie, wer frei sich wähnt, ist seines Wahnes Knecht."* Der akademischen Philosophie Deutschlands wirft Grillparzer vor, sich in Vielwisserei zu ergehen und sich *„zu gern von dem gesunden Urteile und der natürlichen Empfindung"* zu entfernen. Die Deutschen jenseits des Alpenraums verdächtigt er einer *„literarischen Feigheit"*, die durch ein allzu sprödes Naturell bedingt sei. Dadurch würden sie *„zu Allgemeinheiten und Abstraktionen hingezogen, die, da sie im Geiste keine hinlängliche Rechtfertigung finden, im Wirklichen aber keinen Maßstab und kein Gegenbild haben, man ihnen geben und nehmen kann wie man will. Sobald man scheinbar ihren Verstand überzeugt hat, folgt das Naturell ohne Widerstand."* Allen ideologischen Heilsversprechen gegenüber bleibt Grillparzer stets skeptisch.

Der Alpenraum ist nicht nur landschaftlich, sondern auch geistig eine Region der Extreme. Doch diese Extreme sind selten zum Extremismus verkürzt – sie sind eben Ausdruck der Fähigkeit, Paradoxien, Aporien und Gegensätze zu leben. Die Extreme des Alpenraums entsprechen eher Gipfeln als babylonischen Türmen, die auf Sand gebaut sind und jederzeit umkippen können. Die Philosophen des Alpenraums erkunden die Extreme wie Bergsteiger, aus Abenteuerlust und Neugier, um die Abgründe auszuloten und sich an der Realität zu messen. Dabei nehmen sie die Extreme aber nicht sonderlich ernst – schlimm sind erst die nachfolgenden Mitläufer, die meist verirrt irgendwo verenden.

Die entdeckten Paradoxien sind stets besonders lehrreich. Im bürokratischen Wien gedieh die Bürokratiekritik und Staatsskepsis, in der urdemokratischen Schweiz die Demokratiekritik; während das Geldwesen zusammenbrach, machte die Geldtheorie große Fortschritte. Nahezu jeder Wahnsinn des 20. Jahrhunderts wurde im Wien des 19. Jahrhunderts erdacht – in jener kleinen Welt, in der die große ihre Probe hält. Wien ist die Schnittstelle zwischen Alpenraum und Balkan: Hier treffen die genau spiegelgleichen Tiefen alpiner und östlicher Seele zusammen und schaffen die größten Abgründe. Darum hatte das alte Wien eine solche Anziehungskraft auf philosophische Extrembergsteiger. Allerdings sind eben auch die Abstürze besonders bedrohlich: Das alte Wien war die Metropole der Selbstmorde und der Psychotherapie, der Neurosen und der Nervosität. Wien liefert die melancholische Talseite zu den fidelen Bergspitzen und erinnert mit tröstlicher Heiterkeit daran, dass das Leben eine ernsthafte Angelegenheit ist, die man aber nicht allzu ernst nehmen darf.

Als Wiener Philosophen können wir nicht anders, als uns nun wieder von den Alpengipfeln abzuseilen, die Bergschuhe zu verstauen und die Lederhose in den Schrank zu hängen. Bei gutem Wein darf nun wieder – ganz wienerisch – „relativiert" und gespöttelt werden. Selbstverständlich ist auch diese „Philosophie des Alpenraums" nicht sonderlich ernst zu nehmen. *Na servus!* – denkt sich wohl der Leser. Wozu die Anstrengung, wenn's am Ende *nix gebracht* hat? Gute Philosophie ist wie eine schöne Wanderung: Es ist der Weg, der zählt. „Lösungen" versprechen nur schlechte Philosophen und machthungrige Politiker. Wir haben kein logisch abgeschlossenes System, keine in neue Schläuche gefüllte alte Ideologie, kein politisches Programm von unseren Bergwanderungen mitgebracht, sondern nur einen Rucksack mit allerlei kuriosen Fundstücken. Jedes für sich, losgelöst, ist ein wertloser Staubfänger. Zusammen bilden diese gedanklichen Souvenirs aber hoffentlich ein stimmungsvolles Panorama einer fast vergessenen Lebensphilosophie, die gerade in uns untertänigsten Systemtrotteln starke Sehnsüchte weckt. Der Berg ruft! Diese Sehnsüchte durch ideologische Verdächtigungen zu unterdrücken, wäre tiefenpsychologisch verheerend. Erik von Kühnelt-Leddihn diagnostiziert eine beengende Schizophrenie im Umgang mit der „Heimat": *„Viele Österreicher (die meisten?) möchten am liebsten aus der Geschichte aussteigen. Man zog sich das unbequeme, ja belastende braune Hemd aus, band sich die grüne Schürze um und offeriert den Touristen barock gewölbte Handteller. Man pocht dauernd auf eine ‚große Vergangenheit'. In Wirklichkeit aber hat bei uns der Mann auf der Straße von der Geschichte seines Landes, die anscheinend erst am 12. November 1918 begann, keine blasse Ahnung. [...] Man weiß, daß man aus der Vergangenheit finanziell Kapital schlagen kann, und diese wird daher abwech-*

selnd jauchzend paradiert und wütend verleugnet, ein Zustand, der in der Medizin Schizophrenie genannt wird.“

Was steckt hinter der idyllischen Fassade?

Weder die Vergangenheit noch die Gegenwart ist so rosig, wie es unser Almanach vielleicht stellenweise erscheinen ließ. Doch das war gar nicht unsere Intention: Es ging eher darum, zu dokumentieren, was schon nicht mehr ist oder bald nicht mehr sein wird. Hans Haid beschreibt mit einiger Verbitterung den Wandel vom realen Lebensraum zur reinen Fassade. Er spricht vom *„hochalpinen Prostitutionstourismus“*, der auf das *„geschickte Melken dressiert“* sei und neue *„Experten“* hervorbringe: *„die aufgeputzten Profifolkloristen, die Schuhplattler, die braungebrannten Skilehrer, trachtentragende Marketenderinnen mit dem Schnaps. Überall diese bezahlten Handaufhalter. So total wie in den letzten Jahrzehnten ist unsere alpine Welt noch nie verändert worden. Bis zur Unkenntlichkeit entstellt und entblößt. [...] Überall ist Heimat, wo Geld zu machen ist: Heimatbühne, Heimatabend, Haus Daheim, Hotel Heimweh. [...] So wird unsere Alpin-Kultur ihrer letzten*

Eigenständigkeit beraubt. Der alpine Geier findet ausreichend Nahrung. Der Aasgeier überlebt diese Zeiten." So düster wollen wir die Sache nicht sehen. Was bringen einem die philosophischen Bedenken, wenn sie das materielle Überleben unmöglich machen? Gerade für das Wirtschaften, das ökonomische Bestehen unter schwierigen Bedingungen, hatte man im Alpenraum stets Verständnis. Hier kommt es nicht auf ideologische Extrempositionen, sondern auf das rechte Maß an. Allerdings braucht man dafür ganz bestimmt philosophische Bedenken, die einem auch mal durch Mark und Bein gehen. Wir sind davon überzeugt, dass sich so manches aus der alten Zeit zwar nicht als Schablone, aber als Spiegel eignet, nicht zum exakten Nachzeichnen, aber als Korrektiv dienen kann. Schon Peter Rosegger prophezeite: *„[...] aber es wird eine Zeit sein, da werden die wohlhabenden Stadtleute sich Bauerngründe kaufen und bäuerlich bewirtschaften, Arbeiter sich solche aus der Wildnis roden und reuten. Sie werden auf Vielwisserei verzichten, an körperlicher Arbeit Gefallen und Kräftigung finden, sie werden Gesetze schaffen, unter denen wieder ein festständiges, ehrenreiches Bauerntum bestehn kann, und das Schlagwort vom ‚ungebildeten Bauern' wird man nicht mehr hören.*" Gerade in einer Zeit der Blasenökonomie treten diese Sehnsüchte wieder stärker hervor – und drohen zur Ideologie zu entarten, wenn sie nicht philosophisch reflektiert werden.

Als Alpenphilosophen haben wir dem Ruf der Berge ganz naiv und unbelastet gelauscht, wollten die entfachten Sehnsüchte verstehen und eine Karte des Terrains zeichnen. So bescheiden, heiter, naiv und freundschaftlich wie der Servus-Gruß war unsere Absicht. Wir verstanden uns als „Servus" des Lesers, als ihr *g'schamster Diener* (wie man in Wien mit viel Augenzwinkern sagt). Niemand ist genötigt, der vorgezeichneten Route zu folgen – dieses philosophische Alpenpanorama ist ein rein freiwilliges Ausgleichsprogramm. Das ist ja auch die Grundbedeutung des Dienens im Gegensatz zum Herrschen: nur Angebote zu formulieren, die man ablehnen kann. Vielleicht ist das der schönste Kern der Alpenphilosophie: Für einen Moment die unerträgliche Politisierung, Ideologisierung, Anmaßung, Alternativlosigkeit und Kontrollwut der Gegenwart zu vergessen, in der guten Stube auf jener gleichen Augenhöhe zusammenzukommen, die das freundschaftliche *servus* suggeriert, um miteinander zu plaudern anstatt allen anderen besserwisserisch dreinzureden.

Nach einer so langen gemeinsamen Wanderung dürfen wir das Du-Wort anbieten und sagen beim Abschied leise servus. Vielleicht treffen wir uns unvermutet auf anderen philosophischen Gipfeln wieder. Lass dich bloß nicht von den Warnschildern schrecken und nimm die Angsthasen rundherum nicht ernst. Wenn du trittsicher auf dem Boden der Realität bleibst, lockt ein großartiger Ausblick. Brauchst du noch Routenvorschläge, Ansporn, Sicherung und Steighilfen, so sind wir gerne zu Diensten.

Rahim Taghizadegan, 1979 als Iraner geboren, wuchs in Österreich auf. Er studierte Physik, Wirtschaft und Soziologie in Wien und Lausanne und arbeitet heute als Wirtschaftsphilosoph. Taghizadegan unterrichtete an zahlreichen Universitäten in Österreich, Liechtenstein und Deutschland und gründete 2006 das *Institut für Wertewirtschaft.* Zudem ist er wissenschaftlicher Assistent an der Internationalen Akademie für Philosophie in Liechtenstein. Er lebt meistens in Wien, seine Frau aber derzeit in Bern, daher pendelt er regelmäßig über die Alpen.

Eugen Maria Schulak, 1963 in Wien geboren, studierte Gitarre, Psychologie, Geschichte und Philosophie mit Promotion bei Konrad Paul Liessmann. Er gründete 1998 die *Philosophische Praxis* in Wien und war 1999 Mitbegründer der *Siemens Academy of Life;* seit 2008 philosophisches Engagement am *Institut für Wertewirtschaft.* Schulak ist Gastlektor an zahlreichen Fachhochschulen und Universitäten und arbeitet in Wien als philosophischer Berater, zunehmend auch wieder als Musiker *(The Fiery Rosebuds).* Die Alpen sind Teil seiner schönsten Kindheitserinnerungen.

IMPRESSUM

© 2015 Servus, Salzburg bei Benevento Publishing
Eine Marke der Red Bull Media House GmbH

Redaktion: Birgit Moltinger
Art Direction: Peter Feierabend
Gestaltung und Satz: Christian Schaarschmidt
Umschlaggestaltung: Frank Behrendt

ISBN: 978-3-7104-0004-9
1 2 3 4 5 6 7 8 / 17 16 15
Printed in Europe

BILDNACHWEIS

Alle Fotografien von Peter Rohrmoser; ausgenommen Autorenfotos (Andreas Hofer), S. 2 (Mauritius Images/Imagebroker/Heinz Hudelist), S. 21/112/160 (Mauritius Images/Imagebroker/Wilfried Bahnmüller), S. 25 (Mauritius Images/Imagebroker/Stella), S. 26 (Mauritius Images/Imagebroker/Florian Bachmeier), S. 34 (Mauritius Images/Foodcollection), S. 36 (Mauritius Images/Imagebroker/Robert Seitz), S. 41/111/194/230/243/245 (Magdalena Lepka), S. 43/210 (Mauritius Images/Imagebroker/Christian Handl), S. 48 (Mauritius Images/Imagebroker/Wolfgang Weinhäupl), S. 64 (Julia Stix), S. 67/123 (Martin Siepmann/Imagebroker/Picturedesk), S. 86 (Barbara Gindl/APA/Picturedesk), S. 89 (Alfred Hoder/Chromorange/Picturedesk), S. 93 (Mauritius Images/Imagebroker/Raimund Kutter), S. 103 (Mauritius Images/go-images), S. 104 (Mauritius Images/Imagebroker/Heinz Hudelist), S. 106 (Mauritius Images/Imagebroker/Gabriele Hanke), S. 116/182 (Günther Bayerl), S. 119 (Mauritius Images/Imagebroker/Oliver Gerhard), S. 120/124/232 (Petra Benovsky), S. 122 (Stefan Knittel), S. 126 (Christian Vorhofer/Imagebroker/Picturedesk), S. 130 (Expa/Picturedesk), S. 132/179 (Mauritius Images/Imagebroker/Helmut Meyer zur Capellen), S. 139 (Mauritius Images/Hubertus Blume), S. 148 (Picturedesk), S. 154/155 (Mauritius Images/Imagebroker/Ottfried Schreiter), S. 171 (Picturedesk), S. 176/222 (mauritius images/Westend61), S. 186 (Mauritius Images/Imagebroker/NielsDK), S. 193 (Mauritius Images/Imagebroker/Karl F. Schöfmann), S. 201 (Mauritius Images/Alamy), S. 203/246 (Gerald Scheinecker), S. 216 (Mauritius Images/Imagebroker/Hans Lippert), S. 220 (Mauritius Images/Imagebroker/Moritz Wolf), S. 236 (Markus Bassler), Vorsatz- und Nachsatz: picture-alliance / akg-images